나의 오락실 이야기

나와 인생을 함께한 오락실 연대기
~GAME CENTER CHRONICLE~

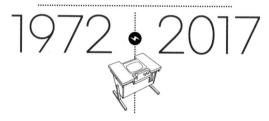

1972 ⚡ 2017

이시이 젠지
ISHII ZENJI
(전 게메스트 편집장)

STARBEEZ

도서출판스타비즈

아케이드 게임과
그 주변환경의 변혁

게임센터는 비디오 게임이 등장하기도 전부터 존재했고, 시대의 흐름과 함께 그 모습이 변화해왔다. 비디오 게임이 등장한 이후로는 블록 격파, 슈팅, 대전격투, 온라인 대전 등으로 유행하던 장르 또한 계속 바뀌어 왔다. 여기서는 당시의 이미지들을 토대로 (한국에선 오락실로 통했던) 게임 센터가 걸어온 길을 간단하게 소개한다.

사진 협조 :
요미우리 신문사
©読売新聞社

1979

스페이스 인베이더의 폭발적 붐

1979년의 롯폰기, 게임 판타지아의 광경. 1978~1979년에 걸쳐서 『스페이스 인베이더』(타이토)가 사회현상이라고 부를 만한 일대 붐을 일으킨다. 당시 오락실 공간의 대부분은 테이블형 본체를 지닌 『스페이스 인베이더』 기기들로만 채워졌다. 심지어 『스페이스 인베이더』 게임기 만을 모아두었던, 소위 "인베이더 하우스"라고 불리우는 업소가 전국에 난립하게 되었다.

시사 연표 표기

게임 타이틀 = ●
관련 시사 뉴스 = ●

1982
마이컴BASIC 매거진 창간

전파신문사가 간행했던 퍼스널 컴퓨터 잡지.
독자가 투고 하는 프로그램들을 게재했던 것으로
유명해졌다. 아케이드 게임 신작 정보를 싣거나, 전
일본 내의 하이스코어 집계를 하는 등, 1980년대
중반 무렵의 게임 매니아들을 위한 잡지였다.

1984
BEEP창간

일본 소프트뱅크가 간행했던 게임 잡지.
퍼스널 컴퓨터, 가정용 게임, 아케이드 게임
등 폭넓은 장르를 다루었다. 1980년대 중반
까지는 아직 아케이드 게임 관련 정보를 구하
기가 어려워 당시에는 귀중한 정보원이 되어
주었다.

1972
→1985

1981	동키콩(닌텐도)
1982	마이컴 BASIC매거진 창간 (전파신문사)
1983	제비우스(남코)
	하이퍼 올림픽(코나미)
	울트라 퀴즈(타이토)
	닌텐도에서 가정용 게임기『패밀리 컴퓨터』(패미콤)를 발매하다.
1984	세가가 CSK그룹에 가입.
	BEEP창간 (일본 소프트뱅크)
	드루아가의 탑(남코)
1985	그라디우스(코나미)
	마계촌(캡콤)
	행온(세가)
	UFO캐쳐(세가)
	일본에서 신풍속영업법이 시행되다.

1986

80년대의 스가모 캐롯

1986년 당시의 남코 직영 오락실, 플레이시티 캐롯 스가모 지점의 광경. 내부에는 하이스코어 보드가 설치되어 있어, 하드코어한 게임 매니아들이 모이는 곳이라고 전국적으로 알려져 있었다.
그러나 실제로는 매니아뿐만이 아니라, 아이들부터 샐러리맨까지, 폭 넓은 플레이어 층에게 친숙한 오락실이었다. 전자오락실에서 테이블형 본체를 흔히 볼 수 있었던 것은 이 무렵까지이다.
(자료협력: 게메스트)

1986
게메스트 창간

일본 최초의 아케이드 게임 전문잡지로 1986년에 신성사에서 창간하였다.
1980년대에는 주로 슈팅 게임 공략을 중점적으로 다루었으며, 독자 투고 페이지도 인기가 있었다.
캐치프레이즈는 "게임센터를 10배로 즐길 수 있게 만드는 책".

1986	사라만다(코나미)
	열혈경파 쿠니오군(테크노스 재팬)
	아웃 런(세가)
	게메스트 창간(신성사)
1987	구극 타이거(토아플랜)
	더블 드래곤(테크노스 재팬)
	애프터 버너(세가)
	파이널 랩(남코)
	R-TYPE(아이렘)
	NEC홈일렉트로닉스에서 「PC엔진」을 발매하다.
1988	그라디우스Ⅱ~고파의 야망(코나미)
	테트리스(텐겐/세가)
	세가 엔터프라이즈에서 「메가드라이브」를 발매하다.
1989	쇼와덴노가 서거.
	쇼와에서 헤이세이로 연호가 바뀐다.
	세율 3%로 소비세 제도가 시행된다.
	그라디우스Ⅲ~전설에서 진화로(코나미)
	위닝 런(남코)
	파이널 파이트(캡콤)
	닌텐도에서 「슈퍼 패미콤」을 발매하다.
1990	동서 독일이 통일되다.
	라이덴(세이부 개발)
	업소용 네오지오(MVS)탄생
	닌텐도에서 「슈퍼 패미콤」을 발매하다.

스트리트 파이터 II

1986
→1994

1991

부수를 늘려나간 게메스트

1990년대의 게메스트는 당시 큰 붐이
일어난 대전격투 게임을 다루는 정보
잡지로서 부수를 늘려 나갔다.
대전격투 게임의 전국 대회 등을
게메스트에서 주최했기 때문에, 관련
기사들을 게재하기도 했다. 1999년
에 신성사가 도산하면서 폐간되었다.

1991　버블경제가 붕괴하기 시작한다.

스트리트 파이터 II(캡콤)

퀴즈 높으신 분의 야망(캡콤)

SNK에서 가정용 「네오지오」를 발매하다.

1992　릿지 레이서(남코)

아랑전설2(SNK)

남코 「원더 에그」 개장.

1993　J리그 발족, 첫 시즌이 시작되다.

사무라이 스피릿츠(SNK)

버추어 파이터(세가)

마츠시다 전기산업(현 파나소닉)에서 3DO를
발매하다.

1994　더 킹 오브 파이터즈'94(SNK)

데이토나USA(세가)

버추어 파이터2(세가)

진 사무라이 스피리츠~하오마루지옥변(SNK)

철권(남코)

다라이어스 외전(타이토)

세가에서 「세가 새턴」을 발매하다.

소니 컴퓨터 엔터테인먼트에서 플레이 스테이션을
발매하다.

1995 →2006

|1997

뱀파이어 세이버 전국대회

1997년에 열린 게메스트배 뱀파이어 세이버 전[국]
대회의 회장 광경.
1990년대에는 게메스트가 주최한 이런저런 대[회]
격투 게임의 전국대회가 열렸다. 전국의 오락실[에]
서 시행한 예선을 뚫고 올라온 맹자들이 한 곳에[모]
여, 그 실력과 기술을 겨루었다. 이 대회의 우승자[중]
한 명은 후에 프로게이머로 유명해진 우메하라 다[이]
고이다. (사용 캐릭터는 비샤몬)

1995	던전 앤 드래곤2: 쉐도우 오버 미스타라(캡콤)
	뱀파이어 헌터(캡콤)
	닌텐도에서 「버추얼 보이」를 발매하다.
1996	배틀 가레가(에이팅)
	싸이킥 포스(타이토)
	닌텐도에서 「닌텐도64」를 발매하다.
1997	도돈파치(케이브)
	비트 매니아(코나미)
	뱀파이어 세이버(캡콤)
	전차로 GO!(타이토)
1998	팝픈 뮤직(코나미)
	댄스댄스 레볼루션(코나미)
	세가에서 「드림캐스트」를 발매하다.
1999	더비 오너즈 클럽(세가)
	기타 프릭스(코나미)
	드럼 매니아(코나미)
	게메스트 폐간(신성사)
	반다이에서 「원더 스완」을 발매한다.
2000	길티기어X (아크 시스템 웍스/사미)
	소니 컴퓨터 엔터테인먼트에서 「플레이스테이션2」를 발매하다.
2001	미국에서 동시다발적으로 9.11 테러 사건이 발생한다.
	버추어 파이터4(세가)

비트 매니아
©Konami Amusement

1997

G-Model

아케이드 게임 전문 잡지인 게메스트의 발행처인 신성사가 운영했던 오락실 G-Model의 모습. 사진이 촬영된 1997년 당시에는 대전 격투 게임 붐이 계속되고 있어서, 미디타입의 범용 본체(73p 참조)가 일반적으로 사용되고 있었다. 업소의 공간이 그리 넓지 않았기 때문에, 기기도 사람도 아슬아슬하게 꽉꽉 들어차 있었다. 그런 환경은 당시에는 흔했던 개인이 경영하는 중소 규모 오락실에 가까웠다. 게임을 좋아하는 사람들이 모이는 업소답게 게임 포스터가 벽에 많이 붙어 있는 것이 특징이었다.

게메스트 편집부의 일상

아케이드 게임 전문 잡지, 게메스트의 편집부 안 광경. 1990년대 초반까지는 칸다의 좁은 다용도 빌딩에 편집부가 있었다. 사무실에 빈 공간이 없으면 이사를 거듭하다가, 1990년대 후반에는 진보우쵸에 자사 빌딩을 건설한다. 사진은 그 당시에 촬영한 것.
편집부가 있는 방에는 책상과 함께 게임 본체들이 여러 대 놓여 있었다. 필자나 편집자가 퇴근하지 않고 숙직실에서 기사 집필, 편집, 게임화면 촬영 등을 하고 있어서 마치 불야성과 같은 광경이었다.

2002

2002년 대의 게임센터

나가사키 현에 있던 남코 직영점인 PLABO 우라카미 지점의 광경.
이 업소에는 대전격투 게임 이외에도 각종 슈팅 게임과 레트로 게임들도 들여놓고 있었다. 게메스트의 후신 격인 아케이드 게임 전문지인 월간 아르카디아(엔터브레인)에서 하이스코어 집계를 하는 지점이었다. (2005년 폐업)

	태고의 달인(남코)
	완간 미드나이트(남코)
	이니셜D 아케이드 스테이지(세가)
	닌텐도에서 「닌텐도 게임 큐브」를 발매한다.
2002	유럽 연합의 단일 통화인 「유로」화 유통개시.
	마작격투 클럽(코나미)
	월트 클럽 챔피언 풋볼(WCCF) (세가)
	마이크로소프트(MS)에서 「Xbox」를 발매한다.
2003	갑충왕자 무시킹(세가)
	마이컴BASIC매거진 휴간(전파신문사)
2004	퀘스트 오브 D(세가)
	완간 미드나이트 맥시멈 튠(세가)
	세가사미 홀딩스가 설립되다.
	닌텐도에서 「닌텐도DS」를 발매하다.
2005	삼국지대전(세가)
2006	드루아가 온라인~THE STORY OF AON (반다이남코 게임즈)
	NARUTO 나루티밋 카드 배틀(반다이남코)
	타이토가 스퀘어에닉스의 완전 자회사가 됨.
	소니 컴퓨터 엔터테인먼트에서 「플레이스테이션3」를 발매한다.
	닌텐도에서 「Wii」를 발매하다.

2007
→2017

2012
도돈파치 최대왕생

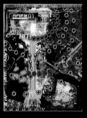

슈팅 게임의 계승자였던 케이브의 아케이드 최종작에 해당하는 작품
©2012 CAVE Interactive CO., LTD.

2017
타카다바노바바 『미카도』

도쿄도 타카다노바바에 위치한, 2017년 현재까지 많은 팬들의 사랑을 받으며 영업을 하고있는 현역 게임센터(오락실).
신작부터 레트로 게임까지 폭이 넓은 라인업을 갖추고 있다. 특히 1980~90년대의 아케이드 게임에 충실하며, 취재 당시에 인기였던 그라디우스가 6대나 배치되어 있었다.
게임 대회 등의 다양한 이벤트를 적극적으로 개최하고 있으며, 자체적인 엔터테인먼트를 인터넷으로 방송하고 있는 게임센터로 주목을 받고 있다.

2007	일본의 우편민영화가 시작되다.
	이니셜D 아케이드 스테이지4(반다이남코)
2008	리먼 쇼크가 일어나다.
	스트리트 파이터Ⅳ(캡콤)
2009	보더 브레이크(세가)
	기동전사 건담 0078 카드 빌더(세가/반프레스토)
2010	전국대전(세가)
	하츠네미쿠 Project DIVA Arcade(세가)
2011	동일본 대지진이 일어나다.
	철권 태그 토너먼트 2(반다이 남코)
	소니 컴퓨터 엔터테인먼트에서 「플레이스테이션Vita」를 발매하다.
2012	도쿄 스카이트리 개업
	도돈파치 최대왕생(케이브)
2013	길티기어 XX Λ Core Plus R (아크 시스템 웍스/사미)
	캡콤이 창립 30주년을 맞이하다.
2014	울트라 스트리트 파이터 Ⅳ(캡콤)
	소니 컴퓨터 엔터테인먼트에서 플레이스테이션4를 발매하다.
2015	철권7(반다이 남코)
2016	함대 컬렉션 아케이드(세가)
2017	도널드 트럼프가 제45대 미국 대통령으로 취임.

CONTENTS

목 차

CONTENTS

범례

　이 책은 일본의 아케이드 게임과 게임센터 및 관련된 주변환경 등에 대해서 정리하고 있습니다.

　본문에서 굵은 글자로 된 부분은, 해당하는 게임의 사진이나 전문용어에 관한 해설이 하단이나 다른 스페이스에 표시되어 있습니다.

　또, 본문 중에 나오는 게임 개발사(메이커) 이름의 표기는 해당 게임이 발매될 때 당시의 통칭(약칭)을 사용하고 있으며, 현재 쓰이는 이름과는 다른 것이 있습니다.

●아이렘 : 아이렘 소프트웨어 엔지니어링스
●코나미 : 코나미 디지탈 엔터테인먼트, 또는 코나미 어뮤즈먼트
●세가 : 세가 인터랙티브
●테크모 : 코에이테크모 게임즈
●남코 : 반다이남코 엔터테인먼트
(※ 일본어의 50음도 순)

‖ 첫머리에 ‖

이 책은 한마디로 말해서, (일본의) 게임센터=오락실에 대해서 쓴 책이다. 일본에서 게임센터의 비디오 게임은 1972년에 발매된 퐁(아타리)에서 시작해, 현재까지 40년 이상에 걸쳐 운영되며 이어져 왔다.

엄밀히 말하면 비디오 게임 이전에도 게임센터라는 것은 존재했었다. 이 책에서는 비디오 게임 이전에 대해서도 언급하지만, 주로 비디오 게임이 중심이 되는 낯익은 게임센터에 관하여 기술했다.

게임센터에는 비디오 게임 이외에도 크레인 게임, 메탈 게임, 프린트씰 기기(소위 프린트클럽 기기) 등등의 여러 가지 놀이 기구가 공존하고 있다. 그러나 이 책에서는 비디오 게임을 중점적으로 다루므로, 그 의외의 게임에 대해서는 그다지 자세하게 설명하지 못할 것이다. 특히 메달 게임의 역사는 오래되었으며 독자적인 노선을 오래 걸어왔지만, 여기서는 설명하지 않았다.

지금까지도 80~90년대의 아케이드 게임에 대한 서적은 여러 책들로 다양하게 간행되었다. 그러한 책들은 틀림없이 그 나름대로 가치가 있을 것이다. 하지만 그것은 개별 타이틀이나 특정한 장르를 중심으로 하는 경우가 대부분이고, 업계의 전체적인 흐름이나 당시의 플레이어들이 갖고 있던 가치관을 표현하는 경우는 그다지 많지 않다고 본다.

이 책에서는 시대와 함께 게임센터가 걸어온 길을 시간적 흐름에 따른 연대 순으로 정리하는 데에 유의했다. 나름대로 업계에 관련된 지식을 갖추다 보면, 세세하게 파고들다가 지엽적인 면에 묶여 버리는 경우도 있다. 게임 기판에 사용된 부품이라든가, 그다지 알려지지 않은 마이너한 게임 타이틀을 만든 개발자의 목소리라든가 하는 자료나 관련 정보에 흥미를 갖게 되기도 한다. 필자 자신도 조금이지만 그런 면이 있다.

하지만 각각의 시대에 흐르던 분위기가 어떠했는지, 그것들이 어떻게 흘러왔는지를 다루는 것이 보다 중요하지 않을까 싶다. 전체적인 흐름을 알지 못하면, 각각의 게임 작품이 어째서 명작이라 불리며 뛰어나다고 평가받는지 이해할 수 없게 된다.

필자는 게임잡지나 게임 웹사이트의 필자로서 활동했을 뿐만 아니라, 어느 정도는 게임센터의 경영에 관여하거나 게임 제작자들과 교류했다. 하지만 그보다도, 수십 년에 걸친 오랜 시간 동안에 한 사람의 플레이어로서 거의 매일 게임센터와 함께 했다.

그러한 경험을 토대로 이 책에서는 기본적으로 플레이어라는 스탠스로 게임센터에 관하여 이야기하는 방식으로 진행했다, 라고 말할 수 있겠지만, 단순히 게임을 즐겼던 추억만을 끄적이지는 않았다. 게임 업계와 관련해서 일하며 얻은 여러 가지 지식과 의견을 이 책의 내용에 환원하고자 한다.

이 책은 어느 장에서부터 읽어도 괜찮을 것이고, 적당히 훑어보듯 읽어도 되리라고 생각한다. 그저 게임센터와 그 안에 있던 비디오 게임들에 관한 사실을 찾고 견식을 넓히는 데 조금이라도 도움이 된다면 좋겠다.

서장

나와 게임센터

나는 오랜 세월에 걸쳐 여러 게임센터에 다니며, 그곳에 비치되어 있던 **❶아케이드 게임**을 플레이하곤 했다. **❷플레이어**로서 즐기기만 한 것은 아니고, 아케이드 게임 전문 잡지 소속으로서 게임센터의 내부 사정을 조사하거나 게임을 만드는 일에도 관여한 적이 있다. 이 책에서는 게임센터가 더듬어 왔던 길에 관하여 말해 보려고 한다. 우선은 개인적으로 게임센터를 다니며 어떠한 것들을 경험했는지, 내 반평생을 되돌아보는 것으로 시작하려 한다.

‖ 비디오 게임과의 만남 ‖

내가 **❸비디오 게임**이란 것을 알게 되서 의식하고 즐기기 시작했던 때는 고등학교 시절이었다. 이후에는 게임을 좋아하는 플레이어들을 여럿 만나게 되었지만, 나 자신이 게임에 빠져들었던 시기는 늦은 편이었다고 생각한다. **❹게임 매니아** 중에는 초등학생일 때부터 게임센터를 다니기 시작한 강자들이 많았기 때문이다.

일본에서 최초로 탄생한 비디오 게임은 1972년의 『퐁』(아타리)이다. 그때 나는 8세였고, 아이라서 돈을 따로 갖고 다니지 않았기 때문에 게임을 했던 기억이 없다. 다만 가족에게서 들은 이야기로는 하코네 온천에 갔을 때 묵었던 여관에 게임 코너가 있어서, 그곳에서 이런저런 것들을 플레이하고 놀았던 듯하다. 아마도 비디오 게임보다도 **❺일렉메카**(기계식 게임기)나 메달 게임을 갖고 놀았을 것이라고 생각한다.

그 시기의 비디오 게임은, 기계식 게임기나 메달 게임 등과 같이 섞여서 놓여 있었다. 이따금 되살아나는 당시 기억으로는, 기계식 게임기 부류로 놀았던 광경이 뇌리에 남아 있다. 당시에는 비디오 게임 쪽이 기계식 게임기 쪽보다 플레이 요금이 비쌌기 때문에, 용돈이 적었던 어린 시절의 나는 기계식 게임기를 했던 것이 아닐까 추측한다.

❶아케이드 게임
주로 게임센터(오락실)나, 사람이 모이는 위락시설의 일부에 설치되는 업소용 게임을 말한다. 동전이나 구매한 메달 등을 투입해서 플레이를 하는 것이 대부분이다.
❷플레이어
게임을 하면서 즐기고 노는 사람을 말한다. 이 책에서는 주로 게임센터(오락실)에서 오락을 하고 노는 여러 사람들을 가리킨다.
❸비디오 게임
비디오 모니터에 출력되는 게임화면을 사용하여 즐기는 게임들을 말한다.
❹게임 매니아
비디오 게임을 각별히 사랑하며 플레이하는 사람들. 본 책에서 주로 다루는 좁은 의미의 게임 매니아들은, 게임에 등장하는 캐릭터들이 아니라 게임 그 자체의 재미를 추구하는 플레이어들을 말한다.
❺일렉메카
기계식 게임기. 본래는 모니터를 사용하지 않는, 모터나 인간의 힘을 동력으로 해서 작동되는 놀이 기구나 게임들을 말한다. 하지만 근래에 와서는 모니터를 보조적으로 사용하는 것들도 늘어나고 있다.
(역자 주: 전기로 가동하는 기계형 게임을 말하는 일본 로컬 용어.)

　당시의 나는 비디오 게임을 하고 있는 사람을 보면 '용케도 게임에 돈을 쓰네' 하고 생각했고, 게임을 하더라도 (비디오 게임은 경품 같은 게 없으니) '게임은 아무것도 남지 않잖아' 하고 생각했으므로 당연한 일이었다. 도리어 '아무것도 남지 않기 때문에 멋지다' 하고 여기게 된 것은 좀더 나중의 이야기이다.

　가장 명확하게 기억하는 오래된 고전 비디오 게임을 보았던 첫 번째 체험은, 근처의 볼링장 안에 비치되어 있던 레이스 게임이었다. 당시에는 제목도 몰랐지만 그것은 아마도 『❹스피드 레이스』(타이토/1974년 작)였을 것이다. 아버지가 좋아했던 게임으로, 가끔씩 플레이하시는 것을 보았다. 당시 아버지는 운전면허를 갖고 있지 않으셨음에도 레이스 게임만은 상당히 잘 하셨다. '면허도 없으면서 핸들 돌리기는 잘 하시네'라고 생각했던 적도 있다.

　그 볼링장의 게임 코너에는 비디오 게임 이외에도 (지금은 보기 힘든) 기계식 게임기 게임에 속하는 ❹건 게임(사격 게임)이 비치되어 있었고, 나는 그 건 게임을 즐겨 했다. 그 건 게임은 ❹업라이트형(서서 플레이하는 형태)의 ❹광체(오락실용 게임기 본체)에 총을 달아 놓은 것으로, 그 볼링장 게임 코너에는 몇 종류가 설치되어 있었다. 내가 자주 했던 모델은, 표적인 종이를 쏘면 구멍이 뚫린 그 종이가 배출되는 타입이었다. 지금도 플레이가 끝난 뒤에 카드가 배출되는 아케이드 카드 게임이 많지만, 당시에 게임의 결과가 종이로 배출된다는 것은 매력적인 요소였다.

　나중에 이 건 게임에 관해 찾아본 적이 있지만 지금까지도 제목을 알 수가 없다. 비디오 게임은 연구하는 사람이 많아서 그럭저럭 자료가 남아 있지만, 기계식 게임기 부류에 대해서는 남은 자료가 적기 때문이다.

　이 당시의 비디오 게임은 기존에 앞서 나왔던 기계식 게임기 부류의 영향을 강하게 받고 있었다. 건 게임은 후에 비디오 게임에서 ❹건슈팅이란 장르로 발달하였고, 앞에 언급한 비디오 레이스 게임 『스피드 레이스』는 기계식 게임기로 나왔던 레이스

❹스피드 레이스
직선적인 도로에서 라이벌 카를 피해가면서 진행하는 레이스 게임. 70년대의 히트작.
©TAITO CORPORATION 1974
ALL RIGHTS RESERVED.

❹건 게임
주로 총을 모방한 형태의 컨트롤 디바이스를 사용해서, 표적에 탄을 맞추는 형태의 게임. 본 책에서 다루는 것은 60~70년대에 만들어진 기계식 게임기 부류의 건 게임.

❹업라이트 형
의자를 사용하지 않고, 서서 플레이하는 것을 전제로 만들어진 업소용 게임기. 70년대에는 일반적으로 사용되었다.

❹광체
좁은 의미로는 상자 모양의 게임기 외장 케이스를 가리키는 말. 이 책의 중심 소재인 오락실 업소용 비디오 게임에서는 게임 기판이 들어가 있고, 조이스틱과 모니터가 달려있는 업소용 게임기의 본체 그 자체를 말하는 용어이다.
(역자주 : 광체라는 단어는 현재 한국에서는 거의 쓰이지 않는 말이지만, 원문을 존중하는 측면에서 가능한 한 문맥 중에서 그대로 살렸다.)

게임의 **◑게임성**을 비디오 게임에 맞게 변형한 것이었다. 비디오 게임과 함께 기계식 게임기 부류 게임의 연구도 이루어지기를 바란다.

‖ 그다지 흥미가 없었던 『스페이스 인베이더』 ‖

내가 적은 용돈으로 기계식 게임기나 비디오 게임을 즐기고 있던 중학교 2학년 때에, 일본의 비디오 게임 역사상 최대 히트작인 『**◑스페이스 인베이더**』(1978년/ 타이토)가 발매되었다. 이 『스페이스 인베이더』는 집 근처 **◑막과자 가게**에도 들어왔다. 가게 앞에서 동급생이 플레이하는 광경을 본 기억이 있다. 그러나 나는 '인베이더'에 깊이 빠져들지는 않았다. 그다지 돈이 없었던 내게는 플레이 1회에 100엔이라는 가격의 허들은 높았고, 가끔 플레이한다고 해도 별로 오래 하지는 못했기 때문이다.

그래도 당시 인베이더 붐의 과열은 실로 굉장해서, 정말 엄청난 숫자의 기기가 시중에 풀렸다는 것만은 확실하다. 그중 다수는 **◑테이블형 본체**라고 불리는, 탁자 모양을 하고 있는 기기 안에 게임 기판과 화면이 들어가 있는 것이었다. 이후 1980년대 중반까지 이 테이블형 본체는 꾸준히 오락실의 주력 기기로 남았다.

당시 내 친구 집에는 어째서인지 이 테이블형 본체 인베이더 기기가 있었다. 친척이 운영하던 찻집에서 나온 것을 받았다고 하는 모양으로, 돈을 넣는 대신에 코드가 붙은 버튼 스위치를 누르면 동전이 들어간 것으로 처리되어 게임을 할 수 있었다. 공짜로 놀 수 있는 셈이라서 가끔 친구들과 함께 놀러간 적도 있다. 하지만 공짜로 플레이하면 아무래도 집중이 되지 않는다고 할까, 그저 습관적으로 플레이하고 있다는 기분이 들었다. 아무래도 그때의 나는 실제 동전을 넣어서 플레이하지 않으면 즐겁지 않았던 것이다.

그렇게 나는 중학교 시절 동안 기회가 닿는 대로 그럭저럭 게임을 즐기기는 했다.

◑건슈팅
총으로 적이나 표적을 쏘는 비디오 게임 장르. 보통 플레이어가 화면 위에 존재하지 않고, 이동을 위한 조작이 따로 필요 없는 타입이 일반적이다.
◑게임성
게임의 룰, 내용, 재미 등등, 넓은 의미로 사용되는 용어. 게임의 핵심이면서, 추상적이며 개념적인 말이기도 하다.
◑막과자 가게
어린이를 위한 값싼 과자(막과자) 등을 주로 팔던 가게. 1970년대까지는 일반적으로 존재했으나, 그 후 급속하게 숫자가 줄어들었다.
(역자 주: 한국에서는 문방구가 막과자 가게의 역할을 대신한 경우가 많다.)

하지만 내 인생에 비디오 게임은 그렇게까지 많은 비중을 차지하지는 못했다. 서야 그랬던 상황은 고등학생이 되어서야 변하기 시작했다.

‖ 종합상가 건물 옥상이라는 낙원 ‖

고등학생이 되자 나는 학교에 가기 위해 카나가와 현의 오다와라 역 주변으로 나가게 되었다. 1980년대 지방에 위치한 역전 상점가는 유동인구가 많아 나름 번성했고, 게임센터도 몇 곳이나 있었다. 나는 친구에게 이끌려, 그중에서도 상가 옥상에 있던 ❹남코 랜드에 가게 되었다.

『스페이스 인베이더』가 일으킨 붐은 1년 정도만에 급속히 사그라졌지만, 그 뒤에도 다양한 신작 게임이 나타났다. 게임 하드웨어의 성능이 서서히 향상되고 있던 시기이기도 했다. 비디오 게임은 날마다 달마다 빠르게 진화하고 있었으며, 그 과정을 보고 있는 것만으로도 즐거웠다.

친구가 닌텐도의 명작 『동키콩』(1981년)을 좋아해서 자주 플레이했다. 친구가 플레이하는 법은 썩 독특해서, 단순히 스테이지를 클리어하는 것만이 목적이 아니었다. 게임 안에 등장하는 컨베이어 벨트를 역주하는 등, 보통은 하지 않는 방법으로 플레이하면서 크게 기뻐했다.

한편 나도 친구가 하는 플레이를 보며 즐거워하면서도, 「어째서 평범하게 플레이하지 않을까」 하고 생각하며 구경했다. 그런 이상한 방법으로 플레이해서 게임오버 당하면 돈이 아깝지 않은가 하고 말이다. 쪼잔하다거나 겁쟁이라는 소리를 듣는다 해도, 당시 주머니 사정상 여유가 없었다. 내 딴에는 한순간의 즐거움을 추구하기보다 100엔으로 조금이라도 더 오래 놀고 싶었다. 이때에는 아직 다른 사람이 하는 플레이를 구경하는 것뿐이었지만, 나 자신이 느끼는 효율을 중시하는 플레이 스타일은 이때부터 이미 형성될 조짐을 드러내고 있었을지도 모르겠다.

❹스페이스 인베이더

빔 포를 사용해, 하늘 위에서 내려오는 외계인 군단을 쓰러뜨려가는 슈팅 게임의 원조.
발매 당시 인기의 과열은 실로 가히 사회현상이라고 하기에 어울릴 정도였다.

©TAITO CORPORATION 1978 ALL RIGHTS RESERVED.

❹테이블형 본체(테이블 광체)

낮은 높이의 테이블을 겸하는 케이스 안에, 모니터가 위를 향해 있는 구식 형태의 오락실 게임 기기. 보통 의자에 앉아 화면을 내려다 보면서 플레이한다.

❹남코 랜드

남코의 직영 오락실을 부르는 호칭 중 하나. 보통 백화점이나 쇼핑 몰의 옥상 등에 있던 놀이 시설에 붙은 오락실 등에도 이 호칭을 쓰는 경우가 많았다.

이렇게 게임센터에 가서 다른 사람의 플레이를 보고 있노라면, 가벼운 기분으로 나도 해 볼까 싶은 생각이 들기 시작했다. 그래서 역 앞에 있던 게임센터에 혼자 가서 비디오 게임을 하기 시작했다. 이것이 1980년 무렵의 이야기이다.

당시 동네 역 앞에는, 게임센터가 다섯 곳 정도 있었다. 참고 삼아 그중 몇 군데인가를 소개해 보겠다.

내가 가장 즐겨 찾았던 곳은 앞에서 언급한 대로 상가 옥상에 있던 남코 랜드였다. 당시 대형 게임 메이커였던 남코의 직영점으로, 아주 청결하고 밝은 게임센터였다. 아무래도 상가에 위치하기 때문에 밤 7시에는 폐점했으며, 어른들은 잘 찾지 않았다. 플레이어는 대부분 초등학생에서 고등학생 정도의 학생들이었다. 휴일에는 아이들이 지역노선으로 전철을 타고 와서 왁자지껄한 북새통을 이루곤 했다. 게임을 통해 연령대를 가리지 않고 개방적인 분위기로 놀 수 있었던, 당시에는 드문 장소였다. 실로 아이들의 파라다이스. 이곳은 1980년대 게임센터의 이상이라고도 할 수 있었던 장소라고 생각한다.

남코 랜드와는 대조적이었지만, 역 근처에 개인이 경영하던 '캐슬'이라는 곳도 있었다. 어두컴컴한 분위기 속에 비좁은 실내 중앙에 테이블형 게임기가 뭉치듯 모여 있는 식으로, 돌아다니기가 불편할 정도였다. 게임센터라고 했을 때 흔히 떠올리듯, 불량한 아이들이 모이는 곳이라는 분위기를 그대로 형상화하고 있었다. 그렇다고는 해도 당시에 뺑뜯기 같은 범죄행위를 본 적은 한 번도 없었다.

캐슬은 고등학교로 가는 통학로에 있어서, 플레이어는 고등학생이 많았다. 가게 입구에 학생 가방이 수없이 쌓여 있는, 어떤 면으로는 괴이하다고 할 만한 광경이 자주 눈에 띄던 곳이다. 어두컴컴한 가게 안에 목까지 올라오는 새카만 구식 교복을 입은 플레이어가 잔뜩 들어앉아 있어서, 어둠에 반쯤 녹아들기라도 한 듯한 세계였다.

뭐 그렇다고 해도, 캐슬에도 좋은 점은 있었다. 이곳에는 이런저런 신작이 잘 들어왔다. 남코 랜드는 남코 직영점이었기 때문에, 입하되는 신작 게임이 한정되어 있었다. 캐슬은 개인이 경영했기 때문에 사상 최초의 본격적 마작 게임 『쟝퓨터』(1981년/산리츠 전기) 등등, 장르와 표현을 가리지 않는 언더그라운드다운 게임을 즐길 수 있었다. 그리고 캐슬에는 각종 ❹카피게임(원 제작사에서 라이센스를 받지 않은 불법 카피 상품)도 입고되곤 했다. 동키 콩의 복제 게임인 『크레이지콩』

❹카피 게임
정식 개발사에서 라이센스를 받지 않고, 그 내용을 카피해 생산하는 유사한 게임. 아예 어레인지를 가하지 않고, 완전히 똑같은 내용의 복제품이라면 데드 카피라고 불린다.

등을 들여놓고 있던 기억이 난다.

또 하나, 주목할 만한 게임센터가 동네에 있었다. 야구공을 치는 배팅 센터에 덤처럼 병설된 게임 코너였다. 동네 상가 안에 있던 이 베팅 센터는 정작 배팅을 즐기는 장소 자체가 그렇게 넓지는 않았다. 하지만 그 주변은 다채로운 종류의 옛날 비디오 게임이나 놀이기구로 꽉 차 있었다. 나는 배팅을 즐기기 위해 이곳을 방문하는 편이었지만, 게임에 관한 인상도 강하게 남아 있다.

그중에서도 눈에 띄는 것은 쭉 늘어선 핀볼 기기의 숫자였다. 소위 드럼 식이라고 불리는, 전기를 쓰지 않는 옛날 방식의 핀볼이 20여 대 정도가 구비되어 있었다. 그 밖에도 패스볼(공을 출구까지 옮기면 경품이 나온다)이나, 사커 게임 등 각종 기계식 게임기들도 있었다. 비디오 게임은 70년대 기기가 남아 있었고, 한 번 플레이하는 데 10엔 정도로 요금이 쌌기 때문에 종종 플레이했다. 특히 4인이 동시에 플레이할 수 있는 레이스 게임을 주로 했는데, 나중에 알아본 바로는 『인디4』(1976년/아타리)가 아니었던가 싶다.

이 게임코너는 아마도 비디오 게임이 등장하기 전부터 존재해 왔던 게 아닌가 생각한다. 신작은 거의 없어서 70년대 게임센터 같은 분위기를 짙게 풍기고 있었다. 한 마디로 말하면 '시간이 멈춘 듯한' 게임센터였다. 내가 여기서 놀았던 것은 80년대뿐이지만, 이곳에서의 체험은 내게 꽤나 영향을 남겼다고 생각한다. 이 게임 코너는 70년대의 모습 그대로 80년대 후반까지 남아 있었다.

‖ 내 운명을 바꾼 『제비우스』 ‖

대학 수험을 치른 내게 큰 영향을 끼친 게임은 남코의 『❹제비우스』(1983년)였다. 이 작품이 없었다면, 나는 지금까지 게임센터에 들어앉아 있는 일도 없었을 테고, 그 후의 인생도 크게 변했을 것이다.

당시 남코 랜드를 단골로 삼고 있던 나는, 그곳에서 남코가 제작한 이런저런

❹제비우스

SF부류에 속하는 세로 화면 세로 스크롤 형 슈팅 게임.
공중과 지상의 적이 나누어져있어, 대공용과 대지용의 각각 다른 무기로 공격해서 격파한다. 게임 특유의 재미도 물론이지만, 매력적인 SF세계관이 높은 평가를 받았던 타이틀.

©BANDAI NAMCO Entertainment Inc.

게임들을 플레이했다. 세계적으로 히트한『팩맨』(1980년)이나, 폭넓은 인기를 얻은
❹슈팅 게임인『갤러가(갤러그)』(1981년) 등이 입하되어 있어서 즐겨 본 기억이 있다.
하지만 어느 게임도 그렇게 잘하지는 못했고, 열중했다고 말할 정도는 아니었다.

그러나 나는 게임센터를 다니게 되며 점점 게임을 잘하고 싶다고 생각하기
시작했다. ❹전방향형 슈팅 게임인『보스코니안』이나 레이스 게임인『폴 포지션』에
대해서는, 나름대로 상당히 노력해서 파고들기는 했다고 생각한다.

이 무렵의 남코 게임은 딱 보기만 해도 센스가 좋아 보였고, 다른 메이커들의
게임과는 노선을 달리하는 것들이었다. 남코 랜드는 남코의 직영점이다 보니 거의
확정적으로 남코에서 제작한 게임들이 입하되었다. 남코에서 제작한 게임에 눈독을
들여서 남코 랜드를 다니는 와중에, 플레이어나 점원 누나와도 친하게 지내게 되어
점점 이곳이 좋아졌다.

그러던 때에 릴리즈되었던 것이 바로『제비우스』(1983년)이다. 이 게임은 ❹세로
스크롤 방식의 슈팅 게임이다. 지금에 와서 보면 오소독스한 스타일로 보이지만,
당시로는 화면이 스크롤되어 흘러간다는 사실 자체가 획기적이었다. 그 이전에
발매되었던 당시의 게임들은『스페이스 인베이더』나『갤러가(갤러그)』처럼 배경이
우주공간이라 아예 새까만 경우가 많았다. 하지만,『제비우스』는 공중에서 지상을
내려다볼 때 보이는 광경이 그려졌다. 배경에는 지면, 초원, 바다, 숲, 도로, 적의 기지
등등이 그려져 있었으며 그것들이 점점 흐르듯이 다가왔다.

그때까지의 게임은 적이나 탄 등등, 화면 안에 놀기 위한 최소한의 필요조건에
해당하는 것들만이 표현될 뿐이었다. 하지만『제비우스』는 모니터 안에 다른 별의
영상이 컬러로 그려져 있고, 플레이어의 기체가 날아서 나아가듯이 플레이어를
미지의 세계로 데리고 가 준다. 이것은 당시의 나에게 커다란 충격을 주었다. 근래에
라이트노벨 등에서 이세계라는 이름으로 "게임과 같은 세계"를 묘사하거나 하는데,
『제비우스』는 실로 그런 개념의 시작이라고 말할 수 있을 것이다. 제비우스라는

❹슈팅 게임
　　플레이어 캐릭터가 탄을 발사해 적을 격파하는 비디오 게임의 한 장르. 플레이어 기체가 화면 내에
　　존재하며, 적으로부터 발사되는 적탄 공격을 피하는 것도 게임의 중요한 요소이다.
❹ 전방향형 슈팅
　　정해진 방향으로 일정하게 화면이 움직이는 것이 아니라, 자력으로 어느 방향으로도 진행이 가능한
　　타입의 슈팅 게임.
❹세로 스크롤
　　화면의 배경이 위에서 아래로 흘러가도록 움직이는 화면 스크롤 형태를 말한다. 오른쪽에서
　　왼쪽으로, 왼쪽에서 오른쪽으로 움직이는 경우는 가로 스크롤.

게임의 세계에 빠져든 나는, 게임센터에서 『제비우스』에 마냥 빠져들게 되었다.

『제비우스』뿐만 아니라 당시의 아케이드 게임에는 소위 ❹컨티뉴, 즉 계속한다는 시스템이 존재하지 않았다. 더 앞으로 나아간 세계를 보고 싶다면, 더 잘하게 되어 죽지 않고 더 많이 진행할 수밖에 없었다. 좋아하는 게임을 더욱 오래 즐기고 많이 체험하기 위해서는, 당하지 않고 적을 쓰러뜨려 나아갈 수밖에 없다. 이 지점에서 게임을 잘하게 되어가며 공략해 나가는 것과, 게임의 세계를 즐기는 것이 불가분적인 관계로 연결되어 묶인다. 이것이 1980년대 중반까지 아케이드 게임의 특징이면서, 뛰어난 점이 아니었나 싶다.

이런 1980년대의 아케이드 게임에 있어 1코인 100엔으로 오래 즐길 수 있는, 게임을 잘하는 소위 고수 플레이어가 일반 플레이어의 동경을 받기도 했다. 잘하는 플레이어는 내가 닿은 적 없는 게임의 세계로 데려가 준다. 그 슈퍼 플레이를 보며, 나도 플레이를 더욱 잘하고 싶다고 생각한 적이 있다.

‖ 하이스코어를 통해 네트워크가 넓어지다 ‖

게임을 잘한다는 것은, 거의 대부분의 아케이드 게임 작품에 있어서 득점으로 나타난다(득점 개념이 없는 것도 드물게 존재한다). 높은 득점을 내는 플레이어는 자신의 하이스코어를 기록에 남기고 싶다고 생각하는 것이 필연적인 흐름이었다. 그렇기 때문에 1980년대에는, 당시 전국의 게임센터에서 하이스코어를 기록하는 하이스코어 보드를 설치한다.

때마침 바로 이 무렵에 『❹마이컴 BASIC 매거진』이라는 잡지에서 『제비우스』에 관한 특집 기사가 실렸다. 당시에는 아케이드 게임을 다루는 미디어가 거의 없다시피 했기 때문에, 일본 전국의 플레이어는 정보에 굶주려 있었다. 때문에 매니아라면 빠짐없이 이 잡지를 사게 되었다. 이후 『마이컴 BASIC 매거진』에서는 제비우스 특집

---

❹컨티뉴
　게임 플레이 도중에 miss 등으로 종료(게임 오버)가 될 상황에서, 코인을 추가로 투입하는 것으로, 게임을 종료 시키지 않고 플레이를 재개할 수 있는 시스템.
❹마이컴 BASIC 매거진
　전파신문사에서 간행했던 퍼스컴 잡지. 독자 투고 프로그램의 개재 및, 당시 어드벤쳐 게임 공략이나 아케이드 게임 관련 기사들도 취급했다.

직후부터, 게임센터의 하이스코어 점수를 전국에서 집계하여 싣게 되었다.

나는 입시학원 학생이었던 때에, 오챠노미즈에 있던 게임센터에서 『제비우스』의 1천만 점을 처음으로 달성하였다. 『제비우스』를 좋아하는 플레이어들에게 1천만 점을 달성하는 것(보통 6시간 정도 걸린다)은 보편적인 목표였고, 높은 기준점으로 굳어져 있었다. 1천만 점을 달성했을 때에는, 뒤에서 보고 있던 메이지 대학생으로 보이는 사람들에게 박수를 받았던 기억이 있다.

그 이후 대학생이 된 나는 하이스코어 집계에서 전국 1위를 달성하여 잡지에 실리기 위해, 여러 가지 아케이드 게임을 파고들게 되었다. 휴학하고 나서는 게임센터에 개점시간부터 들어가 틀어박히는 날들이 계속되었다. 1984년부터 1986년까지 3년 동안, 오로지 게임센터에서 아케이드 게임을 계속 즐기고만 있었다.

대학에 입학한 뒤로 내가 거점으로 삼았던 것은 카나가와현 오후나에 있던 남코의 직영점, 캐롯하우스 오후나 점이었다. 『팩맨』이나 『제비우스』 등의 명작을 낳은 게임메이커인 남코는, 당시 팬들에게서 절대적인 지지를 받고 있었다. 그 직영점인 캐롯하우스는, 다른 게임센터에 비해서 가게의 분위기가 좋고, 게임기의 **❹메인터넌스**(유지 보수) 등 서비스 측면에서 잘 되어 있다는 인상이 있었다. 팬으로서 자부심과 직업의식이 강했던 남코의 팬이 점원이 되어, 직영점의 아늑한 분위기를 만들어 내고 있었다. 당시의 남코 직영점에서는 그런 좋은 의식과 흐름이 있었다고 생각한다.

1980년대는 많은 신작이 제작 및 공급되어 게임센터가 번성기를 맞이한 황금시대였다. 특히 1984~86년의 3년 동안에는, 발매되는 아케이드 게임 타이틀이 500개 가까이 되었다. 이런저런 다양한 장르의 비디오 게임이 발매되기도 하고 사라지기도 했다. 크게 히트한 작품이 있는가 하면, 일주일 만에 철거된 작품도 있었다.

당시에 발매된 남코 게임들 중에서 특히 인상을 남긴 것은 『**❹드루아가의 탑**』(1984년) 이다. 이 작품은 탑 안의 미로를 돌파하여 나아가는 게임으로, 각 층에

❹메인터넌스
본문에서의 의미는, 게임센터(오락실)의 아케이드 게임기를 쾌적하게 플레이할 수 있도록, 조이스틱 레버나 버튼 등의 조작용 파트나 동전 수납기 등의 부분 수리 및 조정을 하는 유지 보수 같은 일들을 가리킨다.

❹드루아가의 탑

탑 꼭대기 층에 붙잡혀 있는 히로인 카이를 구하기 위해서, 주인공인 전사 길이 미로 형태의 탑을 올라가는 미로돌파형 액션 게임.
곳곳에 숨겨진 보물상자를 출현시키기 위한 숨겨진 조건이 있어서, 그것을 알지 못하면 사실상 클리어가 불가능하게 된다.

©BANDAI NAMCO Entertainment Inc.

숨겨진 보물상자가 존재했다. 이 숨겨진 보물상자를 출연시키는 ❹**숨겨진 커맨드**나 발견하는 방법이 대단히 중요하여, 이런 숨겨진 커맨드 같은 요소를 모른다면 앞으로 진행하는 것이 불가능에 가까웠다. 당시는 인터넷 같은 것도 존재하지 않고 게임잡지도 없다시피했기에, 나는 이런 숨겨진 커맨드의 정보를 분주히 찾아다녔다.

내가 동네 인근이나 오후나 지점 이외에, 도쿄 시내의 게임센터로 가게 된 것은 그 무렵부터였다. 나는 숨겨진 커맨드의 정보를 찾기 위해 당시 타카다 경마장에 있던 남코의 직영점인 '게임뿌띠끄' 타카다 지점에 갔던 기억이 있다. 거기에서 나와 함께 숨겨진 커맨드 같은 여러 정보를 모았던 다른 플레이어들과 만나서 정보를 교환하게 되었다.

『드루아가의 탑』은 액션이 우수한 게임이었지만, 숨겨진 커맨드 같은 것만 알고 있으면 스테이지 셀렉트를 사용해 간단히 클리어할 수 있기도 했다. 인터넷이 없는 시대에 이 숨겨진 커맨드의 정보는 아주 귀중한 것이었다. 당시에 나는 캐롯 오후나 지점에서 지인과 같이 『드루아가의 탑』에 관한 카피 동인지를 만들었던 적이 있다. 그 책은 보물상자의 출연 정보를 그대로 알려주는 것이 아니었고, 힌트 집과 같은 식으로 구성되어 있었다. 그 안에는 '조금이라도 스스로 알아내기를 바란다' 같은 생각을 담고 싶었다.

당시에는 나 이외에도, 이런 게임의 미니커뮤잡지(동인지)를 만들고 있던 게임 매니아나 ❹**게임 서클**이 몇 개나 존재했다. 그들은 자기 동네의 게임센터를 거점으로 삼아, 전국 곳곳 여러 지역에서 각자 활동하고 있었다.

『드루아가의 탑』은 정보가 전부라고 할 수 있는 특수한 게임이었지만, 당시의 다른 게임에 대해서도 많든 적든 이런 이야기를 할 수 있었다. 특히 전국구 하이스코어를 노린다면 최신 정보를 빨리 입수하는 것은 아주 중요했다. 때문에 나는 도내의 ❹**하이스코어러**들이 모이는 게임센터에 출입하게 되었다.

당시 도내에서 특히 유명했던 게임센터는 플레이시티 캐롯 스가모 지점이었다. 여기서는 주변의 유명 하이스코어러가 모여 단골로 활동했다. 언제 가더라도 누군가

❹숨겨진 커맨드
소위 히든 커맨드(Hidden Command). 플레이어에게 유리한 숨겨진 아이템 등을 획득하거나 할 수 있는, 공개되지 않은 특수한 조작 방법이나 조건 발생법등의 꼼수를 통틀어 말하는 용어.
❹게임 서클
오락실 플레이어들이 모여 만들어진 서클. 특정 오락실의 단골로 구성된 경우가 많았고, 동인지의 제작이나, 하이스코어 전국 1위 획득 등이 주된 목적이 되어 있었다.
❹하이스코어러
아케이드 게임의 하이스코어 획득을 목적으로 플레이하는 사람들. 일본 전국 집계에서의 1위, 이른바 '전일'을 목표로 해서 플레이하는 사람들이 많았다.

게임으로 슈퍼 플레이를 선보이고 있었기 때문에, 그 플레이를 보러 가는 것만으로도 즐거웠다. 이 게임센터에서 높은 스코어를 기록하고 나서야 비로소 한 사람 몫의 하이스코어러로 인정을 받는다는 분위기가 있었다.

나는 한 달에 몇 번, 전차로 2시간 가까이 걸리는 이 캐롯 스가모 지점에 나갔다. 그 와중에 도내의 유명한 플레이어들과 알게 되고, 이런저런 정보 교환도 하게 되었다. 이 시기의 아케이드 게임은 패미컴 등의 가정용 게임기 하드웨어보다 훨씬 높은 성능을 자랑하고 있었다. 게임센터의 게임은 시대의 최첨단을 달리고 있었으며, 캐롯 스가모 지점에 모이는 게임 매니아들은 그것을 뒤쫓아가는 선두 그룹(톱 러너)이었다고 할 수 있었다.

‖ 아케이드 게임 전문지 『게메스트』와의 만남 ‖

80년대는 게임센터에 열정을 지닌 게임 매니아들이 많이 존재했던 한편, 그에 대한 세간의 비난 또한 거세었다. 게임센터는 불량배들이나 모이는 장소로, "게임 따위나 하는 놈들은 제대로 된 어른이 되지 못한다" 같은 투로 하는 말을 듣게 되곤 했다.

이런 사회 상황인지라, 게임의 정보를 얻을 수 있는 미디어는 몹시 적었다. 인터넷은 아직 존재하지 않았으며, 게임 잡지의 수는 적었고, 아케이드 게임의 정보를 전하는 기사는 더욱 적었다. 아케이드 게임 기사는 앞에 언급한 『마이컴 BASIC 매거진』이나 『❹BEEP』라는, 퍼스컴 관련 잡지 정도 밖에 없었다. 일시적으로 『❹어뮤즈먼트 라이프』라는 아케이드 게임 관련 잡지가 있어서 나도 구매했지만, 그 잡지는 그렇게 오래가지 못했다.

그러던 중, 1986년에 아케이드 게임 전문 잡지인 『게메스트』가 창간되었다. 게임센터의 게임에 특화된 잡지로는 처음이었으며, 이것은 새로운 시도였다. 이 잡지의 창간에는 당시 플레이시티 캐롯 스가모 지점의 게임 매니아들이 관련되어 있다.

❹BEEP
일본 소프트뱅크사가 간행하던 게임잡지.
PC게임, 가정용 게임 이외에도, 오락실 게임의 기사도 다루었다.
❹어뮤즈먼트 라이프
1983~1984년에 걸쳐, 어뮤즈먼트 라이프 사에서 간행했던 게임 잡지.
아케이드 게임의 기사 비중이 컸고, 당시 여러 오락실에서 나온 하이스코어도 실었다.

❹마계촌(魔界村)

악마와 괴물들에게 납치된 공주님을 구하는 기사가 주인공인 액션 게임.
기괴한 마계의 괴물들을 그려낸 세계관이 당시로는 충격적이었다. 난이도는 높지만 그만큼 몰입할 수 있는 재미가 있었다.

(자료협력: 「게메스트」)

이 무렵에 게메스트로부터 캡콤의 히트 게임인 『**❹마계촌**』 공략 원고를 써보라는 의뢰가 내게 들어왔다. 당시 실질적으로 대학을 휴학한 상태였던 나는 이 일을 계기로 동경의 칸다에 있는 출판업체 신성사(新声社: 신세이샤)의 게메스트 편집부에 들어가게 되었다.

‖ 게임센터에 있어서 게임 매니아는 해악인가? ‖

게임 공략 기사를 쓰게 되면서, 나는 단순한 플레이어로서가 아니라 게임 업계의 관점에서 보는 아케이드 게임의 측면에 대해 배우게 되었다. 하드코어한 게임 매니아가 되면, 많든 적든 간에 업계에서 다룰 법한 관련 지식을 갖게 된다. 게다가 실제로 직업으로 삼게 되면, 보다 깊이 생각하게 되는 것도 많았다.

1980년대에 『게메스트』에서 활동하며, 내게는 메이커와 게임센터(**❹오퍼레이터**) 및 플레이어와의 사이를 주선하고 중재하는 것이 고생이었다. 80년대의 아케이드 게임은 일반적으로 말하는 남은 댓수, 소위 목숨 수를 따지는 잔기제(인수제)를 채택하고 있었다. 즉 플레이어 캐릭터의 목숨 수가 제로가 되지 않으면, 끝없이 계속해서 플레이할 수 있었다는 것이다. 비디오 게임 초창기에는 대부분의 게임이 **❹제한시간제**였으나, 블록 격파 부류나 『스페이스 인베이더』의 히트와 함께, **❹잔기제**를 채택한 게임이 일반적인 것으로 여겨졌던 것이다.

잔기제, 소위 목숨 수로 게임을 하는 방식의 매력은, 실력이 좋아 잘하게 될수록 게임오버를 당하지 않고 오래 즐길 수 있다는 것이다. 실력이 뛰어난 플레이어라면 100엔으로 몇 시간이라도 계속 플레이할 수 있기 때문에, 업소에 있어서는 매우 골치 아픈 존재였다. 장시간 플레이하는 유저가 늘어날수록, 업소의 이익(**❹인컴**)이 줄어든다. 그 때문에 게임 매니아는 메이커나 업소 측으로부터 적대시되는 경우가 적지 않았다.

---

❹오퍼레이터
아케이드 게임 업계에 있어서 오퍼레이터라고 하면, 게임센터=오락실 시설을 운영하는 운영자들을 가리킨다. 간단히 말하면 오락실 주인이자 관리자.
❹제한시간제
코인 당 플레이 시간이 미리 설정되어 있고, 그 제한된 시간을 넘기면 자동적으로 게임이 종료되는 플레이 방식.
❹잔기제
플레이어가 미스를 하면 현재 가지고 있는 기체 수(라이프)가 줄어들고, 남은 기체 수가 0이 되면 게임이 종료되는 플레이 방식. 흔히 말하는 몇 대 남았는가를 따지는 방식.
❹인컴
수입을 말하는 용어. 오락실에서 있어서 인컴은, 오락실에 설치된 게임기가 벌어들이는 동전 숫자,즉 수입 금액 그 자체를 말한다.

하지만 플레이어 측에서 보면, 이것은 전혀 뜻밖인 이야기이다. 플레이어는 재미있는 게임을 보다 깊고 오래 즐기기 위해, 돈을 들여 가면서 파고들어 능숙해지려고 한다. 진보하고 발전할 수 있으니까 몇 번이고 반복해서 플레이하게 되는 것이다. 그냥 장시간 플레이하고 있는 것처럼 보이지만, 플레이어가 한 게임을 오래 붙잡을 수 있게 되기까지는 상당히 많은 돈을 투여해야 하는 경우가 많다.

그런 사실을, (수입이라는) 표면적인 숫자 만을 보고 있는 것만으로는 알기 어렵다. 잘하는 플레이어가 단순히 수익을 내는 데에 방해가 되고 있는 것처럼 보이는 것은 분명하다. 그렇게 되면 「매니아를 배제하고 일반 손님을 받는다」 하는 발상이 나오게 된다. 실제로는 매니아가 돈을 쓰게 하는 것보다 일반층을 붙잡아 돈을 쓰게 하는 쪽이 더 어렵지만, 아무래도 거기까지는 생각이 미치지는 못했던 모양이다.

그런 상황이었던지라, 1980년대는 게메스트에서 게임 공략 기사를 게재할 때에 메이커와의 사이에서 이런저런 다양한 교섭이 시도했다. 공략 기사를 실으면 플레이어가 잘하게 되어 인컴이 떨어진다는 이유로, 몇 번인가 기사 게재를 거절당한 경우가 있다.

하지만 게임의 공략 기사는 반드시 업소나 메이커 측에 마이너스가 되는 것은 아니다. 오히려 플러스가 되는 경우가 많았다. 게임의 인기가 내려가는 이유 중에는, 플레이어는 앞으로 나아가고 싶은데 벽에 부딪힌 상황을 타개하지 못하다가 재미를 느끼지 못하고, 결국 플레이를 그만두게 되는 현상을 막지 못해서인 경우가 많다. 이때 앞으로 나아갈 수 있는 방법을 제시해 주면, 플레이어는 활력을 되찾아 다시 플레이하게 된다. 특히 명작 게임이라 불리는 매력적인 게임에 그런 경향이 강했다.

당시의 게메스트 편집부는 이렇듯 공략 기사가 게임의 인기를 높이고, 수명을 길게 한다는 견해를 갖고 있었다. 그렇다고는 해도 너무 앞질러서 내달리는 공략기사를 내면, 플레이어가 따라가지 못하다가 역으로 질리기 쉽게 되는 경우도 있었다. 딱 좋은 타이밍에 즐길 수 있도록, 공략 기사를 게재하는 스케줄을 면밀히 고려해야 했다.

하지만 모든 메이커들에게 그런 세부적인 것이 이해되었던 것은 아니다. 담당자가 바뀌는 순간에 방침이 바뀌고, 게임을 취재하거나 기사를 게재할 수 없게 된 경우도 있다. 현재와 같이 매니아가 얼마나 돈을 쓰고 있는지를 온라인 등을 통해 자동적으로 데이터를 얻을 수 있는 시대가 아니었기 때문에, 이런 기존 개념을 깨는 것은 좀처럼 힘들었다.

‖ 도시와 지방에서 게임센터 간의 차이 ‖

또 이 시기에는 도시의 게임센터와 지방의 오락실 사이의 성질 차이를 느끼기도 했다. 대도시의 게임센터에서는 입지가 좋을수록 점점 많은 손님이 들어오게 된다. 손님의 절대적인 수 자체가 많고, 그 반대로 건물 임대료 등 유지비가 높아지기 때문에, 높은 회전율로 비디오 게임을 돌리기를 바라게 된다. 장기간 죽치고 놀 수 있는 것보다, 비교적 짧은 플레이 시간으로 끝나 버리는 것이 중요하게 된다.

한편 지방의, 특히 개인이 경영하는 오락실에서는 신작 게임을 전부 갖추기가 어려웠다. 입하되는 비디오 게임을 장기간에 걸쳐서 많이 플레이하게 되면, 그만큼 투자 비용을 회수하기 쉬워진다. 역으로 순간적인 말초적 자극을 직접 주는 게임이라도, 금세 끝나서 (플레이어가) 진행할 수 없게 되면 역으로 플레이어는 곧 게임 자체를 그만두게 된다. 아무래도 지방은 잠깐 들어오는 일회성 손님이 적고 단골 중심이 되기 때문에, 단순히 오래 즐기는 것보다도 속이 깊은 타입의 게임이 선호되는 것이다.

한 마디로 게임센터(오락실)에도 이런저런 다양한 타입이 있다. 화려한 대도시에 위치한 게임센터와, 지방의 역전에 있는 오락실은 스타일이 다르다. 게메스트의 독자는 전국에 퍼져 있었고, 지방의 오락실에서 활동하는 플레이어도 많았다. 그런가 하면, 메이커 쪽과 접촉했을 때에는 도시의 대규모 게임센터 이미지를 상정하여 말하는 사람이 많다는 인상을 받았다. 이 점에서 갭을 느끼는 경우가 많았고, 조금 더 플레이어의 시선으로 보게 되기를 바라게 되었다.

‖ 80년대 게메스트를 지탱한 슈팅 게임 ‖

손으로 더듬대며 나아가는 상태에서 시작한 게메스트였지만, 잠재적으로 아케이드 게임의 정보를 찾는 플레이어는 많았기에 서서히 그들에게 인정을 받게 되었다. 당시의 게메스트를 지탱했던 게임은 주로 슈팅 게임이었다. 『제비우스』(1983년/ 남코)에서 『스타포스』(1984년/테칸=이후 테크모), 『그라디우스』(1985년/코나미)로 히트 작품이 계속되어서인지 80년대는 슈팅 게임의 팬이 특히 많이 존재했다.

슈팅 게임의 인기가 정점에 도달했던 것은 1987년에서 1988년 사이였다. 이 사이에 인기를 모았던 것은 『●다라이어스』(타이토), 『R-TYPE』(아이렘), 『그라디우스Ⅱ ~고파의 야망』(코나미)였다. 그중에서도 『그라디우스Ⅱ』는 당시 슈팅 게임 매니아들의 꿈을 그대로 실현시킨 것 같은 작품으로, 발매 전에 게임 쇼 단계에서부터 이미 상당한 반향을 보였던 기억이 떠오른다.

이때부터 게메스트 편집부는 게임 기판을 메이커에서 빌려오게 되었다. 편집부에 『그라디우스Ⅱ』나 『이미지 파이트』(아이렘) 등의 슈팅 게임 기판이 있어서, 담당 ●라이터(Writer)가 파고들며 플레이하곤 했던 기억이 있다. 오락실 게임기 본체가 없었기 때문에, ●컨버터를 내장한 ●컨트롤 박스를 사용해 모니터에 출력해서 플레이했다. 『이미지 파이트』는 모니터와의 상성이 나빠, 화면 가로 넓이에서 기체 한 대 정도 너비가 잘려 보이지 않았었다. 때문에 화면 구석에서 적탄을 피하기란 몹시 어려웠던 것으로 기억하고 있다.

‖ 지는 해가 된 슈팅 게임의 그늘 ‖

이처럼 1980년대의 게임센터는 슈팅 게임이 견인하고 있었다. 그러던 것이 1988년을 정점으로 해서, 슈팅 게임의 인기가 조금씩 낮아지기 시작한다. 게임의 난이도가 너무 올라가 버린 것도 원인이었지만, 나는 슈팅 게임이 플레이어들에게 새로운 놀라움을 주지 못했던 것이 그 이유가 아닐까 싶다.

1970년대 후반에서부터 80년대에 걸쳐 아케이드 게임의 하드웨어는 놀라울 정도로 진화했다. 화면이 흑백이고 복잡한 움직임이 불가능했던 「스페이스 인베이더」와 횡스크롤 슈팅 게임인 「그라디우스Ⅱ」를 비교해 보면, 얼마나 영상적으로 진보했는지가 여실히 보인다. 1980년대의 게임센터에 출입하고 있던

●다라이어스(DARIUS)
3개의 모니터를 하프 미러로 합성하여 가로로 긴 화면으로 플레이할 수 있는, 전용의 대형 본체를 사용한 가로 스크롤 슈팅 게임.
적당한 난이도와 사운드의 박력도 매력적이다. 많은 오락실에 퍼져서 플레이하기 쉬워진 것은 1987년 무렵부터였다.

●라이터
Writer=필자. 각종 기사를 쓰는 사람. 게임 잡지의 경우에는 게임 라이터로 흔히들 불린다. 다만 게임 라이터는 소위 일본식 영어이다.

●컨버터
업소용 게임 기판의 화상 신호를 PC용 모니터나 TV로 출력할 수 있도록 변환하는 기기장치.

플레이어들은, 계속해서 나타나는 놀라운 신작들을 리얼타임으로 즐길 수가 있었다. 그러던 것이 1980년대 후반에 접어들면서 그 진화에도 그늘이 보이게 된다. 여태까지 급속도로 진화하는 모습을 보이다가, 그다지 변함이 없어 보이는 모습이 된 것만으로도 매너리즘화가 되었다고 생각한다. 실제로 해 보면 분명 재미있는 작품이라도, 이전처럼 히트는 할 수 없게 되었던 것이다.

이 시기는 내가 소속되어 있던 게메스트 편집부에게도 힘든 시기였다. 당시 나는 필진 겸 편집장이라는 위치에 올라 있었다. 좋은 기사를 쓰려고 했음에도 게임 자체에 매력이 없어지다 보니, 잡지가 팔리는 부수가 떨어져 갔다. 게임센터와도 함께, 업계 전체의 경영이 힘들어진 것은 아닌가 싶었다.

비디오 게임 시장의 인컴이 저하되던 중, 게임센터를 지탱했던 것은 의외로 크레인 게임 부류였다. 세가의 『UFO캐쳐』 시리즈로 대표되는 크레인 게임은 전국적으로 인기가 있어서, 높은 인컴 수치를 창출했다. 『UFO캐쳐』 덕분에 위기를 넘길 수 있던 게임센터가 많았던 것이다.

‖ 게임센터의 구세주가 된 대전격투 게임   ‖

80년대 후반에 닥친 장기간의 수익 저하에 따른 침체 경향은, ❹대전격투 게임의 등장으로 깨지기 시작했다. 그 선봉을 이끌어 나간 것이 바로 캡콤이 개발한, 『❹스트리트 파이터Ⅱ』(1991년)이다. 『스트리트 파이터Ⅱ』의 등장은 전국 게임센터의 모습을 크게 변모시켰다. 일본의 아케이드 게임 역사를 되돌아 살펴보아도, 이것에 필적할 만한 임팩트를 주었던 것은 결국 『스페이스 인베이더』 정도 밖에 없다.

『스트리트 파이터Ⅱ』의 등장이 시대의 필연이었던가 하면, 그건 사실 조금 미묘하다. 하드웨어가 꾸준히 진보한 결과로, 비디오 게임은 큰 캐릭터를 리얼하게

---

❹컨트롤 박스
업소용 게임을 일반 가정에서 플레이할 목적으로 만들어진 기기. 레버와 버튼이 붙은 상자 형태를 하고 있어서, 내부에는 컨버터가 내장되어 있다.

❹대전격투 게임
펀치와 킥 등을 구사하여, 1대1로 싸워서 승패를 가리는 형태의 비디오 게임. 컴퓨터가 조작하는 상대와 싸우는 것만이 아니라, 사람과 사람끼리 승부를 가릴수도 있다.

❹스트리트 파이터Ⅱ

1대1로 대전 플레이를 즐길 수 있는 본격적 대전 격투 게임. 대전격투라는 장르가 널리 퍼진 것은 바로 이 작품이 있기 때문이다. 결국 이 작품으로 게임 센터의 형태가 크게 변화했다.

표현할 수 있게 되었다. 그것이 『스트리트 파이터Ⅱ』의 큰 매력이 되었던 것은 틀림없다. 하지만 그것만으로는 이렇게까지 대 히트한 작품이 되지 않았을 것이다.

『스트리트 파이터Ⅱ』가 대전격투 게임으로서 비상하게 높은 완성도로 발매되었다는 점을 주목해야 한다. 사람과 사람이 싸우고 즐길 수 있는 ●대전 툴로써 기능했던 것이, 오래 이어지는 대전격투 게임 붐을 지탱했다. 시대적 필연이라고 하기보다는, 갑자기 툭 튀어나온 우수한 작품이 시대 그 자체를 바꾸어 버렸다고 하는 게 좋겠다.

이쯤에서 아케이드 게임 중 대전 게임의 역사를 간단히 되짚어 보자. 일본에서 발매한 최초의 비디오 게임은 아타리의 『퐁』(1972년)이었으며, 이것은 2인 대전이 가능했던 게임이었다. 즉 비디오 게임에 있어서 대전은 새로운 것이 아니고, 비디오 게임의 역사와 거의 같을 정도로 오랜 역사를 갖고 있는 것이다.

하지만 혼자서 즐기는 '블록 격파' 부류나 『스페이스 인베이더』가 히트했기 때문에, 1980년대의 비디오 게임은 1명이 즐기는 것을 전제로 한 작품이 대부분이 되었다. (여러 명이 즐기는 게임 중에서) 히트한 예외적인 작품에는 『파이널 랩』(1987년/ 남코)이 있다. 이 레이스 게임은 ●통신 기능을 사용하여, 복수 인원의 여러 플레이어가 순위를 경쟁하는 것이었다. 하지만 레이싱 이외의 대전 게임은 당시엔 거의 실패했다고 말해도 과언은 아니었다.

그 때문에 대전 방식으로 만들어진 『스트리트 파이터Ⅱ』에 관해서도, 「일본에서는 대전이라는 놀이 방법은 보통 통하지 않는다」 하는 전망이 지배적이었다. 당시 캡콤 개발진도 그렇게 생각했던 모양이다.

‖ 전국 대회와 "대전대"가 대전 붐을 가속하다 ‖

허나 『스트리트 파이터Ⅱ』는 오락실에서 출범하자마자 곧 큰 인기를 끌었다. 당시 대부분의 오락실에서, 업소 한 곳에 같은 게임이 여러 대가 설치되었는데도, 빈

●대전 툴
툴은 도구라는 뜻.
게임에는 다양한 매력이 있지만, 대전 툴이라고 하는 경우는 매력적인 대전이 성립하는지 아닌지를 평가받는다.
●통신기능
여러 대의 게임기를 케이블 등으로 연결해서, 정보를 주고받는 기능. 1980~90년대 오락실 게임 인터 넷 등에 대응하지 않지만, 그 대신 게임기 사이에서의 통신 기능이 있어서 멀티 플레이가 가능한 경 우도 있었다.

자리를 찾기가 어려울 정도였다. 하나의 게임이 이렇게까지 잘 팔린 것은 스페이스 인베이더 이후 처음이었다고 생각한다. 1980년대에 오락실에서 하나의 게임이 여러 대 설치되었던 게임은 『제비우스』(1983년/남코), 『그라디우스Ⅱ~고파의 야망』(1988년/코나미), 『테트리스』(1988년/세가) 정도가 있었지만, 『스트리트 파이터Ⅱ』는 그 이전의 모든 게임들을 상회하는 과열된 인기를 보여주었다.

하지만 업소에서 첫선을 보인 초창기에는 사람들이 서로 싸우는 대전 플레이가 일반적이지 않았고, 대다수의 사람들이 1인 플레이로 게임을 즐겼다. 이 시점에는 아직 대전이란 놀이 방법이 퍼져 나가지 않았던 것이다. 이미 매니아들 중 일부는 대전의 재미에 눈뜨고 있었지만, 대전 플레이는 대전 상대가 있어야 하는 법. 가까운 친구 이외에 대전 상대를 그리 쉽지 찾지 못하는 현실이었으리라고 본다.

내가 소속되어 있던 게메스트 편집부는 『스트리트 파이터Ⅱ』에 관련된 특집을 싣자, 부수가 대폭 늘게 되었다. 당시 출판 업계 전체를 통해 봐도 게메스트의 비약은 놀라운 수준이었다고 생각한다. 부수는 쭉쭉 늘어나고, 회사의 규모도 점점 커졌다. 하지만 당초에는 대전 방식에 관한 공략 기사보다는 VS **❶CPU전**의 공략 기사가 주된 내용이었다.

이 무렵, 게메스트 편집부의 모체였던 신성사(신세이샤: 新声社)에서는, 게임 굿즈를 파는 '마루게야'라는 매장을 냈다. 마루게야에는 보통 오락실 게임기 본체가 1대 정도 놓여 있어서, 당시 인기있는 게임을 즐길 수 있었다. 그리고 『스트리트 파이터Ⅱ』를 운용한 지 얼마 지나지 않아, 이 곳에서 『스트리트 파이터Ⅱ』 대회를 개최한 적이 있다.

마루게야 점포는 좁아서 게임기 본체를 설치한 자리가 1대 분량 밖에 없었기 때문에, 이 대회는 아주 작은 규모였다. 그럼에도 이 대회에 참가하기 위해 100명 이상의 플레이어가 줄지어 늘어서 있었다. 나는 때마침 이 대회를 보러 갔고, 대전을 원하는 잠재적인 플레이어 수가 많다는 점과 그 열기에 큰 임팩트를 받은 것을 기억하고 있다.

대전을 찾는 플레이어가 많다고 느낀 편집부는 회사와 상담하여 『스트리트 파이터Ⅱ』의 전국 대전 대회를 개최하기로 한다. 신성사는 작은 출판사였지만, 그만큼 방향 전환도 가벼워서 일단 해 보자는 쪽으로 이야기가 진행되었다.

❶CPU전
사람이 아닌 컴퓨터가 조작하는 상대와 대결하는 게임 모드. 대부분의 게임에서 흔히 말하는 1P 싱글 플레이를 말한다.

전국적으로 대전 게임이 뿌리를 내리기 전에 치른 행사였지만, 대회는 크게 달아올랐다. 나는 이 대회에서 류의 코스프레를 하고 사회를 보는 경험을 했다. 사람들 앞에 나서는 데에 서투른 내가 어쩌다 이렇게 된 걸까…라고 생각했지만, 대회 자체는 성공리에 끝났기 때문에 모쪼록 잘된 일이 아니었을까 싶다.

‖ 여타 메이커의 추격과 3D 대전격투 게임의 등장 ‖

캡콤이 일으킨 『스트리트 파이터Ⅱ』 붐은 실로 대단했기에, 다른 메이커들도 손가락 빨며 구경만 하지는 않았다. (어떻게든) 비슷한 대전격투 게임을 개발하려 했고, 다양한 대전격투 게임이 발매되었다. 하지만 초기에 나온 것들은 완성도가 높았던 『스트리트 파이터Ⅱ』와 비교되어 거들떠보지 않았다는 인상을 받았다.

1992년 7월에 발매된 『월드 히어로즈』(알파전자)가 등장하고서야 플레이어들이 즐길 만하다고 여기는 것이 나왔다. 『스트리트 파이터Ⅱ』가 발매된 지 1년 이상 지났던 때였고, 그 동안에는 『스트리트 파이터Ⅱ』가 펼치는 사실상의 독무대가 이어져 왔다. 이후로는 『❹아랑전설2~새로운 싸움』(1992년 12월/SNK)나 『파이터즈 히스토리』(1993년/데이터 이스트) 등 인기 작품이 속속 출시되었다.

때를 같이하여, 오락실에는 ❺3D 폴리곤으로 만들어진 대전격투 게임이 등장한다. 그것이 바로 『버추어 파이터』(1993년/세가)이다. 버추어 파이터는 게임적으로는 아직 거칠고 덜 다듬어진 부분도 있어서 평가가 갈렸지만, 『버추어 파이터2』(1994년/세가)에 이르러 완성도는 크게 올라갔다. 그 이후 남코도 『철권』(1994년/남코)을 발매. 이후 3D 폴리곤 격투는 하나의 장르로 플레이어들에게 인식되기에 이르렀다.

3D 폴리곤 기술은 일본에서는 『위닝 런』(1989년/남코)에서 처음 사용되어 시대와 함께 발전했다. 1990년대에는 레이싱 게임, 건슈팅 게임 등의 큼지막한 체감형 게임기 본체 게임들이 3D 폴리곤으로 제작되었다. 이런 대형 게임기 본체는, 대규모

❹아랑전설2 ~새로운 싸움

❺3D 폴리곤
폴리곤이란 본래 다각형의 의미로, 작은 다각형의 조합으로 입체를 표현하고 있는 방식을 말한다. 이 책에서는 간단하게 말해서 모니터 안에 3차원의 물체가 존재하고 있는 것처럼 그리는 CG기법을 말한다.

오락실 업소의 간판 같은 타이틀로 활약하게 된다.

‖ 대전격투 게임 일색으로 물든 상황이 주던 불안 ‖

이렇듯 대전격투 게임과 3D 폴리곤을 활용한 커다란 체감형 게임기들 덕분에 1990년대의 오락실들은 다시 화려하게 날아오르며 들떠오르는 활기를 보였다. 한편 그 일각에서, 이전에 오락실을 이끌어 왔던 슈팅 게임은 고전을 계속한다. 『❶다라이어스 외전』(1994년/타이토), 『도돈파치』(1995년/케이브), 『배틀 가레가』(1996년/에이팅) 등 퀄리티 높은 히트작은 있었지만, 그렇게 많지는 않았다.

다른 장르에 있어서는 『천지를 먹다Ⅱ~적벽의 싸움』(1992년/캡콤) 등의 캡콤 제작 ❷벨트스크롤 액션 게임이나, 1980년대의 히트작 『테트리스』(1988년/세가)가 개척한 ❸낙하형 퍼즐 게임의 파생 작품들이 인기를 모았다. 하지만 1980년대의 오락실에 비교하면, 타이틀의 바리에이션은 크게 줄었다고 할 수 있다.

다양성을 잃는다면 변화에 취약해진다. 그것은 사실 자연의 섭리라고도 할 수 있을 것이다. 1980년대부터 알고 지냈던 게임 친구들 중에서도, 대전격투 게임 붐을 경계로 오락실에서 발길이 멀어져 버린 사례를, 나는 이미 몇 명이나 목격하고 있었다. 물론 개인적이거나 가정적인 사정도 있었다. 하지만 게임을 좋아하는 사람이 전부 대전을 좋아한다고는 할 수 없다. 직접 사람과 승부하는 것에 서투른 사람도 있을 수밖에 없다는 것이다.

게메스트는 분명 대전격투 게임의 히트에 힘입어 부수가 늘어난 잡지이기는 했다. 하지만 편집부 내에는 1980년대부터 오락실을 다녔던 라이터도 많았다. 그들은 대전격투 방식이 아닌 게임의 매력도 알고 있었다. 이 때문에 게메스트에서는 가능하다면 대전격투 게임 이외의 타이틀도 취급하려고 애쓰고 있었다.

하지만 오락실에서는 눈 앞에서 이익이 올라가는 대전격투 게임을 우선해서

❶다라이어스 외전

©TAITO CORPORATION 1994 ALL RIGHTS RESERVED.

1980년대의 명작, 『다라이어스』 시리즈의 속편 작품. 3화면 전용 광체인 전작과는 달리, 1화면의 범용 본체에서 플레이하게 되어 있다.

❷벨트 스크롤 액션
약간 비스듬히 대각선 위에서 보는 경사선 시점의, 깊이가 있는 필드에서 싸우는 액션 게임. 보통 화면 왼쪽에서 오른쪽으로 자력으로 움직여 진행해 나아간다.
❸낙하형 퍼즐 게임
화면 위쪽에서 내려오는 각종 물체 등을 적절히 쌓아 조합을 맞추어, 사라지게 하는 형식의 퍼즐 게임. 더 이상 물체가 내려올 수 없게 되면 게임이 종료된다.

도입하는 것이 현실이었다. 그 자체가 나쁘다고 할 수는 없지만, 오락실이 대전격투 게임 일색으로 물들어 버리는 경향은 위험했다. 열광하는 격투 팬들의 그늘에 가려, 미처 흐름을 따라가지 못하고 사라져 버린 플레이어가 적지 않았던 것은 아닐까 하는 생각도 든다.

과거 『스페이스 인베이더』 붐이 끝났을 때에 대다수의 오락실들이 몸살을 앓듯이 고생했던 것처럼, 격투 게임의 붐이 그늘이 드리우면 과연 어떻게 될까. 당시 매상이 호조였던 게메스트에서 대전 게임에 관한 기사를 쓰면서도, 나는 이미 미래에 불안을 느꼈다.

‖ 게임센터의 경영에 관여했다는 경험 ‖

이 당시 나에게는 게메스트 이외에도 몇 가지 게임과 관련된 일이 있었다. 그 중 하나로, 신성사(新声社: 신세이샤)에서 만든 오락실 경영의 재검토 고문 역할이 있었다.

당시에는 신성사 본사 빌딩의 1층과, 오기쿠보(荻窪)에 신성사 직영의 오락실이 있었다. 오기쿠보 지점이 부진했기 때문에, 내게 맡겨 보기로 했던 것이다.

처음으로 당시 담당자와 이야기했을 때 느낀 문제점은, 모두가 방어적으로 몸을 사리는 보신주의 같은 자세였다는 점이었다. 좋은 오락실을 만들 생각이 있다면, 자신이 일하는 지점에 불만이 몇 가지는 있었을 터. 그것을 모아 회사에 의견을 낸다면, 회사는 문제를 깨닫고 나름대로 대책을 짜내기 마련이다. 그러나 회사와의 관계에 있어 파이프를 만들지 못하고, 본인들도 일할 의지가 없어서 문제가 전해지지 않았다. 이래서는 좋은 게임센터가 될 리가 없다.

사람은 언제나 편하게 일하고 싶어한다. 오락실이 대인기였을 때에는 게임 기기를 설치해 두기만 해도 크게 수익을 낼 수 있다고 여겼을 것이다. 하지만 실제로는 그렇게만 해서는 되지 않는다. 언제나 오락실에 다니는 플레이어들은, 냉철한 시각으로 오락실을 줄 세워 등급과 순위를 매기고 있었다. 신작 게임의 입하, 범용 오락실 게임기 본체의 종류, 기계 상태와 유지 보수, 점원의 접객 태도 등에 불만이 있으면 손님은 금세 다른 업소로 옮겨 가게 된다. 오락실 운영도 경쟁 사회에 속하니까. 당연하다고 하면 당연한 일이다.

나는 해당 지점의 영업을 지원하고 매상을 높이기 위해 어떤 신작 게임을 입하할 것인지를 결정하거나, 점장과 커뮤니케이션을 긴밀하게 진행하며, 게임 대회 등의 이벤트를 적극적으로 실시하게 하였다. 그 결과 매상은 극적으로 늘어나, 이전에 비교했을 때 거의 배에 달하는 이익을 올리게 되었다.

이것으로 일단은 안심이라고 생각했던 것도 잠시뿐. 엉뚱한 사태가 드러나고 만다. 그것은 오기쿠보 지점의 임대료 수준 문제였다. 게임 자체로는 다른 오락실 업소에 비해서도 충분히 해 볼만한 인컴 수익이 나왔지만, 임대료가 너무 비싸서 도저히 흑자를 낼 수 없다는 사실을 알게 되었다.

문제를 해결할 의지가 없는 담당자도 문제였지만, 가장 큰 문제는 회사의 지점 확장 계획이었다. 그저 목이 좋다는 이유로 허울 좋은 매물을 억지로 밀어붙여 구매했기 때문에, 고가의 임대료를 강요받았던 것이다. 애당초 오락실이 어느 정도 버는가, 하는 계산이 전혀 선행되지 않았다.

장사에 관해 이렇듯 계획성이 없었던 것은, 마루게야의 지점 출자 계획 등 신성사가 세운 사업의 대부분에 해당되는 문제였다. 성공할 준비를 갖추고 이길 수 있는 승부수를 던져야 한다. 게임이든 현실이든 승률을 올리려면 올바르게 준비하는 작업이 필수불가결한 것이다. 그러나 신성사에 있어서, 게메스트 편집부 관계자 이외에서는 그 당연한 일이 전혀 되고 있지 않았다. 나 자신을 포함해 편집부에서 인력을 보태어 본 적도 있었지만, 거기에도 한계가 있었다고 하겠다.

‖ 게메스트의 모체, 신성사의 도산 ‖

내가 소속되어 있던 게메스트 편집부는 대전격투 게임의 공략 기사와 공략본으로 큰 이익을 올렸다. 그 수익금으로 모체인 신성사는 자사 빌딩을 새로 지었고, 다른 잡지를 다수 창간하며, 마루게야 점포를 늘리는 등 다각적인 방면으로 사업을 확대했다. 하지만 결과적으로 이익을 내는 것은 게메스트 편집부가 관여한 잡지와 공략본뿐이었다.

그러던 중에 대전격투 게임 붐도 서서히 사그라들어 기세를 잃게 된다. 게메스트와 공략본은 그럭저럭 팔리고 있었지만, 다른 사업이 실패한 외상 값을 게메스트 편집부

만으로 떠안아 버티는 꼴이 되고 말았다. 그렇게 되면서 편집부도 무리하게 간행 계획을 세울 수밖에 없게 되어, 점점 스스로 자기 목을 조르는 사태가 되었다.

흑자가 나올 리 없는 책을, 위에서 받은 명령에 의해 만드는 일은 꽤 괴로웠다. 현장에서는 될 수 있는 한 높은 퀄리티로 만들려고 했지만, 그래도 게임 자체의 힘이 약해져서는 매상이 올라가지를 않는다. 진작에 최악의 사태를 빠르게 내다보고 과감한 조치를 취했더라면 좋았을 텐데, 사업 숫자를 늘린 채로 꾸역꾸역 적자만이 쌓이고 있었다.

아무래도 회사의 윗선에서는 게메스트가 팔리고 있던 이유를 "이것저것 많이 손을 댄 것들 중 하나가 터졌다" 정도로 인식하고 있었던 것 같다. 편집부는 "팔릴 수 있도록 하기 위해 팔릴 만한 것을 만든다" 하는 감각이 있었기 때문에, 세월을 들여 쌓아 올린 신뢰로 이겨 나가고 있었다는 자부심이 있었다. 그런데 회사는 "여기저기 손을 벌렸더니 하나 맞았다" 하는 느낌이었기 때문에, 실패해도 어쩔 수 없을 새로운 잡지 간행 사업이나 굿즈 등의 현물 상품 판매 사업 등으로 확장을 벌였다. 그 결과가 비참하게 되었던 것이라고 말할 수 있겠다.

이렇게 큰 문제를 안고 있던 신성사는, 결국 그 체력을 다하여 1999년에 도산하게 이른다. 편집자나 필자들은 다른 게임 잡지 등으로 흘러들어 갔다. 한편 나는 아케이드 잡지라고 하는 현장을 떠나 잠시 휴식을 취했다. 내 인생 중에서 가장 분주했으며 1분 1초를 전부 아케이드 게임 잡지에 걸었던 시절은, 여기서 끝을 고하게 되었다.

‖ 게메스트 이후의 자신과 게임센터 ‖

아케이드 게임 전문지 『게메스트』가 휴간된 이래로, 나는 가정용 게임지나 게임에 관련된 웹사이트에서 기사를 쓰는 나날들을 보냈다. 나는 이렇게 된 것을 계기 삼아, 아케이드 게임에서 조금 거리를 두려고도 생각했다.

그 이유는 정신적으로 피폐해졌다는 점이 컸다. 창간 직후부터 줄곧 관여해 왔던 게메스트는, 내 인생에서도 매우 큰 부분을 차지했다. 신성사의 장래에 불안을 느꼈을 때부터, 설령 회사가 망해도 게메스트는 좋은 잡지였다고 느끼고 싶어서 분주하게 뛰어다녔다. 이곳에 전력을 쏟아부은 나머지 "이 잡지가 망했으니 다른 잡지로 간다" 하는 식으로 안녕~하고 갈아타기 하듯이, '환승 이직'하는 선택은 어려웠다고 할 수 있겠다.

또 내가 아케이드 게임 기사를 피했던 것은, 아케이드 관련이라는 굴레를 일단 끊기 위해서 이기도 했다. 잡지에 기사를 쓰면 이전에 같이 일을 했던 동료와 라이벌 관계가 되거나, 여러 지로 찍히거나 할 위험도 있었다. 직함을 버리고 그저 한 명의 필자로 글을 쓰거나, 그다지 만져 볼 시간이 없었던 가정용 게임을 즐겨 보고 싶기도 했다.

뭐, 그렇다 해도 한 명의 플레이어이자 게임 애호가로서 오락실에 다니는 데에는 문제가 없었다. 일로 마주 보거나 하는 것은 아니지만, 지금까지 하던 대로 오락실에는 꾸준히 방문해서 즐기고 있었다.

여기서 2000년 이후에 내가 플레이했던 주요한 타이틀을 정리해 본다. 『길티기어X』(2000년/아크시스템웍스, 사미), 『뱀파이어 나이트』(2001년/세가, 남코), 『❶식신의 성』(2001년/알파 시스템), 『말의 퍼즐 모지핏탄』(2001년/남코), 『이니셜D 아케이드 스테이지』(2001년/세가), 『월드클럽 챔피언 풋볼』(2002년/세가), 『기동전사 건담 0079 카드 빌더』(2005년/세가), 『❷보더 브레이크』(2009년/세가) 등등이다. 근래에는 플레이하는 타이틀 수가 줄어들었지만, 그것은 버전업이 꾸준히 계속되는 온라인 게임을 장기간에 걸쳐 플레이하고 있기 때문이다.

이렇게 게임센터를 다니면서도 다른 장르의 게임 기사를 쓰고 있었던 나였지만, 그 내용이 아케이드 게임과 전혀 관계가 없었던 것은 아니다. 당초 「패미통 드림캐스트」에서 필자로서 글을 기고하고 있었지만, 세가의 가정용 게임기 "드림캐스트"에는 아케이드를 이식한 작품이나 연동 타이틀이 많았다. 결과적으로 오락실에 있는 게임의 기사를 쓴 적도 있다. 이 사실에서 알 수 있듯이, 이 시기에는 가정용 게임 게임기나 아케이드 게임 기판의 성능이 거의 비등해졌다. 때문에

❶식신의 성

캐릭터마다 실제 성능이 다른 식신을 부리는 능력자들이 싸우는 세로 스크롤 슈팅 게임.

❷보더 브레이크
10 대 10으로 팀 배틀이 가능한 세가의 온라인 형 대전 아케이드 게임. 고속 로봇 배틀을 즐길 수 있다.
❸범용 본체(범용 광체)
안에 들어있는 게임 기판을 갈아 키우는 것으로, 서로 다른 게임을 다양하게 바꾸며 즐길 수 있는 오락실용 게임기 본체.
반대 의미로는 한 가지 게임만 사용하게 만들어진 전용 광체(본체)가 있다.

이전처럼 "가정용보다 오락실 쪽에 대단한 게임이 있다"라고 말하기는 확실히 어렵게 되었다.

2000년 이후부터 아케이드 게임기 **❹범용 본체**로 즐길 수 있는 기판 게임 타이틀이 단번에 줄어들었다. 이로 인해 중소 오락실은 타격을 받았지만, 그것은 가정용 게임기의 하드웨어 성능이 아케이드용의 성능을 따라잡은 (또는 초월했던) 것과 무관하지 않을 것이다.

‖ 게임 역사의 편찬에 관여하는 계기가 된 『세가 아케이드 히스토리』 ‖

한편 나는 「**❹패미통 드림캐스트**」에서 필진을 했던 인연으로, 게임 역사 소재의 책 『**❹세가 아케이드 히스토리**』의 집필에 관여하게 된다. 세가 아케이드 히스토리는 간행 당시까지 발매되었던 세가의 아케이드 게임 전부를 망라하여, 다양한 각도에서 소개한 책이다. 세가는 1973년에 『퐁트론』에서부터 아케이드 게임을 계속 발매하고 있었기 때문에, 그 타이틀 개수는 방대한 숫자에 이르렀다.

당시의 나는 일감도 별로 없었기에, 국회도서관에 반년 가까이 다니면서 이런저런 게임 관련 자료를 조사해 보았다. 또 인터넷에서 정보를 모아, 오래된 세가 게임이 비치된 오락실에 찾아가서 실제로 플레이해 보고는 했다.

실제로 기기를 직접 보면, 조작계통이나 게임의 룰을 확실히 알 수 있다. 단순히 자료만 뒤지기보다는 훨씬 확실한 정보를 얻을 수 있다는 것이다. 무엇보다 옛 시대를 아는 사람에게 있어서 레트로 게임 순례는 즐거운 일이다. 게메스트 시절부터 알고 지낸 지인의 차에 타고, 교외에 위치한 오락실에 갔던 것은 좋은 추억이다. 나는 반쯤 취미로, 일로서의 코스트 퍼포먼스는 완전 무시하고 조사를 계속하고 있었다.

게메스트의 편집장이었던 시절의 나는 필자와 편집자 사이를 오가며 자리를

---

❹패미통 드림캐스트
엔터브레인 사에서 간행하던, 세가의 가정용 게임기 "드림 캐스트"의 전문 잡지.
❹세가 아케이드 히스토리
엔터브레인사에서 출판한, 세가의 비디오 게임 역사를 망라한 서적.
개발자나 관계자의 인터뷰 등 귀중한 정보를 모아 수록했다.

주선하고, 모든 회의에 출석하고, 심지어 더 나아가 회사의 상층부와 의사소통을 하거나 교섭하기에 바빴다. 아무래도 필자로서 현장인 오락실에서 최신 게임을 하며 많은 기사를 쓰기도 했다. 하지만 그 이상으로 사람과 사람이 잘 연결되어 돌아갈 수 있도록, 밤낮으로 생각하며 뛰어다닐 필요가 있었다. 게메스트 편집부라는 특수한 조직을 성립시키기 위해 누군가 해야 할 일이었기 때문이다.

그런 내 입장에서는, 좋아하는 아케이드 게임을 조사하고 연구하는 작업을 혼자서 하는 편이 즐거웠다. 굳이 말하자면 대전보다도 1인용 게임을 좋아했던 인간이니까, 아무래도 당연한 것일지도 모른다.

그 조사 과정에서, 나는 내가 즐겼던 1980년대 이전의 아케이드 게임에도 흥미를 가지게 되었다. 동시에 문화재로써 아케이드 게임의 가치에 대해서도 생각하게 되었다. 1970년대 아케이드 게임은 많은 타이틀이 이미 소실되어, 현존하지도 않는다. 미래를 생각해 보면 이미 1980년대의 아케이드 게임조차도 보존 작업이 시급하다.

나는 레트로 게임 매니아라고 부를 정도까지는 아니었지만, 이쪽 일을 쭉 해 왔기 때문에 지식만큼은 풍부하다고 자부한다. 아케이드 게임의 역사를 후세에 전하는 데에 내가 어떤 역할을 할 수 있을지도 모른다. 『세가 아케이드 히스토리』 관련의 일을 하면서, 나는 그런 생각도 하게 되었다. 이 책을 집필하게 된 경위도 이러한 생각에서 유래한 것이다.

‖ 가정용 게임에서 본 아케이드 게임의 가치 ‖

얼마 후 세가가 가정용 게임기 사업에서 철수하자, 내가 일하고 있었던 『패미통 드림캐스트』는 휴간되었다. 그 이후 나는 『❹패미통XBox』에서 기사를 쓰게 되었다. 여기서 쓰고 있던 것은 가정용 게임의 기사였지만, 아케이드 게임이란 것에 대해서도 다른 각도에서 재차 다시 생각해 보게 하는 계기였다.

XBox는 미국 마이크로소프트 사의 가정용 게임기 하드웨어이므로, 일본 밖의

---

❹패미통Xbox
엔터브레인사에서 간행하던, 마이크로 소프트의 가정용 게임기 "Xbox"의 전문 잡지. 새로운 하드웨어의 발매와 함께, 잡지 타이틀을 『패미통Xbox360』으로 변경하였다.

게임 타이틀이 많다. 이른바 서양 게임에 강한 하드웨어이다. 나는 『패미통XBox』가 『패미통XBox360』으로 이름을 바꾸었을 때부터 크로스 리뷰를 담당하게 되어, 다양한 게임을 접하게 되었다.

이때 느낀 것은, 일본 밖에서 만들어진 소위 해외 제작 가정용 게임들에 일본 아케이드 게임을 떠올리게 하는 액션성이 강조한 게임이 많았다는 것이다. 한편 당시의 일본 제작 가정용 게임은 ❶턴제 방식의 롤플레잉 게임이 아직도 많아서, 내게는 좁은 방향으로만 진화하고 있는 것처럼 보였다.

게임 하드웨어가 진화하면 게임 안에서 할 수 있는 것이 많아진다. 게임 속 세계에서 캐릭터의 손발을 생각대로 움직이며, 마치 자신의 분신처럼 움직일 수 있게 된다. 그렇게 진화한 게임 공간 안에서의 전투는, 실제로 게임 캐릭터의 손발을 써서 이동하여 공격해 나가는 것이 자연스러운 흐름이라고 나는 생각한다.

그런데 일본에서 제작하는 롤플레잉 게임은 초대 드래곤 퀘스트 이래로 턴 방식 전투에 이미 익숙해져 버렸다. 플레이어 측도 제작자 측도, 똑같이 말이다. 턴 방식 전투의 즐거움을 부정하는 것은 아니지만, 이는 하드웨어 능력이 떨어져도 할 수 있는 시스템일 뿐이지, 시대에 맞지 않는다. 하드웨어가 진보한 결과로 얻어진 퀄리티는, 게임이 동작하는 부분이 아니라 주로 무비 씬에나 사용되고 말았다.

그렇다면 일본에는 액션 게임이 존재하지 않는가 하면, 분명 그런 것은 아니다. 가정용 게임 중에는 적었을지 몰라도, 오락실 게임 중에는 액션 게임이 많이 존재했다. 실제로 아케이드 게임은 플레이 시간에 엄격한 장르였기 때문에, 필연적으로 ❷리얼타임성(실시간성)이 높은 게임이 요구되었기 때문이다.

더구나 오락실은 엄격한 선택과 퇴출의 장이기도 했다. (제작사의) 이름 값 같은 것과 관계없이, 시시한 게임이라면 곧바로 퇴출되어 버린다. 남는 것은 재미있는 것뿐. 즉 진짜만이 살아남을 수가 있었다. 그런 논리에 의해 제작자 쪽은 다양한 게임을 만들 노하우를 얻을 수 있다.

뛰어난 액션 게임을 만들기 위한 노하우란 아케이드 게임 내에 굴러다녔을

❶턴제 방식
  공격측과 수비측이 각각의 턴(Turn)을 순번을 바꾸어 가며 돌아가듯이 진행하는 형식. 시간에 얽매이지 않고 느긋하게 생각할 수 있는 방식으로 진행되는 경우가 많다.
❷리얼타임성
  그 자리에서 플레이어가 실시간으로 게임에 간섭 가능한 것. 리얼타임성이 높으면, 긴장감이 있고 조작하기 바쁜, 컨트롤을 요구하는 게임이 되기 쉽다. 슈팅 게임이나 액션 게임은, 리얼타임성이 높은 게임의 대표적 장르.

것이다. 그러나 거기서 얻을 수 있었을 귀중한 성과가, 가정용 게임에서는 그다지 잘 활용되지 못했다.

여기에는 여러 가지 이유가 있을 것이다. 게임 업계의 체질도 이유일 것이고, 오락실의 변화가 영향을 미친 부분도 있었을 것이다. 하지만 아케이드에서 오래된 고전 시대부터, 『요괴도중기』(1987년/남코), 『파이널 파이트』(1989년/캡콤), 『던전 앤 드래곤 2: 쉐도우 오버 미스타라』(1996년/캡콤) 등등 뛰어난 액션 게임을 플레이했던 내게는 참으로 답답한 기분이 들었던 것도 사실이다.

‖ 「게임센터에서만 할 수 있는 게임」의 모색이 진행 ‖

조금 이야기가 엇나갔지만, 다시 2000년 이후의 아케이드 게임과 오락실의 경향에 대해서 짚어 가며 이야기하자.

아케이드 게임용 하드웨어 성능이 가정용 게임기에 따라잡혔기 때문에, 메이커에서는 다른 면으로 가정용 게임기와 차별화하는 방안을 모색했다. 그 경향을 잘 알 수 있는 것이, 선수 카드가 배출되는 대형 게임기 본체 게임 『월드클럽 챔피언 풋볼』(이하 WCCF로 줄여 표기한다)이다. 이 작품은 뽑은 선수 카드를 ❶플랫 리더가 읽게 하고, 플레이 판면 위에서 카드를 움직이는 것으로 선수를 조작한다. 이런 것은 분명 오락실 게임 이외에서는 할 수 없는 요소이다.

또한 『WCCF』에서는 IC카드에 데이터를 저장할 수 있는 시스템을 채용하고 있다. 이것은 『더비 오너즈 클럽』(1999년/세가)가 최초로, 이후 대형 본체 게임에서는 거의 기본 시스템으로 정착했다. 나도 당시 큰 인기를 끌었던 『WCCF』를 오락실에서 자주 플레이했다. 업소에서 열린 대회에 참가해 2회 정도 우승한 적도 있다. 또 게메스트 시대의 연줄로, 대형 게임 사이트에 공략을 연재했던 적도 있다. 분명 『WCCF』에는 그 때까지의 아케이드 게임에는 없었던 특수한 게임 시스템이나 플레이 감각이 있어서, 나를 꽤 즐길 수 있게 해 주었던 것이다.

❶플랫 리더
트레이딩 카드 아케이드 게임의 기기에 있는, 카드를 놓아 데이터를 읽어 들이는 평평한 판면. 센서가 내장되어 있어, 놓여 있는 카드의 정보와 위치를 읽어낼 수 있는 장비이다.

그 외에도 2000년 이후에 등장한 새로운 요소로는, 바로 ❹전국 온라인 대전이 일반화되었다는 것을 들 수 있다. 이 요소가 빠르게 실제로 구현되어 적용되었던 것이 바로 『마작격투구락부』(2002년/코나미)이다. 이후 다른 작품들에도 도입되어, 이후 아케이드 게임은 "기판을 파는 장사"에서 "온라인 게임을 운영하는 장사"로 변모하게 되었다.

‖ 기판 비지니스의 붕괴와 게임센터의 현재 ‖

이것은 게임센터, 소위 오락실에 있어서 아주 큰 변화였다. 메이커 쪽 입장의 관점으로 보면 각 업소의 숫자가 줄어든 시장에 대응한 시스템이다. 하지만 동시에, 중소 규모의 오락실에 있어서는 아주 까다롭고 어려운 시스템이다.

업소의 숫자가 줄어들면, 기존의 범용 게임기 본체에서 플레이하는 신작 기판의 생산 숫자를 줄일 수밖에 없다. 생산한 기기 대수만큼 팔리지 않으면 기판의 가격이 올라갈 수밖에 없고, 그렇게 되면 중소 규모 오락실을 운영하기가 더욱 곤란해져서, 업소 숫자는 또 한층 더 줄어든다. 이런 악순환으로 인해 현재 중소 오락실의 숫자는 대폭 줄어들었다. 범용 게임기 본체를 위한 기판은 2016년이라는 시점부터 거의 생산되지 않게 되었다고 말할 수 있다.

이렇게 해서 『스페이스 인베이더』의 빅 히트로부터 탄생한 전통적인 옛날 방식 오락실은, 이제 거의 볼 수 없게 되었다. 현재 남아 있는 옛날 스타일 오락실은, 어떤 한쪽 장르나 방향으로 특화하는 등 경영에 노력을 기울이고 있는 업소가 많다. 평범하게 오락기를 비치하는 것만으로는 도저히 상업적으로 성립되지 않는 시대가 되었다고 할 수 있다.

하지만 현재에도 유동인구가 많이 몰리는 쇼핑몰 등에 위치한 오락실은 나름 고객 수를 유지하기도 한다. 역 앞에 있던 개인이 경영하는 업소가 거의 멸종에 직면하고 있는 현상과 좋은 대조가 된다고 할 수 있을 것이다. 사회 상황이나 생활 스타일의 변화는, 오락실에도 분명 큰 영향을 미치고 있는 것이다.

내가 현재 다니고 있는 곳도, 사실 집 근처 쇼핑몰에 있는 오락실이다. 고등학교 시절부터 시작했던 오락실 순례로 보자면, 실은 지금 현재 집에서 오락실까지의

❹전국 온라인 대전
일본 전국에 있는 오락실의 게임기들을 연결해서, 온라인을 경유해 대전할 수 있는 시스템.

거리가 제일 가깝다. 과거에는 전철을 타고 오락실에 나갔지만, 지금은 자전거를 타고 갈 수 있다.

예전과 다르게 50세가 넘은 아저씨가 된 나에게 오락실에서 말을 거는 플레이어는 없다. 그래도 IC카드를 떨어트렸을 때에, 그것을 가게에서 주운 사람이 내게 전해준 적은 있다. 한 번도 대화를 나눈 적은 없었지만, 어째서인지 내 이름을 알고 있었다(웃음). 이런 거리감이 있는 교제나 친분도, 오락실이니까 성립한 오락실만의 독특한 문화라고 생각한다.

돌이켜 보면, 내 인생에서 오락실에 가지 않았던 날이 더 적었다. 여기까지 왔으니, 이쯤 되면 될 수 있는 한 오락실의 장래를 지켜보고 싶다. 30년 가까이 계속되었던 나의 오락실 순례는 아직도 끝날 것 같지 않다.

제 1 장

001

게임센터 전야
~일렉메카=기계적 게임기에서 비디오 게임으로~

‖ 게임센터 이전의 유희 기구 시설 ‖

게임센터, 소위 오락실이라고 하면, 대부분의 사람들은 모니터를 사용하는 비디오 게임이 여러 개 줄지어 놓여 있는 광경을 떠올릴 것이다. 80~90년대에 걸쳐 신주쿠나 이케부쿠로의 번화가에서는 이런 오락실이 다수 존재해 많은 손님들을 끌고 있었다. 또한 전국 각지의 역전 상가에는 오락실이 몇 군데 있어서 학생들과 직장인들로 붐비곤 했다. 오락실은 전국 각지에 존재해, 매우 많은 사람들이 비디오 게임을 즐겼을 것이다.

이런 비디오 게임 중심의 오락실은 앞에서도 계속 언급된 『❹스페이스 인베이더』(1978년/타이토)의 빅 히트로 인해 널리 퍼졌다고 할 수 있다. 그 이전에도 분명 오락실이라는 공간이 존재했지만, (다른 것들과 섞이지 않고) 단독적으로 비디오 게임을 즐길 수 있는 시설로 만들어진 곳은 그리 많지 않았다.

『스페이스 인베이더』 이전의 각종 놀이기계가 있는 시설, 소위 유기장은 지금의 오락실이라기보다는, 게임 코너라고 말해야 더 잘 어울린다. 백화점, 볼링장, 배팅센터, 호텔, 온천 등등의 한 모퉁이에 놀이공간이 있었는 데, 거기에 비디오 게임이나 일렉메카(기계식 게임기) 게임들이 자리를 잡는 식이었다. 손님이 잘 모이는 곳, 즉 집객력이 있는 상업 시설이나 오락 시설이 먼저 있었고, 거기에 부수적인 형태로 각종 게임 코너가 존재하고 있었던 것이다.

호텔이나 놀이공원 등에 있던 게임 코너는 규모가 커서, 1980~90년대에 굳어진 이른바 오락실의 이미지와 보이는 인상은 크게 다르지 않았다. 한편으로는 백화점 구석이나 막과자 가게 등에도 몇 대의 게임 기기를 비치한 경우도 있었다. 일단 손님이 모이는 곳에 각종 게임 기기를 설치하여, 사람들이 조금이라도 동전을 쓰고 가면 된다, 뭐 그런 형태로 놀이 기기들이 설치되어 있었던 것이다.

❹스페이스 인베이더

일본 아케이드 게임 역사 상, 최대의 히트를 기록한 고전 슈팅 게임. 그 사회적 영향력은 실로 절대적이었다.

‖ 비디오 게임 이전부터 있던 일렉메카=기계식 게임기 ‖

이런 식의 게임 코너는 비디오 게임이 등장하기 이전부터 존재했다. 모니터를 사용하는 비디오 게임이 등장하기 이전에는 기계식 게임기라고 불리는 놀이용 기계가 있었다. 그리고 일본에서 처음으로 발매된 비디오 게임은 『퐁』(1972년/아타리)이다. 그 이전의 게임 코너에는 보통 ➍**핀볼(플리퍼)**이나 각종 기계식 게임기가 놓여 있었다.

기계식 게임기, 일본어로 일렉메카라고 불리는 부류의 게임들은 TV 모니터를 사용하지 않고 놀 수 있는 각종 놀이 기계들을 말하는 것이다. 동전을 넣고 논다는 방식은 70년대 이후 오락실에 놓인 비디오 게임기 본체들과 크게 다를 바 없다. 당시에는 브라운관에서 게임 영상을 표현할 기술이 없었기 때문에, 다른 방법으로 영상을 비추거나, 게임기 본체 케이스 안에 그림을 그려 넣어 디오라마 같은 환경을 만들어 세계관을 표현했다.

기계식 게임기 등 유희를 즐기기 위한 기계에는 예로부터 여러 종류가 있었다. 2016년 현재, 옛날과도 거의 같은 형태로 남아 있는 것 중 하나로 ➍**크레인 게임**이 있다. 크레인 게임의 역사는 매우 오래되어, 일본 내에서는 타이토가 『크라운 602』(1965년)라 불리는 크레인 게임을 개발하였다고 알려져 있다. 또 모니터를 사용하지 않는 아케이드 게임에는 ➍**에어 하키**가 있다. 에어 하키는 1970년대부터 만들어졌으며, 40년 이상 거의 같은 형태로 남아 있는 아케이드 게임의 스테디셀러 중 하나이다.

‖ 비디오 게임의 원형이 된 일렉메카=기계식 게임기 ‖

일렉메카, 즉 기계식 게임기 부류에는 후에 등장하는 비디오 게임의 원형이 되는 것이 몇 가지 존재한다. 플레이하는 사람을 즐겁게 만들겠다는 제작자의 의도는

➍**핀볼(플리퍼)**
　버튼이나 조작에 반응하는 칸막이(플리퍼)를 사용해서, 쇠구슬형의 볼을 밑으로 떨어지지 않도록 계속 튕겨가면서 즐기는 전자 놀이 기구.
➍**크레인 게임**
　공사용 장비인 크레인 같은 모습을 한 암을 조작하여, 과자나 인형 등 다양한 경품을 뽑는 전자 놀이 기구.
➍**에어 하키**
　사각형 필드 모양 테이블에서, 퍽을 쳐서 튕겨 상대의 골에 넣어 득점을 노리는 놀이 기구. 필드에는 공기가 뿜어져 나오고 있어서, 이것으로 퍽의 마찰이 경감된다.

기계식 게임기에서도 비디오 게임에서도 차이가 없다. 차이는 브라운관으로 대표되던 모니터를 사용하느냐 마느냐 여부일 뿐이다. 그렇게 생각해 보면 비슷하거나 닮은 게임이 나오는 경우는 거의 필연이었다.

기계식 게임기에서 주류를 이루었던 장르 중 하나로 건 게임이 있다. 라이플 총 모양의 ❶디바이스를 조작해 조준하여 방아쇠를 당긴다. 전방의 본체 안에는 표적이 있어, 그것을 맞추면 점수가 들어온다는 식이다.

이러한 건 게임은, 거의 같은 룰로 1970년대에 비디오 게임화가 되었다. 그 뒤에 비디오 게임의 특성을 살려, 적이 리얼하게 움직이거나 총을 연사할 수 있도록 건슈팅 게임으로 발전해 가게 된다.

기계식 게임기 중에는 이미 레이스 게임도 존재했다. 1960~70년대의 투영식 레이스 게임에서는, 회전하는 그림이 그려진 천에 빛을 쏘아 비추는 것으로 흘러가는 배경을 표현하고 있다. 거기에 미니어처 자동차를 겹쳐 놓아 달리고 있다는 분위기를 재현했다. 기계에 달린 핸들을 돌려 마주오는 방해 차량을 피해 계속 달리는 게임성은 뒤에 나온 비디오 게임에서의 레이스 게임과 거의 다르지 않았다.

이 밖에도 기계식 게임기 중에는 잠수함에서 적 함대를 어뢰로 쏘는 게임, 공과 10엔짜리 동전을 골대까지 유도하는 게임에, 축구나 농구 등의 스포츠 게임 등이 존재했다. 이 게임들은 모터나 수동으로 움직이는 이른바 유희 기계이다. 그러다 보니 동력을 전달하는 부분이 고장 나기 쉽고 유지 보수가 힘들었다.

비디오 게임이 막 등장했을 때는 "잘 고장나지 않는다"라는 것이 그 장점 중 하나였다. 비디오 게임은 기계식 게임기 부류에 비해서 숙련된 수리공에 의한 유지 보수와 수리 기술을 필요로 하지 않았다. 기계식 게임기와 비디오 게임이 아직 공존하고 있던 1970년대에 한해서는, 고장이 적었던 비디오 게임이 더 편리하게 여겨진 것이다.

기계식 게임기의 기본 요금은 1플레이에 50엔 정도였고, 10~30엔짜리도 있었다. 또 기본적으로 시간제로, 플레이 시간이 짧으면 수십 초에서 길어야 1분 정도면 종료되었다. 일정한 점수를 넘으면 플레이 시간이 연장되는 것이 있고, 그런 타입의 게임에는 분명 게임 스킬이 요구되었다.

그에 비해서 핀볼은 공의 개수만큼 플레이하는 방식이었고, 공을 아래로

❶디바이스
본 서적에서 말하는 디바이스란, 각종 게임기에 붙어 있는 다양한 조작기구 부분을 말한다.
예를 들어 조이스틱이나 버튼 및 각종 조종간, 핸들 등은 모두 디바이스의 일종이다.

떨어뜨리지 않는 이상 영구히 플레이할 수 있다. 이것은 비디오 게임에 비유하면 잔기제와 거의 같은 시스템이었다고 할 수 있겠다.

‖ 일본의 비디오 게임을 만들어낸 메이커 ‖

전쟁 후 일본은 가난했고, 놀잇거리가 드물어 오락에 굶주렸다. 거기서 외국 자본계의 기업들이 해외에서 주크박스나 핀볼, 기계식 게임기 등의 오락 기기를 수입해 오는 식으로 새로운 문화를 일본으로 가지고 들어왔다. 일본 내에서 이런 오락기기를 만들게 되면서, 기술을 습득하여 보다 레벨이 높은 것을 만들게 되어갔다. 이런 기업들의 대표가 후에 비디오 게임을 개발하게 되는 세가나 타이토이다.

세가의 성립은 복잡해서, 일본 내외 복수의 기업들이 합병하는 방식으로 발전했다. 1970년대에는 기계식 게임기와 핀볼, 주크박스 등을 취급하는 일본 최대의 메이커로 성장했다. 1970년대 후반까지, 세가는 미국 기업이 개발한 제품도 포함해서, 세가 브랜드로 통일하여 발매하고 있었다. 따라서 생산한 곳이 일본 국내인지 해외인지를 확실히 알기 어려운 경우가 많았다. 이런 것은 기계식 게임기 부류뿐만이 아니라 비디오 게임에 대해서도 마찬가지였다.

타이토의 창업자는 유태인인 미하일 코건으로 주크박스를 수입하여 판매하는 등의 방식으로 수익을 보고 있었다. 1960년대 중반부터 볼링 붐이 일기 시작하자, 타이토는 볼링장에 마련된 게임 코너에 기계식 게임기나 크레인 게임 등을 공급했다. 2016년 현재 타이토는 X-BOWL이라고 하는 볼링장과 게임 코너가 일체화된 시설을 운영하고 있는데, 어쩌면 이러한 역사적인 경위가 영향을 미치고 있는 것일지도 모른다.

1980년대에 팩맨 등의 작품으로 이름을 떨친 남코는, 나카무라 마사야 씨가 창업한 일본 개발사 게임 메이커다. 창업 당시의 이름은 나카무라 제작소로, 옛날부터 브랜드명에 남코를 사용했다.

백화점 등 건물 옥상에 게임 코너를 설치하고, 거기에 아이들이 타는 전기 목마를 둔 것이 남코 영업의 시초라고 한다. 1980년대 남코는 백화점이나 대형 상가에 있는 직영 오락실을 비교적 많이 보유했는데, 바로 이런 역사가 있었기 때문이 아닌가 싶다.

1960~70년대의 남코는 룰렛이나 레이스 게임 등 기계식 게임기 생산에 손을 대고 있었다. 『레이서』(1970년)나 『F-1』(1976년) 등의 기계식 레이스 게임은 인기가 높았고, 남코는 게임 메이커로 저력을 축적해 갔다.

‖ 비디오 게임의 등장 ‖

1972년에 일본 국내에서 최초로 발매한 비디오 게임 『퐁』(아타리)이 등장한다. 브라운관을 사용한 이 게임은 당시의 기계식 게임기들과 비교하자면 크게 변화한 것이었다. 볼을 판으로 튕겨서 되돌리는 것으로 논다는 규칙은 단순했지만 확실한 재미가 있었다.

당시의 게임 코너는 핀볼, 다양한 종류의 기계식 게임기, 크레인 게임들이 설치되어 있었다. 1970년대에 비디오 게임은 전용 업라이트형 게임기 본체로 만들어진 것이 대부분으로, 기계식 게임기 부류와 같이 설치되어 있었다. 큰 틀에서 보면 비디오 게임은 사실상 기계식 게임기 부류와 같은 유희기계의 일종으로 간주해도 무방하다.

1970년대 전반의 비디오 게임은 ❹TTL로 불리는 전자회로가 사용되고 있어서, 하드웨어의 성능은 높지 않았다. 브라운관으로 표현할 수 있는 것은 한정되어 있어서, 당시로는 나름 정밀해진 기계식 게임기와 비교하면 너무 단순한 동작밖에 할 수 없는 것처럼 보였다.

그렇다고는 해도, 브라운관에 그려진 이미지를 플레이어의 손으로 간섭할 수 있다는 것은 기묘한 감각을 느끼게 했다. 지금 보면 너무나 당연한 말이지만, 당시의 플레이어는 그 안에서 새로움을 느꼈던 것이다.

비디오 게임은 각종 기계식 게임기 게임들과 공존하면서 조금씩 존재감을 높여갔다. 하드웨어 측면이 진화함에 따라 비디오 게임의 가치는 점차 높아져, 더 많은 플레이어를 매료시켰다.

기술적인 면에서 비디오 게임의 돌파구가 된 것은 CPU를 이용하는 마더 보드의 등장이다. 일본 국내와 해외에서 CPU를 사용한 비디오 게임이 본격적으로 등장하는 것은 1976년 무렵부터이다.

그때까지의 비디오 게임은 전자 회로를 사용하고 있었기 때문에, 신작을 만들

때마다 설계 단계에서 비용과 수고가 들며 보드 크기도 거대했다. 그러나 CPU를 사용한 마더 보드를 채용하면서부터 비디오 게임은 프로그램의 개발에만 집중할 수 있게 되었다고 말할 수 있다.

이러한 변화에 의해 많은 중소 메이커가 비디오 게임 제작에 참여하기 쉬워졌다. 1970년대 후반부터 비디오 게임이 발전하고, 수많은 메이커가 개발을 시작한 데에는 이런 점이 한 가지 요인이 되었다.

‖ 비디오 게임 개발의 선구가 된 타이토 ‖

1972년에 『퐁』(아타리)가 등장하자 일본 국내의 다른 메이커들도 같은 타입의 비디오 게임을 개발하여 발표했다. 그것이 바로 『퐁트론』(1973년/세가)과 『엘레퐁』(1973년/타이토)이다. 그러나 이 타이틀들은 『퐁』과 거의 똑같은 내용이어서, 과연 이것들을 새로 개발한 비디오 게임이라고 할 수 있을지에 관해서는 의문이 남는다.

타이토는 『퐁』에 사용된 기술을 분석해서 1973년에 『⚡사커』를 발표한다. 이 작품은 퐁과 닮아 있기는 했지만, 새로운 룰을 추가했다. 그런 의미로 보자면 이 "사커"야말로 일본에서 개발된 최초의 오리지널리티가 있는 비디오 게임이라고 할 수 있겠다.

이후 타이토는 일본 국내의 비디오 게임 개발에서 선두를 계속 달리게 된다. 그리고 그것은 1978년의 『스페이스 인베이더』 때까지 이어졌다.

1974년에 타이토가 발매한 비디오 게임 『스피드 레이스』는 일본 최초의 국제적 히트작이 되었다. 그 게임성은 위에서 내려오는 차를 핸들을 이용해 좌우로 피한다는 것이었다. 이것은 그 이전에 이미 존재했던 기계식 게임기 방식의 레이스 게임을 참고로 하고 있다.

한편 미국의 아타리는 정해진 바퀴 수를 반복해서 도는 레이스 용 서킷

⚡ TTL
컴퓨터의 가장 기본적인 전자 회로. 1970년대 초입에는 현재처럼 CPU나 프로그램을 쓰지 않고, 전자회로만 가지고 게임을 만들어내고 있었다.

⚡사커

실질적으로 일본에서 최초로 만들어진 비디오 게임. 『퐁』의 룰을 조금 바꿔 축구 비슷하게 어레인지한 것.

코스를 위에서 바라보는 탑 뷰 시점으로 레이스 게임을 제작했다. 이것이 『트랙10』(1974년)으로 일본에도 수입되어 히트했다.

『스피드 레이스』와 『트랙10』은 비디오 게임으로는 가장 오래된 레이싱 게임이다. 둘 다 히트했지만 게임성은 다르다는 점이 제법 흥미롭다. 여기서부터 아타리와 타이토는 서로 경쟁하듯이 비디오 게임 개발을 진행하게 된다.

‖ 타이토와 발전하는 비디오 게임 ‖

타이토는 1975년에 『웨스턴 건』이라는 작품을 발표한다. 이것은 서부극을 소재로 총잡이가 되어 상대 건맨과 서로를 쏘는 게임으로, 비디오 게임에서 최초의 대전형 슈팅 게임이라고 하겠다.

비디오 게임 이전에는 세가에서 만든 『건파이트』라 불리는 기계식 게임기의 대전형 슈팅 게임이 존재했다. 이것은 상자 속에 디오라마로 배경을 만들고, 선인장 등의 장애물에 숨으면서 총잡이들이 서로 쏘아 대는 방식이다. 그래서 게임성은 두 작품이 거의 동일하며, 『웨스턴 건』은 기계식 게임기용 게임을 참고한 것으로 추측할 수 있다.

이 웨스턴 건은 타이토의 제조 허가를 받아, 미국의 미드웨이 사가 『건파이트』란 이름으로 라이센스 생산해 판매하였다. 웨스턴 건은 TTL 조합으로 만들어졌지만, 건파이트는 당시로는 최신 기술을 사용해 ❹CPU를 사용한 마더 보드 기판으로 제작되었다. 그 결과 건파이트는 CPU를 사용한 세계 최초의 비디오 게임이 되었다.

덧붙여 1979년에는 임천당 레저 시스템(이후의 닌텐도)에서 『쉐리프』라는 서부극을 소재로 하는 게임이 발매되었다. 이 작품은 『웨스턴 건』과 비슷한 세계관이었지만, 대전형이 아니라 CPU가 조작하는 적과의 싸움이 테마였다.

1970년대 초반에는 하드웨어의 처리 능력이 낮아 복잡한 움직임을 보이는 적을 만들기 어려웠다. 이 시대에 퐁을 시작으로 대전형 게임이 많이 발매된 것은 사실 그런 사정 때문이었다.

일본의 타이토와 미국의 미드웨이의 관계는 깊어서 1978년 잠수함 게임 『씨 울프』, 야구 게임 『볼파크』(미국 제목은 『토네이도 베이스볼』) 등을 일본 국내에 수입하여 히트시켰다. 잠망경을 들여다보며 적을 쏜다는 『씨 울프』의 게임성은 세가가

---

❹ CPU
사전적 의미로는 각종 컴퓨터 안의 중앙처리장치를 말한다. 보통 게임기 안에 들어 있어서 각종 프로그래밍 언어로 작성된 게임 프로그램을 실행하는 주요한 장치. 마이크로칩의 개발과 발전에 의해 보다 소형화되어, 비디오 게임에 널리 사용될 수 있게 되었다.

1966년에 발매한 기계식 게임기 『페리스코프』와 거의 같은 것이다. 두 작품은 CPU를 탑재한 마더 보드를 사용했으며, 『씨 울프』는 CPU를 사용한 것으로는, 일본에서 발매한 첫 번째 타이틀이 된다.

또 타이토는 또 1976년에 『인터셉터』라는 3D 슈팅 게임을 발표했다. 내용은 적 기체를 포착해 조준해서 격추시키는 것이다. 이것도 기존 기계식 게임기 중에서 유사한 작품이 이미 존재하고 있어서, 그것을 참고했을 것이다. 본 작품은 그다지 히트하지 않았지만, 타이토가 비디오 게임에 새로운 장르를 개척한 일례라고 할 수 있겠다.

‖ 블록 격파 이전의 비디오 게임　　　　　　　‖

1970년대 중반까지 비디오 게임은 이런저런 다양한 가능성을 추구하며 진화해 나갔다. 일본에서 처음 가동했던 『퐁』은 판으로 공을 튕겨내는 대전 게임이었다. 그 이후 여러 회사에서 『퐁』에 어레인지를 더한 타입의 게임들을 다수 출시했다.

그 뒤에 등장한 게임 장르는 레이싱 게임, 건슈팅 게임, 슈팅(전투기, 전차, 잠수함 등등), 야구 게임 등이었다. 1975년까지는 퐁과 비슷한 게임이 많았지만, 그 이후로는 그나마 다양한 장르가 출시되었다.

마더 보드를 쓴다는 개념이 나오기 전까지만 해도, 비디오 게임은 각각의 게임마다 전부 게임기 본체의 외장 부분부터 설계되고 있었다. 이미지를 떠올릴 수 있게 말한다면, '장인이 한 대씩 손수 처음부터 끝까지 다 만들고 있습니다' 하는 느낌이다.

오락실 게임기 케이스는 업라이트형인 경우 대부분 케이스 측면에 게임을 상징하는 디자인 프린트가 되어 있었다. 프린트에는 스타일리시하고 감각적인 로고나 무늬가 그려져 있는 등, 전용 기기 케이스다운 바람직한 매력 요소가 되어 있었다.

게임에 따라서는 게임기 케이스에 배경 그림이 그려져 있어서, 모니터의 영상과 조합되어 표현되는 것도 있었다. 아직 화면에서 표시되는 영상이 부실했기 때문에 이런 방식으로 보충했던 것이다. 이는 투영식으로 화면을 보여주는 기계식 게임기에서 나왔던 수법으로, 70년대의 업라이트형 케이스에서 가능했던 깊은 맛을 내는 연출이었다.

이런 비디오 게임 대부분은 동전을 넣으면 일정 시간(수십 초에서 1분 정도) 동안 플레이할 수 있었다. 이른바 제한시간제를 채용했으며, 이는 당시 대부분의 기계식 게임기들과 같은 방식이었다. 플레이 요금은 일반적으로 50엔이었고 비싼 것은 100엔이었지만, 시간이 오래 지난 기종을 20엔 정도로 운영하는 곳도 보였다.

업라이트형 비디오 게임은 크레인 게임, 건 게임 같은 기계식 게임기 부류나 핀볼 등과 함께 진열되어 있었다. 아타리나 미드웨이 등의 해외 제작 게임도 많아서, 일본 국내 제작과 해외 제작 게임이 혼재하고 있었다. 발매된 타이틀이 그다지 많지는 않아서, 기계식 게임기나 핀볼 부류처럼 한 번 나오면 몇 년 동안 계속 가동하는 경우가 드물지 않았다.

그런데 이런 상황은 소위 '블록 격파' 부류의 게임이 히트하여, 이후 CPU를 사용하는 마더 보드가 보급되는 것을 통해 큰 변모를 보이게 된다.

‖ 블록 격파 게임의 등장　　　　　　　　　　　　　‖

블록 격파 방식이란 볼을 판으로 튕겨 쳐내는 것으로, 위쪽에 있는 다수의 블록을 격파하는 타입의 게임들을 말한다. 공을 판 같은 것으로 쳐내는 방식은 고전 『퐁』과 같지만, 대전이 아니기 때문에 혼자서 플레이할 수 있었다.

게임의 룰이 단순하다 보니 당시에도 그다지 높은 기술을 필요로 하지 않고서 만들 수 있었다. 해마다 복잡해지며 고도의 영상을 표현하게 된 비디오 게임이지만, 블록 격파는 일종의 이른 고전 회귀 같다고 할 수 있는 스타일이었다. 때문에 당초에는 그다지 높게 평가되지는 않았던 것 같다.

블록 격파의 원조는 미국 아타리의 『브레이크 아웃』으로 일본에서는 1976년 5월에 남코가 판매를 시작했다. 아타리의 정품 『브레이크 아웃』은 업라이트형 본체로, 인기가 있기는 했지만 아직 폭발적이지는 않았다.

하지만 『브레이크 아웃』은 반복해서 플레이할 수 있는 재미를 가지고 있었다. 이 작품이 이른바 "잔기제"인 것에 주목하고 싶다. 브레이크 아웃에서는 볼을 화면 아래로 떨어뜨리면 미스가 되어, 볼을 받는 판이 하나 줄어든다. 역으로 말하면, 공만 떨어뜨리지 않으면 영구적으로 플레이할 수 있는 가능성이 있는 것이다. 이것은 그 당시에 일반적이던 시간제 게임과는 완전히 다른 시스템이었다.

이 잔기제 시스템은, 살아남고 싶다는 인간의 본능을 강하게 자극하는 점이 있다. 『브레이크 아웃』을 시작으로 삼는 블록 격파 게임들이 인기를 끌었던 것에는, 이 잔기제 시스템이 영향을 준 것은 아닐까 하고 필자는 생각한다.

‖ 블록 격파와 테이블형 오락실 게임기 ‖

당시의 타이토는 주크박스를 다루고 있던 관계로, 전국 각지의 BAR나 다방 및 술집 등에 판로가 있었다. 이런 장소들에 설치하기 위해 생각해 낼 수 있었던 것이란, 일반 테이블과 같은 높이에서 비디오 게임을 플레이하는 것이 가능한 테이블형 게임기 본체였다.

테이블형 오락실 게임기는 실제 다방이나 술집의 테이블 대용으로 쓸 수 있어서, 가게 안에 두는 것 만으로 비디오 게임을 통해 부수입을 올릴 수 있었다. 이런 가게들에 있어서 테이블형 게임기 본체란 분명 일거양득의 뛰어난 아이디어였다고 할 수 있다. 테이블형 게임기는 순식간에 보급되어 퍼지고, 비디오 게임은 새로운 시장을 개척하는 데 성공했다.

타이토는 1977년 5월에 『웨스턴 건 TT』와 『볼파크TT』를 발매했으며, 이것이 일본 최초의 테이블형 게임기 본체라고 본다. 그러나 테이블형 게임기 본체를 일본 전역에 보급시킨 것은, 동년 8월에 발매한 『TT블록』이라는 시리즈였다.

이 테이블형 블록 격파 게임은 (테이블을 사이에 두고) 마주 앉은 2명이 번갈아 가며 교대 플레이를 할 수 있다는 것이 특징이었다. 한 명이 볼을 떨어뜨려 미스(Miss)를 하면 화면이 반전되어, 반대쪽에서 다른 한 명의 플레이어가 즐길 수 있게 된다. 화면이 반전되는 이 2인 교대 플레이 시스템은 테이블형 본체가 보급되었던 1980년대 후반까지 널리 사용되었다.

‖ 다수의 메이커가 블록 격파 게임으로 업계 진입 ‖

『브레이크 아웃』이 발매된 당시에는, 아직 사회적으로 판권에 관한 의식이 그렇게 높지가 않았다. 비디오 게임에 저작권이 발생하는지 아닌지 법적으로 판례가 나와 있지 않았고, 히트한 게임을 베껴서 따라하듯 만든 유사품이 나오는 과정이 당시에는 통례에 가까웠다. 어디까지 합법이고 어디까지 위법인지 분명치 않았던 시대라고 말할 수 있겠다.

블록 격파 게임이라는 아이디어는, 앞에도 언급한 미국 아타리의 브레이크 아웃을 원조로 한다. 그러나 이 블록 격파 방식이 테이블형 게임기 본체에서 히트하기 시작하고 나서, 수많은 업체가 같은 형태의 테이블형 본체로 게임을 발매하게 된다.

타이토가 『TT블록』을 발매하고 나서, 같은 해에 유니버셜이 『테이블 스크래치』를 발매한다. 그 후 1977~78년에 걸쳐, 이후 비디오 게임 업계를 지탱하게 되는 수많은 메이커가 (비슷한 형태의) 테이블형 게임기 본체로 블록 격파 부류의 게임들을 발매하고 있었다.

그 메이커와 타이틀 명을 정리해 둔다. 후에이 산업(이후의 반프레스토)의 『슈퍼 브레이커』, 데이터 이스트의 『슈퍼 브레이크』, 세가의 『브레이크 오픈』, 레잭(개발은 코나미공업)의 『디스트로이어』, 일본물산(니치부츠)의 『테이블 어태커』, IPM(이후의 아이렘)의 『테이블 블록』, 신일본기획(이후의 SNK)의 『마이컴블록』, 닌텐도의 『블록 피버』, 선 전자의 『블록 피버 퍼펙트』 등이 있었다.

정작 아타리로부터 정식으로 『브레이크 아웃』의 허가를 받은 남코는, 남코가 자체 개발한 테이블형 게임기 본체에서 『테이블 브레이크 아웃』을 발매한다. 하지만 이 시점에 이미 수많은 다른 테이블형 게임기 본체용 블록 격파 게임이 범람하고 있었기에, 그 큰 파도를 뒤엎을 수는 없었다.

‖ 블록 격파의 쇠퇴와 인베이더 게임으로의 포석 ‖

이러한 수많은 블록 격파 게임은, 각각의 회사에서 세세한 어레인지가 더해졌다. 플레이어를 싫증나게 하지 않게 위해서, 신규 게임에는 새로운 구성을 더하려고 했을 것이다. 그러나 『브레이크 아웃』 자체가 이미 완성된 게임이었기 때문에,

도리어 그렇게 차별화를 하려던 시도가 마이너스로 작용한 경우도 적지 않다.

블록과 판 사이에 방해 캐릭터로 벌레가 출연해 볼을 튕겨내거나, 아예 볼 자체가 지그재그로 움직이게 되거나 하는 등등의 요소를 예로 들 수 있다. 화면 상부 쪽에 UFO가 출연하는 것도 있었다. 뭐 이런 아이디어들의 좋고 나쁨은 제쳐 두더라도, 정작 이런 요소들 때문에 게임의 난이도만 치솟은 경우가 많았다.

한번 크게 히트하면, 보다 매니아 지향으로 룰을 추가하고 덧붙여서, 그 결과로 초심자는 아예 따라갈 수 없게 되어서 플레이 자체가 기피되며 사라지게 된다. 이것은 아케이드 게임뿐만 아니라 모든 비디오 게임에 적용할 수 있다. 이후 비디오 게임에서 종종 문제가 되었던 (밸런스 조절 실패의) 사례가, 이미 1970년대의 벽돌 격파 게임들에서 일어났던 것이다.

이렇게 블록 격파 부류의 게임은 일본 국내의 비디오 게임 시장에서 처음으로 큰 붐을 일으켰다. 이 붐을 통해 비디오 게임은 보다 많은 사람들에게 친숙해졌고, 더 많은 테이블형 본체가 세상에 나돌게 되었다.

이후 1978년에 발매된 『스페이스 인베이더』가 진짜 대박을 터트리며, 일본 각지에 오락실이 들어서게 된다. 그 바탕을 만든 것은 바로 이 블록 격파 게임의 붐이었다고 말할 수 있을 것이다.

제 2 장

게임센터를 키운 『스페이스 인베이더』

‖ 스페이스 인베이더의 등장 ‖

『스페이스 인베이더』(1978년/타이토)는 부정할 수 없는 일본의 아케이드 게임 사상 최대의 히트작이다. 이 작품이 불러온 붐은 사회 현상이 되고, 이후의 아케이드 업계에 막대한 영향을 끼쳤다. 비디오 게임을 중심으로 한 1980~2000년대의 게임센터는, 결국 『스페이스 인베이더』가 만들어낸 것이라고 딱 잘라 단정해서 말해도 좋을 것이다.

스페이스 인베이더는 화면 상단에 다수 존재하는 인베이더를 빔 포로 노려 쏴서 격파하는 게임이다. 쓰러뜨리는데 시간이 걸리면 인베이더는 서서히 아래쪽으로 내려오고, 최하단까지 침입하면 그 시점에서 강제로 게임이 종료된다. 플레이어가 조작하는 빔 포의 이동은 좌우 2방형 레버로 하고, 빔 발사는 버튼 하나로 한다.

사실 이 작품은 발매 전의 평판이 그리 높지는 않았다. 그러나 발매되자마자 많은 ♦로케이션의 여러 오락실에서 인기를 얻어, 그 평판은 나날이 높아져 갔다. 게임기 본체 케이스 안에 든 현금보관함에 1백엔짜리 동전이 넘쳐 하루에도 몇 번씩 수거해야 할 정도였다. 당연히 기기를 요청하는 주문이 타이토에 쇄도하였고, 생산이 따라잡지 못했다고 한다.

이렇게 등장한 『스페이스 인베이더』는 초기 생산분에서는 (본체 앞에 서서 플레이 하는) 업라이트형 본체를 사용하였지만, 직후 발매된 테이블형 게임기 본체의 『스페이스 인베이더』는 그 이상의 인기를 끌었다. 당초 테이블형 본체판 인베이더는 흑백 화면으로 색이 없었기 때문에, 본체의 윗면이 되는 유리 밑에 컬러 셀로판지를 붙이는 것으로 하강하는 인베이더에 색을 입혔다. 이런 기술은 당시에 오버레이라고 불리던 것으로, 70년대의 기계식 게임기들이나 흑백 모니터의 비디오 게임 등에서 은근히 자주 사용되었다.

이후 본격적으로 컬러 모니터를 사용한 『스페이스 인베이더 컬러』도 생산되어 시장에 공급되었다. 그럼에도 불구하고 큰 인기를 끈 『스페이스 인베이더』의 수요를 따라잡지 못했고, 미국 미드웨이에서 제작한 『스페이스 인베이더M』을 수입하게 되었다.

♦로케이션(지역)
본래 의미는 위치나 장소, 현장을 가리키는 영 단어. 비디오 게임 업계에서는 오락실 점포 자체를 가리키는 경우로 쓰였다.

‖ 슈팅 게임의 원점이며, 캐릭터를 창조한 인베이더 ‖

일본 국내의 비디오 게임 역사상, 미증유의 붐을 불러일으킨 『스페이스 인베이더』. 과연 이 게임은 그 이전에 나온 게임들과 비교해서 대체 어디가 어떻게 달랐던 것이려나.

이 작품의 특징은 적의 탄을 피하며 탄환을 발사하고, 살아남는다 라는 게임성에 있다. 현재에 와서는 그냥 당연한 것으로 보이지만, 이러한 게임성은 문자 그대로 슈팅의 기본이다. 하지만 당시에는 이 게임성이란 어디에서도 통하는 공식처럼 당연한 것이 아니었다.

기계식 게임기 시대의 건 게임은 그저 나오는 표적을 겨냥해 총으로 쏘는 것이었다. 초기 비디오 게임에서의 건 게임도 게임성은 비슷했다. 이런 유형의 총 게임은 표적인 적 캐릭터가 플레이어에게 반격하지 않기 때문에 적의 탄환을 피할 필요가 없었다.

그런데 『스페이스 인베이더』에서는 적이 탄을 날려 공격한다. 그러므로 적의 탄을 피하면서 조준해 사격해야 한다. 적이 발사한 탄을 맞거나 시간을 끌다가 적이 맨 밑까지 내려오면 침략당하기 때문에, 플레이어도 필사적이어야 한다.

또 (빔 포의 숫자가 남아 있는 한 계속 진행할 수 있는) 잔기제 시스템을 채용하고 있어서, 시간제가 아니었던 탓도 크다. 적 탄에 맞아 격추되거나 침략당하지 않는 한 계속 살아남아 진행할 수 있어서, 플레이어 기체인 빔 포는 자신의 생명 그 자체처럼 되었다고 할 수 있다. 이 사느냐 죽느냐 하는 긴장감이 히트하는 요인이 아니었을까 생각된다. 생존본능이라는, 생명의 가장 근원적인 부분에 호소하는 면이 있었던 것이다.

『스페이스 인베이더』는 이런 게임성을 지녔기에, 플레이어는 화면 속 빔 포에 자신을 투영했고, 화면 위쪽의 외계인 군단은 적으로 인식할 수 있었다. 즉 게임 화면 속에 자신이 존재하고, 자신과 대등한 적이 존재하고 있는 것이다.

그리고 그 사실은, 게임 화면 안에 캐릭터라는 개념이 태어났음을 나타내고 있다. 캐릭터가 있다는 것은 곧, 장소로써 세계도 존재한다는 말이다. 즉 그 안에는 현실 세계와는 다른, 가상의 게임 세계가 창조되었다고 볼 수 있다. 하지만 스페이스 인베이더의 배경은 검은 색이며, 다른 것은 그려져 있지 않다. 캐릭터는 태어났지만 플레이어들이 본격적으로 세계관을 의식하기에는 아직 부족했다. 세계관의 탄생은 배경을 아름답게 그려낸 세로 스크롤 슈팅게임, 『제비우스』(1982년/남코)가 출시되기까지 기다려야만 했다.

‖ 『스페이스 인베이더』와 유사 게임 ‖

『스페이스 인베이더』로 과열된 붐에 의해 수요가 높아진 탓에, 압도적으로 공급이 부족했던 상황이 계속되었다. 그러던 중에 등장한 것이 이러저러한 카피 게임이었다. 타이토 이외의 메이커가 생산한 각양각색의 유사 인베이더 부류의 게임이 출연하여, 앗 하는 사이에 시장에 넘쳐나게 되었다.

1978년에는『월드 인베이더』(월드팬딩),『스페이스 스트렌져』(풍영산업),『스페이스 파이터』(세가) 등 스페이스 인베이더와 흡사한 게임이 발매되었다. 1979년이 되면 더욱 많은 메이커에서 인베이더 아류작이 발매되었다. 세세한 차이점까지 분별하여 수를 헤아리면, 이 시기에 발매된 인베이더 부류 게임 타이틀은 수십 종에 달했다. 그 정확한 숫자를 파악하기란 불가능에 가까울 것이다.

그래서 타이토는 공급 부족과 카피 게임에 대한 대책으로 타사에 제조 허가를 인정하게 된다. 이것은 타이토에서 라이센스를 발행하여, 다른 메이커에서 인베이더 게임을 제조하는 것을 허가한다는 것이다.

정식으로 라이센스를 따서 제조 허가를 받은 곳은 신일본기획(이후의 SNK), 사미 공업, 쟈트레(JATRE), IPM, 로지텍 등의 메이커였다. 제조 허가를 받은 업체에서 발매한 인베이더 게임은 타이토가 인정한 것이기는 했지만,『스페이스 인베이더』와 게임 내용이 완전히 같지는 않았다. 각 메이커가 독자적으로 생산한 게임들은, 본가인 타이토의 스페이스 인베이더와는 세세한 점에서 다른 점이 있었다. 제목도 IPM이 만든 것은『IPM 인베이더』였고, 자트레가 만든 것은『쟈트레 스펙터』였다.

이런 인베이더 게임들은 제조 허가 스티커 씰의 유무로 무단복제품과 판별이 가능했다. 그러나 플레이어는 씰 같은 것에 신경을 쓰지 않았기 때문에, 그냥 막연히 '여러 가지로 많은 인베이더 게임 변종이 있구나' 하는 정도의 인식으로 게임을 즐겼다.

‖ 게임센터를 키운 인베이더 게임 ‖

이렇게 『스페이스 인베이더』가 일으킨 큰 붐은, 비디오 게임이 설치되는 로케이션 상황을 극적으로 변화시켰다. 기존의 게임센터에서는 이때까지 (서서 플레이하는) 업라이트형 게임기 본체가 주류였으나, 붐으로 인해 다방이나 다른 곳에 설치하기 좋아 인기가 더 높아진 테이블형 본체판 『스페이스 인베이더』가 대량으로 설치되기 시작했다.

이 테이블형 게임기 본체는 인베이더 붐이 지나간 뒤에도 그대로 게임센터 등에 남게 되었다. 테이블형 본체 내부의 인베이더 게임 기판을 다른 게임 기판으로 교체하는 방식을 통해, 테이블형 본체는 신작 게임과 함께 계속 가동되었다. 오래된 인베이더 전용 업라이트형 본체 게임은 철거되고, 오락실에서는 테이블형 본체를 쓰는 게임이 주류를 차지하게 되었다. 그러던 중 테이블형 본체 케이스는 컨트롤 패널과 모니터의 위치 등을 변경하는 등의 변화를 거쳐, 나중에는 보다 성능이 높고 보기 편한 '미디타입 케이스'의 본체로 변화하게 된다.

이 붐 시기에 일본 전국 각지에 『스페이스 인베이더』만 설치된 유기장이 등장했다. 이것이 소위 '인베이더 하우스'이다. 인베이더 붐이 한창일 때는 인베이더 기기를 놓아두는 것만으로도 업소에서 높은 수익을 올릴 수 있었다.

그러나 붐이 사그라지자 이런 업소에서는 인베이더만을 놓고 운영할 수는 없게 되었다. 때문에 새로운 기종의 비디오 게임을 차차 도입하여, 나름대로 생존을 모색하게 된다. 이렇게 하여 인베이더 하우스는 각종 비디오 게임을 가동하는 게임센터=오락실로 탈바꿈하게 된다.

이 업소들이 존속한 데에는 플레이 요금이 100엔으로 오른 영향도 있다. 그 이전까지는 50엔 동전 1개로 1회 플레이하거나 100엔 동전을 넣고 2회 플레이하는 방식이 주류였고, 경우에 따라서는 20~30엔으로 작동하는 곳도 있었다. 그러나 『스페이스 인베이더』는 한 판에 100엔으로 운용해도 큰 이익을 냈다. 그 이후로도 계속해서 새로운 비디오 게임이 차례차례 등장했기 때문에, 게임센터의 기본 요금은 1회 플레이 100엔이 기본이 되었다.

플레이 1번에 100엔이란 가격으로, 플레이어가 테이블 형 본체 앞에 앉아 계속 반복해서 플레이하며 놀아준다. 이런 상황이 계속 성립되는 것만으로도 오락실은 경영이 안정되어, 전국 각지에서 발전해 나가게 된다.

‖ 가열되는 붐과 함께 사회의 반발도 강해지다 ‖

이미 엄청나게 과열된 인베이더 붐이었음에도, 당시 사회에 그런 붐이 당연하게 받아들여졌느냐 하면 그렇지는 않다. 2000년대 이후와 비교하자면 1970~80년대는 다양한 가치관이 인정되지 않던 시대였다. 그런 중에 등장한 인베이더라는 비디오 게임 문화는, 사회를 혼란에 빠뜨리는 이질적인 것으로 여겨졌다. 너무나 새로운 것이었기 때문에, 게임이란 것이 무엇인지, 당시의 많은 사람들이 이해할 수 없었던 것이다.

게임을 이해하지 못하면, 그것에 빠져 몰입하고 있는 사람을 이해할 수가 없다. 이해할 수 없는 사람이라면 위험한 사람이고, 다른 문화를 가진 이방인 취급을 받기 마련이다. 이렇게 게임에 빠진 사람들이 당시 일본 사회에서 배척의 대상이 되는 것은, 어떤 의미론 당연한 일이었다고 할 수 있다.

당시 난립했던 오락실 업소들 중에는 관리가 소홀한 곳도 있었다. 일단 "인베이더만 두면 이득이 생긴다"라는 발상으로 무작정 뛰어든 업자도 많았고, 그러다가 뭔가 문제가 발생하면 일단 "인베이더가 나쁜 거네"라고 하게 되기도 했다. 젊은이들이 게임할 비용이 필요해서 나쁜 짓을 했다는 사건이 매스컴에서 보도되며, 인베이더와 오락실의 이미지는 점점 나빠져 갔다.

인터넷 같은 것이 존재하지 않던 그 시대에, TV와 신문을 중심으로 한 기존 매스컴 언론의 힘은 매우 막강했다. 그 영향력은 2000년 이후 현재의 것과는 비교조차 안 되는, 그야말로 사회 전체의 가치관을 결정하는 힘을 갖고 있었다고도 할 수 있다.

1980년대를 통틀어 일본 사회에는 "오락실은 악이다"라는 이미지가 있었다. 그 이미지는 분명 인베이더 붐 시기에 형성된 부분이 크다. 업계에서 사회적 영향력이나 이미지 전략을 고려했다면 좋았겠지만, 그 땐 아직 그런 힘을 갖지 못했다.

인베이더 게임의 이미지가 나빠지면서 손님의 발길은 한꺼번에 뚝 끊어졌다. 또 아무리 매력적인 게임이라도, 같은 것만 플레이하다 보면 아무래도 질려 버린다. 이미 과열되어 있었던 인베이더 붐은 단숨에 수습되듯이 끝나고, 그 이후에는 혼란스러운 상황만이 남았다.

열풍 같던 붐의 갑작스러운 막내림은, 각종 인베이더 게임을 만들던 메이커 및 그것을 취급하던 ❹데이스트리뷰터(=유통사)나 대리점에 큰 부담을 안기게 되었다. 대량의 재고나 부품을 안고 도산하는 메이커나 유통사도 있었다.

타이토는 스페이스 인베이더에 사용한 기판이 대량으로 남아 있었기 때문에, 신작 게임을 만들어서 이 기판이나 부품을 어떻게든 소비해 나가지 않으면 안 되는 상황이 되었다. 해서 70년대 비디오 게임에 최첨단을 달리던 타이토는 기술적으로 후퇴하지 않을 수 없었다.

‖ 70년대의 비디오 게임과 세가 ‖

1970년대에 일본 국내 비디오 게임 시장은 사실상 타이토가 이끌었다고 해도 과언이 아니다. 그렇다면 다른 게임 제작사는 어떠한 움직임을 보이고 있었는지 살펴보자.

1970년대 세가는 핀볼, 기계식 게임기, 메달 게임 등등 유흥 기기에 강해서, 이 부문에서는 일본 국내에서 1위인 기업이었다. 이런 유흥 기기들이 호조였던 만큼, 상대적으로 비디오 게임 개발에 늦었던 인상이 있다.

그렇다고는 해도 세가 역시 비디오 게임 분야에 있어서도, 해외 게임을 수입하는 등 나름대로 다양한 작품을 공급하고 있었다. 건 게임은 오래 전부터 만들어 왔으며, 『불릿 마크』(1975년)는 탄흔이 표시되는 사상 최초의 게임이라고 알려져 있다.

훗날 체감 게임의 명작 『행온』을 떠올리게 하는 것이 『맨 TT』이다. 이 작품은 오토바이 핸들로 조작하는 레이싱 게임으로, 충돌 시 진동이 전달되는 기능을 갖추고 있었다. 1대1 대전형 복싱 게임 『❹헤비웨이트 챔프』(1976년)는 격투 게임의 원조격이라고 할 만한 내용을 갖추고 있었다.

세가가 일본 국내에서 비디오 게임을 개발한 것은, 다수 인원이 동시 플레이가 가능한 레이스 게임 『스파클링 코너』(1976년)부터였다고 한다. 그 기술력을 살려 본격적으로 비디오 게임 개발에 뛰어든 것은, 미국 그렘린 사를 인수한 1978년 이후의 일이다.

❹데이스트리뷰터
　중간 도매업자. 아케이드 게임을 제작사에서 사서, 각각의 오락실에 판매하는 중간 상인들을 말한다.
❹헤비 웨이트 챔프
　플레이어 대 플레이어의 대전과 CPU전 플레이가 가능한 복싱 게임. 글러브형 컨트롤러를 사용한다.

덧붙여서 1970년대에 일본 안에서 유통되었던 세가의 업라이트형 비디오 게임은, 2016년 현재 그 대부분이 유실되어 없어졌다. 비디오 게임의 역사를 말하는 중요한 현물이 존재하지 않게 된 것은 매우 안타까운 일이다.

‖ 남코와 스프라이트 기능 ‖

1970년대의 남코는 우수한 기계식 게임기를 개발, 시판했다. 1976년의 『F-1』은 투영식 레이스 게임의 최고봉이라고 부를 만한 것으로, 당시에 인기도 높았다. 본작은 기계식 게임기이면서도 카피 제품이 나와서 돌았을 정도이고, 그런 불법 복제 문제로 소송과 재판이 있었던 것으로 알려져 있다. 1980년대에 레이싱 게임의 명작 『폴 포지션』(1982년/남코)에는 이 『F-1』의 유전자가 계승되어 있을지도 모른다.

그 이외에도 남코는 클레이 사격 게임인 『슛 어웨이』(1977년)와, 잠수함 게임인 『서브마린』(1978년)이라는 기계식 게임기 중의 명기를 제작하고 있었다. 이 두 가지 기종은 장기간에 걸쳐 게임센터에서 가동, 운용되었으며, 필자처럼 1980년대 이후에도 게임센터에서 플레이한 사람이 있으리라 짐작한다.

기계식 게임기 쪽에서는 뛰어난 기술을 갖고 있던 남코였지만, 비디오 게임 개발은 다소 늦게 시작한 편이다. 남코와 비디오 게임의 관계는 1974년에 아타리 재팬을 인수하면서 시작되었다. 남코는 이를 통해 독점적 판매권을 얻어, 일본 내에서 『퐁』이나 『스페이스 레이스』, 『리바운드』(전부 1974년 작) 등 미국 아타리에서 제작한 비디오 게임을 판매했다. 1976년에는 『브레이크 아웃』을 국내에서 판매하여, 블록 격파 게임의 인기에 불을 지폈다. 하지만 유사 게임이 대량으로 나돌았기 때문에 큰 이익을 얻지는 못했다.

남코가 자체 개발한 비디오 게임 제1탄은 1978년의 『지비』이다. 이 작품은 핀볼의 규칙을 블록 격파에 응용한 것이다. 그리고 최초의 히트작이 된 것은 1979년의 『갤럭시안』이다. 『갤럭시안』을 발매한 시기는 『스페이스 인베이더』에서 1년 남짓 이후였지만 그 사이에 그래픽, 사운드, 적의 움직임 등 여러 가지 방면에서 진화했다. 진화의 속도란 이 시기 비디오 게임이 지닌 특징이었고, 그것이 이후 오락실의 활성화를 촉진했다고 할 수 있다.

갤럭시안이 여기까지 진화한 데에는 **❹스프라이트**'라 불리는 기술의 영향이 컸다. 『스페이스 인베이더』는 적 외계인을 주사선 상에 직접 그렸기 때문에, 이 연산의 처리 문제로 캐릭터의 움직임에 한계가 있었다.

그러나 스프라이트 기술을 사용하면 처리가 빨라져서 캐릭터를 매끄럽게 움직일 수 있게 된다. 남코가 이 기술을 재빨리 도입할 수 있었던 이유는 아타리의 비디오 게임을 연구했던 것과 관련이 있지 않나 싶다. 『갤럭시안』은 일본 내에서 최초로 스프라이트를 사용한 비디오 게임이며, 새로운 시대의 개막을 알리는 작품이었다.

이 스프라이트 기술은 1990년대 이후 3D 폴리곤 기술이 발달할 때까지, 비디오 게임에서 기본적인 기술로 사용되어 왔다. 예를 들면 슈팅 게임에서 플레이어의 샷이나 적의 공격 탄은 스프라이트로 표시했기 때문에, 탄 수를 보다 많이 표시하려면 기판의 성능이 더 높아져야 했다. 1980년대 하드웨어 기술의 역사는 스프라이트 기술 진화의 역사이기도 했다.

❹스프라이트
화면 상에 위치를 지정하여, 필요로 하는 대상 만을 추려내 그려내는 시스템. 비디오 게임 진행 중에 화면 전체를 한꺼번에 바꿔 그릴 필요가 없어지기 때문에, 처리가 가벼워져서 표현하기 쉬워지게 한 기술이다.

제 3 장

80년대 게임센터는 백화요란의 시대

여기서부터는 1980년대의 게임센터와 그곳에서 등장한 비디오 게임에 대해 기술할 예정이다. 이 시대에는 기술이 일취월장으로 진보하며, 매우 많은 비디오 게임이 발매되었다. 사회적으로 오락실은 "악"으로 취급되었으나 한편으로는 게임 매니아라 불리는, 비디오 게임을 사랑하는 플레이어들이 단번에 증가한 시기이기도 하다.

1980년대의 게임센터, 오락실에는 독특한 분위기가 있었기 때문에 아직도 그 시대를 사랑하는 플레이어들은 많다. 여기서는 21세기 현대의 독자들도 가능한 한 알기 쉽도록, 그때 당시의 분위기를 최대한 살려서 전하고 싶다.

‖ 인베이더 붐과 남겨진 게임센터　　　　　‖

『스페이스 인베이더』의 일대 붐은, 일본 전국에 "인베이더 하우스"라 불리웠던 게임센터(=오락실)들을 대량으로 만들어 냈다. 인베이더 붐이 절정이었을 때에는, 일반적인 장사를 하는 각종 가게에서 안에 어떻게든 공간을 확보해서 그 안에 인베이더 게임을 놔두는 것만으로도 매상이 올라갔을 정도였다.

그러던 것이 2년 정도 만에 스페이스 인베이더 붐은 종식된다. 그 붐의 끝은 놀라울 정도로 빠르고 당돌했던 지라, 인베이더 게임의 재고를 대량으로 끌어안은 배급사 몇 개가 도산했을 정도였다.

그 결과, 일본 전국에는 "인베이더 하우스"라는 놀이 장소만이 덩그러니 남아 버렸다. 이 "인베이더 하우스"에는 『스페이스 인베이더』를 대신할 새로운 신작 게임의 공급이 강하게 요구되었다. 옛 "인베이더 하우스"는, 오락실용 게임기 본체 내부의 기판을 다른 신작 비디오 게임으로 갈아 끼워서, 살아남는 것=생존을 모색해 나갔다. 이런 놀이 장소가 1980년대 게임센터=오락실의 시초가 된다.

‖ 기판을 갈아 끼우기 쉬운 테이블형 본체의 보급　　‖

1980년대 초기의 게임센터에서는 『스페이스 인베이더』와 같은 테이블형 본체를 사용해 왔다. 이 게임기 본체는 다방 등에 비치하는 것을 전제로 만들어졌지만, 블록 격파나 인베이더 붐에 의해 급속도로 보급되었다.

테이블형 본체가 보급된 원인으로는 기판을 갈아 끼우기만 해도 간단히 다른 게임으로 바뀐다, 같은 상업적 운영 편의의 측면이 컸다. 소위 말하는 범용 게임기 본체의 등장이었던 것이다. 테이블형 본체는 내부의 게임 기판을 교체하고, 테이블 상판 겉면의 유리판 아래에 안내용 **❶인스트럭션 카드**를 끼우면 간단하게 교체가 가능했다. 하나의 완성품으로써 고정된 외부 장식에 열중했던 1970년대의 업라이트형 게임기 본체와는 성질이 좀 다르다.

범용 게임기 본체를 가능하게 한 것은 게임 기판의 소형화였다. 이러한 소형화가 가능했던 인과 관계로는 CPU를 사용해 프로그램으로 게임을 제어할 수 있게 된 것이 크게 작용했다. 그때까지는 TTL이라는 전자회로를 사용하고 있었고, 때문에 기판이 커져서 해당 게임 전용의 게임기 본체로 플레이하는 것이 일반적이었다.

1980~81년 무렵에는 기존의 업라이트형 본체와 테이블형 본체 용도의 기판이 양쪽 모두 만들어지고 있었다. 그 이후, 일본 국내에서는 업라이트형 본체는 점점 보이지 않게 되어 간다(전용의 특수형 게임기 본체나 대형 게임기 본체들은 제외). 필자는 당시 『랠리X』(1980년/남코)와 『탱크 바탈리온』(1980년/남코) 등의 업라이트형 본체를 플레이해본 적이 있지만, 이 시기에는 이미 일본 국내의 게임 메이커들이 만든 업라이트형 게임기 본체는 극히 소수였던 기억이 있다.

이렇게 오락실의 범용 게임기 본체로 정착한 테이블형 본체는, 1980년대 중반까지 주력으로 활약하게 된다. 스페이스 인베이더 시절의 테이블형 본체는 모니터가 작고 흑백 화면이었다. 이러던 것이 금방 컬러로 바뀌고, 모니터 크기도 서서히 커져 갔다. 이런 테이블형 본체가 들어차 있던 오락실 광경은, 1980년대를 아는 사람에게는 아주 친숙한 것이다.

1980년대 후반이 되면 모니터가 (완전히 서는 업라이트형이나 완전히 누운 테이블형이 아닌) 비스듬히 일어선 (현재 오락실에서 볼 수 있는) **❷미디타입**의 범용 게임기 본체가 등장하여, 테이블형 본체를 대신하여 보급되기 시작한다. 이 전환기에 있어서 인기가 있던 게임기 본체는 흰색을 기조로 한 외장이 인상적이었던 세가의

---

❶인스트럭션 카드
게임 내용을 설명하는 작은 카드 모양의 종이. 일본 현지에서는 인스트로 줄여서 표기되는 경우가 있다. 대부분의 테이블 광체 기기에서는 부착되어 있었다.

❷미디타입
서서 하는 업라이트형과, 앉아서 내려다보는 테이블형의 중간에 해당하는 형태의 오락실 게임기 본체 타입을 말한다. 오락실 게임기 하면 바로 떠올릴 수 있는, 모니터가 적당한 각도로 기울여진 게임 기기 앞에서 의자에 앉아 플레이하는 형태의 기기로, 현재 오락실에서 가장 흔한 범용 본체이다. 1980년대 후반에 태칸, 잘레코 등이 본체를 만들었으나, 결국 일반에 널리 퍼진 것은 세가의 에어로시티 시리즈 부터였다.

역자 주: 한국에서는 두용전자 등의 아케이드 회사들이 일찍부터 미디타입으로 전환해서, 건슈팅이나 체감 게임 같은 특별한 케이스가 아니면 대부분 미디타입 형태의 본체가 일찍 보급된 편이다.

에어로시티 시리즈였다. 이런 전환을 통해서 오락실의 이미지는 많이 달라져 갔다.

　이것은 어디까지나 필자의 사견이지만, 테이블형 본체의 존재는 플레이어의 존재 방식에 큰 영향을 끼쳤다고 생각한다. 테이블형 본체에서는 앉아서 플레이하기 때문에, 차분히 게임을 플레이하며 그 자리에서 오래 버티고 머무를 수가 있다. 만약 서구 쪽처럼 서서 플레이하는 업라이트형 본체뿐이었다면, 그렇게 되지는 않았을 것이다.

　이런 테이블형 본체에 의해 오락실에 소위 단골 플레이어가 자리잡는 환경이 조성되었다. 앉아서 게임에 몰두하고 있는 사이에, 이렇게 생긴 오락실 단골들이 점점 게임 매니아화 되었다고 말할 수 있다. 일본에서 시작된 특유의 오락실 문화는, 분명 이 테이블형 본체가 만들어 낸 측면이 있다고 생각한다.

‖ 포스트 인베이더의 시대　　　　　　　　　　　　　　　‖

　그러면 이 장에서는, 1980년대에 게임센터를 채워 준 여러 가지 비디오 게임들에 대해서 소개해 보도록 한다.

　이 시기의 오락실에는 너무나 많은 게임 타이틀이 투입되었다가 사라졌다. 평균적으로 연간 150여개 이상의 타이틀이 발매되었으며, 그중에는 거의 기록조차 남지 않은 마이너한 타이틀도 존재했다. 인기 있는 타이틀은 보통 3개월 정도 자리잡고 가동되었지만, 인기가 없는 것은 일주일 정도가 지나면 없어졌다. 이 1980년대에 1년 동안을 꽉 채워서 가동한 타이틀은 모두 아케이드 게임 역사에 남을 명작이라고 해도 될 것이다. 그 시절 오락실에는 활기가 있었지만, 그만큼 경쟁이 심히 치열했으며 까다롭고 혹독한 시장이었다고 할 수 있다.

　발매되는 타이틀 숫자가 많을수록, 새로움을 추구하게 되기 때문에 바리에이션이 풍부해져 게임 장르가 다양하게 분화한다. 1980년대에는 주로 슈팅 게임이 매니아들의 인기를 끌었지만, 이 밖에도 레이싱 게임, 퍼즐 게임, 퀴즈 게임, 점프

---

❹헤드 온
도트 이트 게임의 원조. 버튼을 누르면 가속한다는 특징이 있다. 원 개발사인 세가 이외에 다른 회사가 제조허가를 받아 만든 제품이 존재한다.
❹도트
본래 의미는 모니터 화면을 구성하는 작은 점을 말하는 단어. 하지만 이 책에서 말하는 도트란 도트 이트게임 화면에서 등장하는,먹을 수 있는 목표에 해당하는 물체들을 말한다. 플레이어 캐릭터가 물체 위로 이동하면 자동으로 도트는 사라지고 '먹은 것'으로 취급된다.

액션 게임, 벨트스크롤 액션 게임 등등 다양한 장르로 여러 게임들이 출시되었다.

『스페이스 인베이더』 붐의 직후에 주목을 받은 것이 세가의 『❹헤드온』(1979년)이다. 이것은 자동차를 조작해 화면 내의 ❹도트(Dot)를 전부 얻는(또는 먹는) 부류의 게임이다. 그 인기는 그다지 오래가지 못했지만, 소위 "도트 이트 게임(Dot Eat Game)"이라는 장르를 탄생시켰다는 점은 특필할 만하다.

그리고, 이런 도트 이트 부류의 게임 중에서는 역시 『❹팩맨』(1980년/남코)이 가장 유명하다. 일본에서도 인기가 높았지만, 미국에서의 인기는 그보다 훨씬 높아서 거의 열광에 가까웠다. 비디오 게임의 캐릭터가 큰 주목을 받은 것은, 결국 이 팩맨이 최초이다. 팩맨은 이후 세계적인 인지도를 가진 캐릭터가 되었으며, 현재까지 남코를 상징하는 마스코트가 되었다.

도트 이트 게임 부류는 사실상 『팩맨』으로 거의 다 완성되어, 그 이후로 눈에 띄는 히트작은 나오지 않았다. 이 장르는 같은 남코의 『랠리X』(한국 별명 "방구차")나 『마피』처럼 아이템을 다 얻거나, 아이템을 획득해 출구까지 나가는 타입의 액션 게임 부류로 변형, 이행했다고 봐도 무방할 것이다.

『스페이스 인베이더』와 같은 슈팅 장르 게임으로는 『❹갤럭시안』(1979년/남코)이 히트했다. 『갤럭시안』은 기존의 인베이더처럼 적의 무리가 화면 상단에 대기하고 있다. 다만 그 적이 아래로 공격할 때 곡선을 그리며 이동해 내려온다는 것이 다른 점이다. 그 매끄러운 움직임은 새로운 시대의 도래를 예기하는 것이었다.

그 뒤로 남코는 (※한국에서는 복제기판의 제목인 『갤러그』로 더 유명한) 『갤러가』(1981년/남코)를 발매했고, 이 게임 역시 롱 히트하게 된다. 『스페이스 인베이더』에서 『갤럭시안』을 거쳐 『갤러가』까지를 비교해 보면, 같은 장르지만 확실히 진화하고 있음을 알 수 있다. 이 무렵에 이르면 『스페이스 인베이더』의

❹팩맨

도트 이트(Dot Eat) 방식의 게임 중에서 세계적 명작. 플레이어가 파워 아이템을 먹으면 반격이 가능하게 되어, 적 캐릭터를 잡아먹을 수 있게 된다. 적 캐릭터들도 색깔에 따라서 성격과 움직임에 차이가 있다. 하지만 최종적으로는 완전하게 패턴화하여 공략할 수 있게 된다.

©BANDAI NAMCO Entertainment Inc.

❹갤럭시안

인베이더 붐의 직후에 히트한 레트로 슈팅 게임의 명작. 적 기체는 3기 편대를 이루며, 부드러운 곡선을 그리며 이동해서 공격해 온다. 컬러 모니터에 나오는 적기의 색감도 당시 기준으로는 아름다워서 진화를 느끼게 했다.

©BANDAI NAMCO Entertainment Inc.

그림자는 확실히 희미해지고, 오락실은 매달 발매되는 신제품으로 넘쳐나게 되었다.

‖ 80년대 초반의 비디오 게임 업계 사정 ‖

스페이스 인베이더의 붐이 지나가고 나서 몇 년 간은, 이런저런 다양한 신작 비디오 게임이 꾸준히 발매되며 새로운 시도가 계속 행해졌다. 이 시기에 히트했던 것은 남코의 『팩맨』(1980년)이나 『갤럭시안』(1979년) 이외에도 닌텐도의 『동키 콩』(1981), 세가의 『❹모나코GP』(1979년), 전기음향의 『헤이안쿄 에이리언』(1979년) 등등이 있다.

『동키 콩』은 후일, ❹사이드 뷰 점프 액션(가로 시점 점프 액션) 게임의 원점이 된 작품이다. 『모나코GP』는 화면이 3D 시점이 되기 직전의 레이싱 게임으로는 완성도가 높은 작품이다. 『헤이안쿄 에이리언』은 구멍을 파서 외계인을 빠뜨려 잡는 게임으로, 2인 협력 플레이라는 개념을 비디오 게임에 적용했다는 데에 의의가 있었다.

또 그 밖에 잊어서는 안 될 것이, 일본물산의 『문 크레스타』(1980년)와 『크레이지 클라이머』(1980년)이다. 어느 쪽이든 간에 80년대 초반에 짧게나마 시대를 대표한 명작이다.

여기서 『문 크레스타』가 동시대의 다른 게임들과 다른 점은, 우선 적의 매끄러운 움직임과 속도감이다. 또 『문 크레스타』에서는 적이 탄을 쏘아 오지 않는다는 점이 놀라웠다. 적이 플레이어를 향해 부딪쳐오는 몸통박치기 공격이 매우 격하기 때문에 탄을 쏠 필요가 없는 게임성이 있었다.

또 하나의 명작인 『크레이지 클라이머』는 그저 고층건물을 마냥 기어 올라가기만 하면 된다는 유니크한 아이디어를 담은 게임이다. 조작은 2개의 레버로 하며, 이것이 양 손의 움직임과 연동되어 있다. 아이디어와 조작성 모두 독창성이 높아, 비디오 게임의 가능성을 느끼게 해준 작품이었다.

❹모나코GP
세가 제작의 직선 도로를 달리는 고전적인 게임성을 갖고 있는 레트로 레이싱 게임.
하지만 도로 위에 물웅덩이가 나타나거나, 미끄러지는 슬립이 발생하거나, 어두워서 헤드라이트가 비춰지는 부분만 시계 확보가 되거나 하는 식으로 다양한 존이 있는 등, 이런저런 다양한 아이디어가 담긴 구성을 도입해 인기가 높았다.
❹사이드 뷰 점프 액션 게임
가로 시점 점프 액션 게임. 플레이어와 지형을 바로 옆에서 보는 시점으로 표현되어, 점프를 사용해서 앞으로 진행해 나가 타입의 액션 게임. 한 마디로 원조 슈퍼 마리오 브라더스 같은 게임.

일본물산은 1980년대 후반까지 슈팅 게임을 계속 만들면서 (한국에선 「독수리 5형제」로 유명한) 『테라 크레스타』(1985년) 등의 히트작을 낳았다. 그러나 사실 가장 빛났던 시기는 이 무렵에서 막을 내리게 되는 것에 그칠지도 모른다. 1980년대 후반 이후로는 슈팅에서도 물러나, 탈의마작 게임 부류 등을 주력으로 삼게 되었다.

‖ 한 시대를 풍미한 벡터 스캔 게임　　　　　　　‖

1970년대의 일본 게임센터에서는 해외 타국에서 제작된 게임도 많이 보였다. 그러나 1980년대가 되면서 일본에서 제작한 게임으로 거의 가득 차게 된다.

1980년대 초입에는 벡터 스캔이라는 방식으로 그려진 (일본 밖에서 만들어진) 해외 제작 게임이 유통되고 있었다. 벡터 스캔 방식으로는 아웃라인만 묘사하는 간소한 이미지로 표현이 되지만, 처리가 가벼워서 입체적인 이미지를 고속으로 움직일 수가 있었다. 이 기술을 사용한 게임은 미국에서 최초로 실용화되었다. 일본 국내에서 가동된 벡터 스캔 기술의 게임은 거의 다 해외 제작 게임이었다.

세계적으로 히트한 벡터 스캔 게임으로 유명한 것이 운석을 파괴하는 슈팅 게임인 『아스테로이드』(1979년/아타리)이다. 그 밖에 달 착륙을 소재로 하는 『루나 랜더』(1979년/아타리) 등도 일본의 오락실에 나돌았다.

1983년에는 인기 영화를 소재로 하는 『스타 워즈』가 아타리에서 발매되었다. 『스타 워즈』는 전투기의 고속 전투를 3D 시점으로 멋지게 재현했다. 도쿄 시내의 게임센터, 시부야 회관에서는 1990년대 이후로도 현역으로 가동하고 있어서 팬들에게 사랑을 받았다.

고속 처리가 가능한 벡터 스캔 그래픽 게임들이었지만, 하드웨어의 진화에 의해 그 고속 처리의 강점은 급격히 사라져 간다. 『스타 워즈』를 끝으로 일본 오락실에서 벡터 스캔 게임의 인기는 끊어지고 만다.

벡터 스캔 게임 이외에도 일본 오락실에서 인기를 얻은 해외 제작 게임이 몇 개 있다. 『미사일 커맨드』(1980/아타리)는 떨어지는 미사일을 요격해 도시를 지키는 게임이다. ❹트랙볼을 조작하는 게임성은 단순하면서도 심오했다.

또 1985~86년에는 남코에서 미국 아타리의 게임을 발매했다. 구슬을 굴려서 골로

❹트랙 볼
구형의 물체를 굴리듯이 움직여서 조작하는 컨트롤 디바이스. 퍼스널 컴퓨터(PC) 등에서 사용하는 입력 도구 트랙볼과 원리가 같다.

이동시키는『마블 매드니스』(1985년), 자전거를 타고 신문을 배달하는 소년을 소재로 하는『페이퍼보이』(1985년), 다수 인원이 동시에 플레이가 가능한 미궁 탈출 액션 게임『건틀렛』(1985년) 등이 알려져 있다. 이러한 작품들에는 일본 게임에는 없는 독특한 센스가 있어서, 당시에도 하드코어한 팬들이 붙어 있었다는 인상이 남아 있다.

‖ 「제비우스」의 등장과 슈팅 황금 시대의 시작 ‖

1980년대의 오락실을 상징하는 것은 슈팅 게임이다. 슈팅은 1980년대에 있어서 플레이어 사이에 가장 인기가 높고, 매니아들을 열광시킨 장르이다. 그 기반 초석을 만든 것이 바로『◆제비우스』(1983년/남코)였다.

『제비우스』가 뛰어났던 것은, 배경이 컬러로 치밀하게 그려져 있으며 스크롤하면서 화면 움직임에 따라 배경이 흘러나온다는 점이었다. 이른바 세로 스크롤 슈팅 게임의 원조라고 할 수 있다. 이런 표현에 의해 플레이어는 앞으로 나아간다는 느낌과 함께 새로운 놀라움을 만날 수 있었다. 엄밀히 말하면 제비우스 이전에도 스크롤 형의 슈팅 게임은 많이 나왔지만, 이렇게까지 배경이 존재감이 있게 그려진 작품은 없었다. 『제비우스』가 히트한 이후로는 슈팅 이외 장르에서도 화면이 고정된 ◆고정 화면 타입의 게임은 줄어들고, 화면이 스크롤되는 타입이 일반적인 것으로 정착해 갔다.

『제비우스』는 각각의 스테이지(장소)가 완전히 분리된 식의 고정 화면 게임과 달리, 각각의 스테이지가 스무스하게 연결되도록 연출된 점도 훌륭했다. 이 감각은 게임 속에 세계를 만들려고 하는, 현대의 ◆오픈 월드 계열 게임의 감각에 가깝다고 생각한다.

당시에는 아직 가정용 게임기인 패밀리 컴퓨터(이하 패미콤)의 『◆드래곤 퀘스트』가 발매되지 않았던 시대이다. 아무래도 아직 이세계 판타지라고 하는 것이 생소했고, 오히려 영화『스타워즈』같은 우주 SF 세계관이 더 잘 알려져 있었다.

◆제비우스

©BANDAI NAMCO Entertainment Inc.

◆고정 화면
게임 필드가 한 화면 안에 꽉 들어차 있어서, 스크롤되거나 움직이지 않는 형태의 화면 구성. 플레이어가 움직여도 화면이 스크롤되거나 하지 않는다.

◆오픈 월드 계열
광대한 필드를 자유롭게 돌아다니며, 그 세계를 만끽할 수 있는 형태 계열의 게임. 일본에서는 상자 정원형 게임이라고도 한다.

◆드래곤 퀘스트
에닉스가 1986년에 가정용 게임기인 패밀리 컴퓨터(패미콤)으로 발매한 게임 소프트. 일본식 RPG의 원점 취급을 받는 초대형 히트 작품.

『제비우스』를 플레이했던 당시의 게이머들은 그 영상과 연출 효과에 로망을 느끼고, 어떻게든 더 앞을 보고 싶다고 바랐던 면이 있다.

필자에게는, 단골이었던 남코랜드에 이『제비우스』가 5대 나란히 놓여 있던 기억이 있다. 여러 타이틀이 발매되던 1980년대에는 하나의 게임을 여러 대 놓아 두는 경우가 실로 드물었다. 이런 점만으로도『제비우스』의 인기란 실제로 과열될 정도로 대단했음을 알 수 있다.

‖ 제비우스에 의해 높아진 남코의 인기 ‖

분명 빅히트작이 된『제비우스』였지만, 그 인기는 남코 직영점 쪽이 일반 업소 쪽보다 높았다고 본다.『제비우스』는 새로운 것을 좋아하고 감성이 풍부한 젊은 플레이어들, 혹은 매니아 층에서 특히 인기가 있었다. 물론 일반 오락실에서도『제비우스』는 인기가 있었지만, (남코 직영점처럼) 여러 대를 나란히 놓아 두고 플레이할 정도인 상황은 아니었다.

『제비우스』는 플레이어들에게 압도적으로 지지를 받았으며, 그 높은 완성도로 굳어진 카리스마 성은 제작 업체인 개발사 남코에게도 돌아갔다. 그 동안 남코는 『갤럭시안』,『팩맨』,『뉴 랠리X』,『갤러가』,『디그더그』,『폴 포지션』등의 인기작들을 쏟아냈다. 이미 안정된 인기를 얻고 있었지만, 남코의 이름을 초창기 업계의 카리스마로 만든 것은 역시『제비우스』였다고 생각한다. 남코의 게임을 사랑하고, 남코의 직영점에 모이는 남코를 좋아하는 남코 매니아(소위 ❹남코 신자)들은 이 무렵부터 생겨났다고 해도 좋겠다.

남코는 이후로도『드루아가의 탑』,『팩랜드』(1984년) 등 독창적인 명작을 출시한다. 『드루아가의 탑』은 인터넷이 없던 시절 숨겨진 커맨드 정보를 놓고 전국에서 플레이어들 사이에 정보전이 벌어진 게임이다. 또한『팩랜드』는 버튼만으로 조작하는 독자성을 가지고 사이드뷰 점프 액션이라는 장르를 완성시킨 명작이었다. 이 시기 동안 매니아들 사이에서 남코의 명성은 확고한 것으로 굳어지게 된다.

또 당시 남코는, 남코의 게임 캐릭터를 이용한 굿즈 상품들을 직영 오락실에서

❹남코 신자
  남코 게임을 열성적으로 사랑하는 극렬 팬들을 통칭하는 용어.

판매하거나, 미니 동인지인 『NG』를 배포하기도 했다. 남코의 직영점은 단순한 오락실에 머무르지 않고, 남코의 안테나숍 역할도 하고 있었던 것이다. 이러한 적극적인 시도가 남코 팬 커뮤니티를 더욱 확고하게 하고 있었던 것이다.

하지만 『제비우스』가 개척하고 정착시킨 스크롤형 슈팅 게임은, 어째 1987년 『드래곤 스피리트』까지 남코에서는 새로 만들어지지 않았다. 슈팅을 갈망하던 전성기 중에, 남코를 좋아하던 플레이어가 많았던 이 시기에, 막상 사람들이 요구하던 작품을 내지 못했던 것은 조금 아쉽다.

지금 돌이켜 보면 1980년대 전반에 비해서 1980년대 후반의 남코는 약간 속도를 잃은 감이 있다. 그렇다고는 해도 세계관의 구축에서는 같은 시기의 다른 메이커에는 없는 독창성을 선보이고 있었다. 일본 역사의 주요한 사건인 겐지와 헤이케 전쟁에서의 주역과 악역을 역전해 보여준 『❹원평토마전』(1986년), 본격 호러 액션 게임 『스플래터 하우스』(1988년), 캐릭터의 매력이 특히 빛나던 『왈큐레의 전설』(1989년) 등의 작품은, 남코와 남코의 게임을 좋아하던 사람들에게는 잊지 못할 임팩트를 남겼다고 할 수 있다.

‖ 호쾌감을 추구한 「스타 포스」 ‖

『제비우스』는 공중과 지상을 두 종류의 무기로 나누어 공격하는 전략성이 높은 슈팅 게임이었다. 이 『제비우스』의 히트에 이끌려 다른 메이커들도 각자 비슷한 타입의 슈팅 게임을 차례차례 발매했다. 하지만 『제비우스』의 인기에는 훨씬 못 미쳤다고 할 수 있다.

제비우스 이후로 발매된 유사 게임은 외견 만을 흉내 낸 것이었기 때문에, 슈팅 게임의 새로운 조류를 타지 못하고 뒤쳐졌던 것이다. 이미 플레이어들은 보다 신선한 슈팅 게임을 요구하고 있었던 것이다.

❹원평토마전

타이라노 카게키요를 주인공으로 하는, 겐지가 악역인 세계관이 특징적인 남코의 액션 게임. 무시무시한 분위기의 독자적 세계관은 높이평가받아, 시대를 초월하여 현재까지 사람들의 입에 오르내리며 구전되고 있다.

❺스타 포스

테칸(이후의 테크모)이 개발한 슈팅 게임의 걸작. 당시 소책자에는 100만점 보너스의 존재가 실려 있었다. 적 캐릭터인 라리오스, 지무다 스테이지에도 보너스가 숨겨져 있다.

그러던 중에 등장했던 것이 『❷스타 포스』(1984년/테칸)였다. 『스타 포스』는 『제비우스』처럼 지상과 공중으로 구별되는 공격이 존재하지 않고, 그저 연사할 수 있는 샷 하나 만으로 공중의 적과 지상의 구조물을 모두 파괴할 수 있었다. 전략성보다는 쾌감을 추구한 게임성이었다. 이 작품 이후, 세로 스크롤 슈팅 게임에서 지상과 공중을 나누어 공격하는 것에 집착하는 게임은 거의 볼 수 없게 된다.

『스타 포스』는 발매 직후부터 일본 전국에서 인기를 끌며 플레이어들에게 친숙해졌다. 『스타 포스』가 입고된 오락실에서는 공식 소책자가 배부되었고, 그 안에는 숨겨진 보너스 요소의 존재가 실려 있었다.

당시 아케이드 게임에는 미디어 등으로 나오는 정보가 거의 없었고, 메이커가 선전을 하는 일도 없었다. 심한 경우에는 나도 모르는 사이에 발매되고, 모르는 사이에 사라져 버리는 형편이었다. 그런 것을 생각하면, 당시에 메이커가 직접 책자를 만들어 주는 것은 플레이어들에게 있어서 기쁜 일이었다.

덧붙이자면 이 『스타포스』는 당시 남코의 직영점에는 입하되지 않았다. 이 시기 남코는 테칸의 게임을 사지 않았던 것이다. 이 때문에 남코 직영점에 가는 매니아는 『스타 포스』를 플레이할 수 없었다. 플레이어 입장에서는 메이커끼리의 사정이나 뒷거래 같은 것과 상관없이, 그저 뛰어난 게임을 즐길 수만 있으면 된다. 그런 점에서 이것은 조금 아쉬운 일이었다.

『스타 포스』로 그 이름을 드높인 테칸은 이후 회사 이름을 테크모로 바꾸고, 1986년에 트랙볼을 이용한 축구 게임 『❷테칸 월드컵』, 사이드 뷰 액션 게임인 『❷아르고스의 전사』라는 인기작을 만들어낸다. 특히 『아르고스의 전사』는 꾸준한 팬들에게 지지를 받은 작품으로, 테크모의 긴 역사 속에서도 대표작 중 하나로 꼽히는 명작이다.

❷테칸 월드 컵

❷아르고스의 전사

슈팅계에 나타난 神같은 게임 「그라디우스」

그러던 1985년, 슈팅 매니아들을 열광시킨 작품이 등장한다. 그것은 코나미가 만든 『**❹그라디우스**』였다. 『그라디우스』는 그래픽과 사운드의 센스가 뛰어났고, 당시의 플레이어를 사로잡는 훌륭한 세계관을 게임 속에 만들어냈다. 게다가 치밀한 게임성과 공략성도 겸비했다. 필자를 포함해 당시의 많은 슈팅 매니아들에게 있어서 마치 신이 내려주신 선물과도 같은 게임이었다고 말할 수 있다.

『그라디우스』는 당시로는 **❹파워 업 시스템**이 상당히 복잡한 게임이다. 그 때문에 오락실에서는 출퇴근하다 들르는 샐러리맨 플레이어가 제대로 파워 업을 하지 못한 채로 격추되고 마는 모습을 자주 볼 수 있었다. 통상 이런 타입의 게임은 곧 업소에서 쫓겨나지만, 본작은 예외적으로 롱 히트를 기록했다.

이후 코나미의 관계자들에게 들은 바로는, 파워 업 시스템이 매니악했다는 것은 알고 있었다고 한다. 테스트를 거듭한 결과, 복잡해도 이 시스템이 게임에 적합했기에 그대로 유지해도 좋다고 판단했던 모양이다. 결과적으로 그 판단은 들어맞았다.

『그라디우스』는 『제비우스』와 달리 가로 스크롤 슈팅 게임이다. 가로 스크롤형 슈팅 게임은 세로 스크롤형과는 시점이 달라서 게임성이나 연출 효과 모두 다른 매력이 있다.

가로 스크롤형 슈팅의 게임성은, 같은 코나미의 『스크램블』(1981년)이 원점이 되고 있다. 『스크램블』도 당시에 높은 인기를 자랑했던 작품이지만, 『그라디우스』는 그것을 발전시켜 가로 스크롤형 슈팅이라는 장르를 일반인에게 널리 알렸다고 할 수 있다. 이에 따라 1980년대 슈팅 게임은 장르의 폭을 넓히고, 황금기를 향해서 치닫게 되었다.

그리고 코나미는 『그라디우스』 이후에도, 『**❹사라만다**』(1986년)나, 『**❹**

❹그라디우스

레이저와 4개까지 장비 가능한 옵션 등, 아이템을 모아 파워 업을 하면서 진행하는 가로 스크롤 슈팅 게임.적으로 등장하는 모아이 같은 특정 캐릭터들이 시리즈의 상징과도 같다.

❹파워 업 시스템

주로 슈팅이나 액션 게임 등에 있어서, 플레이어 캐릭터를 강화하기 위한 다양한 시스템적 방법을 말한다. 아이템 획득부터 레벨 업 등등, 다양한 방식이 존재한다.

그라디우스 Ⅱ ~고파의 야망』(1988년) 등 슈팅 게임 매니아들의 기대에 부응하는 작품을 꾸준히 내놓았다. 의외일지 모르지만 1980년대 아케이드 게임에서 시리즈물이 된 작품은 놀랄 정도로 적다. 그라디우스 시리즈는 그중에서도 굴지의 성공을 거둔 예라고 해도 좋을 것이다.

‖ 탄막 슈팅으로의 행보 ‖

1980년대의 슈팅은 『제비우스』, 『그라디우스』의 영향이 강하고, SF적인 세계관을 가진 슈팅 게임의 인기가 확실히 높았다. 그 이유 중 하나는, 미지의 모험을 바라는 사람들의 시선이 우주라고 하는 큰 무대로 연결되어 있던 시대 배경이 있을 것이다. 덤으로 『스타 워즈』 시리즈의 영화 첫 작품 일본 개봉은 1978년이다. 또 1980년대 초반의 게임은 배경이 검어서, 우주 공간을 표현하기 쉬웠다고 하는 이유도 있다고 생각된다.

한편, 전투기를 소재로 한 현대적인 전쟁물 슈팅 게임도 발매되고 있었다. 1984년에 발매된 캡콤의 『1942』가 그중 대표적인 작품이다. 이 타입은 매니아들에게 인기가 별로 없었지만, 대신 일반인들에게 인기가 높아 롱 히트하는 경향이 있었다.

그런 장르에서 인기를 끌었던 것인 『❹비상교(플라잉 샤크)』와 『❹구극 타이거(트윈 코브라)』(1987년/토아플랜)이다. 이 두 작품은 강력한 샷과 전멸 폭탄을 장비한 전형적인 게임성이 특징이다. 어느 쪽이건 모두 장기간 오락실에서 인기를 끈 타이틀로, 넓은 플레이어 층에게서 지지를 받은 세로 스크롤형 슈팅 게임이다. 이 두 편을 통해 토아플랜의 이름이 매니아들 사이에 알려지게 되었다.

이런 계통의 슈팅 게임들을 그 이전에 나온 작품들과 비교하면, 플레이어 기체와 적기가 쏘는 탄이 매우 많아졌다는 것을 알 수 있다. 이전 슈팅은 가능한 한 적기를

❹사라만다

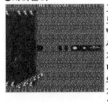

그라디우스의 흐름을 따르는 시리즈에 속하는 슈팅 게임이지만, 파워 업 시스템이 그라디우스 본가 시리즈와는 조금 다르다. 화면 스크롤이 가로와 세로로 다른 스테이지가 각각 번갈아 등장하는 등, 독특한 구성을 취하고 있다.

©Konami Digital Entertainment.

❹그라디우스 Ⅱ ~ 고파의 야망

인기 슈팅 게임 그라디우스의 정통 속편. 원작의 기본 시스템을 완전히 계승하고 있다. 플레이어 기체가 4종류로 확장되어, 무기는 레이저 이외에 리플 레이저가 추가되고 각종 미사일이 늘어났다.

©Konami Digital Entertainment.

놓치지 않기 위해 정확히 조준하고 쏘는 것이 기본이었다. 그러던 것이, 이 두 작품에서는 플레이어 기체의 탄환이 광범위하게 펼쳐지며 적이 쏘는 탄의 숫자도 많아졌다. 그 때문에 정확히 노려 쏘는 저격형 플레이보다는 적탄을 어떻게 피할 것인가, 하는 점이 중시되는 게임성이 있었다.

이후의 세로 스크롤 슈팅 게임은 샷과 봄을 장비해, 강력한 공격력을 갖추는 것이 주류를 이루게 된다. 1990년 세이부 개발의 『라이덴(雷電)』이 인기를 얻어, 그런 스타일로 치우치는 경향은 한층 강해지게 되었다. 그리고, 1997년의 『도돈파치(怒首領蜂)』(케이브)에 이르러 그 스타일은 확고하게 굳어졌다. 이것이 소위 ❹탄막 슈팅이란 장르가 완성되기 까지의 대략적인 흐름이다.

‖ R-TYPE과 아이렘 ‖

이어서 1980년대 후반에 인기를 얻은 가로 스크롤형 슈팅 게임으로 『❹R-TYPE(알타입)』(1987년/아이렘)이 있다. 이 작품은 무적의 "포스"라고 불리는 옵션을 플레이어 기체의 앞이나 뒤에 장착할 수 있는 독특한 시스템을 갖고 있다. 또한 화면에 들어가지 않는 크기의 거대 전함이 등장하는 등, 적에 관한 아이디어에도 탁월함이 있었다.

『R-TYPE』은 매니아를 겨냥한 슈팅이어서 난이도가 높았다. 하지만 그런데도 오락실의 플레이어들에게는 받아들여져서, 큰 인기를 자랑했다. 이는 짧은 플레이 시간이라도 길다는 느낌을 주는 긴장감과 밀도가 높은 게임성 때문이었다고 본다. 세계관이나 아이디어의 풍부함 등등, 당시의 SF 슈팅을 선호하는 사람들의 이상이 결실을 맺은 것 같은 작품이었던 것이다.

본 작품을 만들어낸 아이렘은 1980년대 전반에서부터 게임으로써의 골격이 튼튼한 작품을 세상에 내보내 왔다. 크레이터를 점프로 넘어가며 적을 쏘는 『문

❹비상교(플라잉 샤크)

복엽기 모양의 플레이어 기체를 조작하여, 샷과 봄으로 적을 격파하는 전형적인 세로 스크롤 슈팅 게임.
플레이어 기체의 속도가 느리고, 화면 구석 쪽에 몰리기 쉬워서 어떻게 빠져나오느냐가 중요했다.

❹구극 타이거(트윈 코브라)

전투 헬기를 조종하여, 샷과 봄으로 적을 격파하는 슈팅 게임. 4색의 무기 아이템이 등장하고, 18단계로 파워 업 한다. 적의 움직임과 탄의 공격 패턴이 잘 구성되어 있다.

©TOAPLAN Co., Ltd. 1987,2017

©TOAPLAN Co., Ltd. 1987,2017

패트롤』(1982년), 미국 브라더번드에서 제작했던 **❹퍼즐 액션**의 걸작인 『로드 러너』 시리즈의 이식 버전, 진행형 격투 액션 게임의 원조격이라고 할 수 있는 인기작 『**❹스파르탄X**(쿵푸 마스터)』(1984년) 등, 정기적으로 히트 작품을 내놓았다. 그러나 슈팅 분야에서는 히트작이 없어서, 『R-TYPE』의 (갑작스러운) 등장은 경이로운 것으로 받아들여졌다.

아이렘은 이후로도 『Mr. HELI의 대모험』(1987년), 『이미지 파이트』(1988년) 등의 슈팅 게임을 발표한다. 하지만 어느 정도 인기를 얻은 것은 이 정도까지로, 이후의 슈팅 게임은 그다지 좋은 평가를 받지 못하고 사라져 갔다.

‖ 슈팅 최전성기와 슈팅 매니아 ‖

1980년대에 SF풍 슈팅 게임이 인기를 끈 이유로는, 당시로는 최고의 기술력이 투입되었다는 점이 크다. 이전에는 본 적도 없는 영상 기술과 연출로 외계 행성의 풍경이 그려졌다. 1990년대 이후로는 슈팅이 틈새 장르가 되어 게임성만으로 승부하게 된 것과는 대조적이다.

이 시대에는 분명 슈팅 게임이 비디오 게임의 최첨단을 달리고 있었다. 게임성뿐만이 아니라 하드웨어 적으로도 당시 최고 레벨이던 것들이 투입되고 있었던 것이다. 플레이어는 단지 총알을 피하는 조작에만 즐거움을 느끼는 것이 아니라, 최신 기술이 사용된 표현에 열광하고 있었다고 말할 수 있다.

SF풍 슈팅 게임의 인기는 『다라이어스』(1987년/타이토), 『**❹R-TYPE**』 등의 히트작을 거쳐 1988년의 『그라디우스Ⅱ~고파의 야망』에서 최고조에 다다른다. 대망의 그라디우스 시리즈 신작의 소문을 듣고서, 발매 직전에는 수많은 슈팅 매니아들이 게임 쇼에 몰려들었다. 당시의 매니아들은 오락실 업소 쪽에 연줄이 있어서, 본래 일반인은 참가할 수 없는 업계 행사일에도 그들 대부분이 집결하곤 했다.

❹**탄막 슈팅**
적이 쏘아 대는 탄 수가 엄청나게 많은 형식의 슈팅 게임. 1990년대 이후, 주로 케이브가 많이 개발한 슈팅 게임들이 이 장르에 해당하는 대표적인 사례들이다.
❹**퍼즐 액션**
리얼타임 특성이 높은, 조작의 정밀함을 요구하는 퍼즐 게임.

❹**R-TYPE**

무적 보조 유닛인 포스를 사용하면서 진행하는 가로 스크롤 슈팅게임. 모아쏘기로 발사하는 파동포나, 반사 레이저 등등 아이디어의 독창성이 빛나는 작품.

〈자료 협력: 게메스트〉
©IREM SOFTWARE ENGINEERING INC.

업계에 한쪽 발을 들여놓은 듯한 이런 매니아들은, 게임에는 까다로우며 본인 의견을 드러내는 데에는 시끄러워서 주변에서 경원시한 적도 있다. 하지만 게임을 보는 눈은 분명 예리하므로 오락실 쪽이 이용했던 측면도 있었다.

필자도 그런 매니아 중 한 명이었다. 당시에는 이미 게메스트 편집부에 소속되어 있었기에, 잡지 필진으로 게임 쇼에도 출입하고 있었다. 그때 당시 게임 쇼 현장의 열기가 아직도 인상에 남아 있다.

게임 쇼가 개최되는 단 며칠 사이에, 매니아들에 의해 『그라디우스II~고파의 야망』는 공략이 착착 진행되고 있었다. 이런 쇼 회장은 상담과 거래의 장소이기도 했기 때문에, (일부 매니아들이) 게임을 독점하고 공략하는 모습은 그다지 칭찬받을 일은 아니었다. 덧붙여 게메스트 필진에게는, 게임 쇼에 출전한 게임들을 연속으로 플레이하는 행위가 편집부의 방침으로 금지되어 있었다. 그러나 다른 열광적인 매니아들이 현장에 있었기 때문에, 그들의 공략 플레이를 흥미진진하게 본 기억이 있다.

‖ 쇠퇴하는 슈팅 게임 ‖

『그라디우스II~고파의 야망』은 게임 쇼 회장에서의 열기 그대로, 정식으로 발매되고 나서도 인기가 매우 높았다. 이 『그라디우스II~고파의 야망』은 명작 『그라디우스』가 정통 진화한 시리즈 중에서도 우수한 작품으로, 플레이어의 높은 기대에 확실히 부응한 몇 안 되는 희귀한 속편이다. 인기를 끈 것은 당연한 결과였다.

단지 슈팅 매니아는 금방 능숙해지기 때문에, 오락실에서는 당초 생각했던 만큼 수입을 벌어들이지는 못했던 것 같다. 일부 오락실 업소의 관리자에게서 불평도 나왔지만, 이것은 사치스러운 이야기였다고 생각한다. 인기는 꾸준히 오래 갔기 때문에 충분히 본전은 뽑았을 것이다.

❹스파르탄X

영화를 소재로 한 격투 액션 게임. 적에게 붙잡히면 레버를 흔들어서 떨쳐야 한다.

(자료 협력: 『게메스트』)
©IREM SOFTWARE ENGINEERING INC.

❺R-TYPE

(자료 협력: 『게메스트』)
©IREM SOFTWARE ENGINEERING INC.

그러나 이 해를 경계로 슈팅 게임의 인기는 조금씩 저하되고 있었다. 1989년 연말에 발매된 『그라디우스Ⅲ~전설에서 신화로』(코나미)나, 『드래곤 세이버』(1990년/남코)는 기대했던 만큼의 인기를 얻지 못했고, 오락실에서 사라져 자취를 감추었다.

높은 퀄리티의 게임이 나오면 나올수록, 플레이어는 어설픈 게임으론 만족하지 못하게 된다. 매니아의 폐해라고 하면 그만이지만, 보다 뛰어난 점이 없으면 호평하지 못하는 것이 인간의 본성. 또 『그라디우스Ⅲ~전설에서 신화로』도, 『드래곤 세이버』도 게임의 매력에 비해 난이도가 너무 높아서, 매니아 층 이외의 플레이어에게는 그냥 괴로울 뿐이었다.

특히 『그라디우스Ⅲ~전설에서 신화로』는 ❹처리 지연이나 프레임 저하 등의 문제로 게임 자체의 속도가 느려지는 등의 구체적인 단점이 있어서, 명작 시리즈의 높은 기준을 넘지 못했다고도 말할 수 있다.

‖ 80년대 슈팅이 안고 있던 문제점 ‖

1980년대의 슈팅 게임은 분명 오락실에서 가장 인기 있던 장르였다. 하지만 의외로 타이토, 세가, 남코 같은 대형 업체들은 슈팅 히트작을 그다지 많이 만들지 못했다. 대체 왜 그랬던 것이려나.

우선 슈팅 게임이라는 장르가 시장에서는 그 인기만큼 높은 평가를 받지 못했던 점을 들 수 있다. 슈팅은 잘하는 사람이 플레이하면 아무래도 장시간 자리를 차지할 수 있게 되어 버린다. 필연적으로 인기에 비해서 인컴 수입은 벌지 못한다. 인기가 많을수록 계속 사람이 이어져서 본전을 충분하게 뽑을 수 있게 되기는 하지만, 플레이시간이 짧은 것이 (업소 경영주에게) 평가받던 시절에는 불리했다.

그러다 보니 1980년대 후반에는 슈팅의 난이도가 전반적으로 급격히 올라가게 된다. 이는 어리석은 미봉책이라고도 할 수 있는 해법으로, 일반 플레이어와 매니아의 괴리만 가중시키는 결과가 되었다. 어렵기만 할 뿐 별로 재미 없는 슈팅이 증가해, 일반 플레이어들은 정나미가 떨어져서 플레이하지 않는 게임이 나와 버렸다.

❹처리 지연
CPU가 게임 안에서 행해지는 각종 연산을 미처 따라가지 못하고, 게임 전체의 속도가 일시적으로 느려지는 현상. 1980년대의 슈팅 게임 등에서 발생하던 현상으로, 처리가 지연되는 동안에 적의 공격을 보기 좋아져서 역으로 난이도가 쉬워지는 사례도 있다.

또, 대형 제작사들은 도심에 많은 직영점을 갖고 있어서, 이런 곳에서 수익을 벌어들이는 타이틀을 더 높이 평가하고 있었다. 도심 오락실에서는 콘텐츠가 많고 매니아들이 오래 하는 슈팅 게임보다도, 금방 끝나는 일반 지향 게임이 더 높은 인컴을 버는 경향이 있다. 더 까놓고 말하면 범용 게임기 본체에서 플레이하는 일반 기판 게임들보다, 단가가 비싼 대형 오락실 게임기 본체를 팔아 더 많이 벌고 싶다는 메이커의 의도도 반영됐을 것이다.

그 밖에도, 슈팅 게임을 만드는 것 자체의 어려움 역시 문제였다. 슈팅 게임 같은 (매니아 지향) 인기 장르는, 그것을 보는 플레이어의 안목도 필연적으로 올라간다. 따라서 슈팅을 잘 이해하는 개발자가 만든 것이 아니면, 좀처럼 매니아를 만족시킬 만한 퀄리티가 나오지 않는다.

현재의 슈팅 게임은 시스템 이전에, 적이 어떤 방식으로 탄을 흩뿌리느냐가 중요하다. 그 구현 방향에 따라서 게임의 재미가 완전히 달라진다. 이를 통해 제작자가 "슈팅을 아는가 모르는가"의 경계가 부여된다. 이런 탄 쓰기 방식을 구현하는 방법은 단순히 말로 할 수 있는 것이 아니라, 아날로그처럼 감각적인 것이다. 기획서에서 「OO시스템」 등으로 알기 쉽게 쓸 수 있는 종류의 것은 아니라는 말이다.

단순히 하드웨어와 기술력이 있다고 재미있는 슈팅 게임이 되는 것이 아니다. 제작자가 슈팅에 빠져 파고든 적이 있느냐 없느냐가 문제가 된다. 즉 대기업 메이커의 높은 기술력이 있어도, 그것만으로는 안 되는 것이다.

1980년대 후반에서 90년대에 걸친 실패에서, 대기업화 된 게임 메이커는 (일부 예외를 제외하고) 슈팅에서 철수하게 된다. 더욱이 대전격투 게임의 커다란 붐에 의해, 슈팅 게임은 중소 메이커가 주로 제작하는 하드코어 매니아를 지향하는 틈새 장르로 이행했다.

슈팅 게임의 매력은 결코 기판의 하드웨어적 성능만으로 결정되는 것이 아니다. 그러나 1980년대와 달리, 틈새 장르가 되면서부터 그 시대 최고의 기술이 투입되지는 않게 된 것도 사실이다. 그리고 그 사실은 슈팅 팬에게 있어서, 일말의 쓸쓸함을 느끼게 했다.

‖ 점프 액션에서 격투 게임으로   ‖

1980년대를 슈팅 게임과 함께 지탱한 장르로는 ❹**캐릭터 액션 게임**이 있다. 1980년대 초기에 히트한 것은 바로 『❹**동키 콩**』(1981년/닌텐도)이었다. 이 작품은 닌텐도의 간판 캐릭터인 마리오가 처음으로 등장한 작품으로도 유명하다.

『동키 콩』은 고정 화면 액션 게임으로, 옆에서 보는 사이드 뷰 시점으로 그려져 있으며 (굴러오는 드럼통 등의) 공격을 점프로 피해서 나아간다. 화면이 스크롤되지는 않지만, 이후 등장하는 점프 액션 게임의 원조라고 해도 무방하다.

사이드 뷰 점프 액션은 이후 화면이 스크롤되는 타입이 일반적이게 된다. 초기에 본격적인 가로 스크롤 점프 액션을 실현한 것이 바로 『팩 랜드』(1984년/남코)이다. 버튼만으로 조작한다는 특수한 조작성을 지닌 게임으로, 남코다운 오리지널리티가 느껴지는 명작이었다.

사이드 뷰 점프 액션이 도달한 스타일을 보여준 것 중 하나가, 1986년 작인 『원더 보이』(이스케이프/세가)이다. 가정용 게임기에는 『타카하시 명인의 모험도』라는 제목으로 이식되었기에 이러한 제목으로 알고 있는 사람도 많을 것이다. 장르가 조금 다르지만 그 이후로 나온 사이드 뷰 액션 RPG 형태의 속편 『원더보이 몬스터 랜드』(1987년/웨스턴, 세가)도 완성도가 높아, 많은 플레이어들 사이에서 인기를 모았다.

지금까지 소개한 액션 게임은 사이드 뷰에서 점프를 활용하여 적이나 장애물을 피하는 유형의 게임들이다. 하지만 시대가 흘러가며, 같은 사이드 뷰 액션에서도 적과 싸우는 것이 중심인 게임이 등장하게 된다.

❹캐릭터 액션 게임
　　인간형 플레이어블 캐릭터로, 점프 등의 동작을
　　조작하면서 진행하는 게임.

❹동키 콩

동키 콩에게 붙잡혀간 레이디를 구출하기 위해, 점프맨(이후의 마리오)이 점프를 하며 진행한다. 사이드 뷰 시점 액션 게임의 기본이 응축되어 있어서, 이 작품이 이후의 게임들에게 끼친 영향은 매우 크다.

©1981 Nintendo

‖ 액션 게임에 새로운 시대를 연「마계촌」 ‖

1980년대에 큰 충격을 준 액션 게임 명작으로 『❹마계촌』(1985년/캡콤)이 있다. 선행주자 남코의 작품으로 대표되듯이 당시에는 작고 귀여운 캐릭터가 움직이는 게임이 많았다. 그런 귀여운 액션 게임의 세상에 좀비와 괴물들을 등장시킨 『마계촌』의 감각은 여러 면에서 단연 돋보였다고 할 수 있다.

또 그때까지의 액션 게임과 달리, 서로 공격하는 감각이 강했던 것도 마계촌의 특징이다. 예를 들면 『팩 랜드』에서는 기본적으로 플레이어가 적의 공격을 피하면서 진행해 나간다. 파워 쿠키를 먹는 것으로 반격을 할 수 있지만, 평소에는 점프해서 장애물을 넘어가는 행동이 메인이 된다. 이에 비교하면 『마계촌』은 창이나 단검 등의 무기를 던질 수가 있기 때문에 공격이라는 면에 있어서는 슈팅 게임 수준의 파괴력을 지닌다. 그리고 이렇게 펼쳐지는 몬스터와의 치열한 전투는 본능에 호소하는 면이 있어서 몰입도가 높았다.

『마계촌』의 난이도는 매우 높았지만, 그에 걸맞는 흥분이 있었다. 난이도가 높았음에도 불구하고 플레이어가 떨어져 나가지 않았으니, 80년대 게임으로는 이상적인 결과물이었다고 말할 수 있다.

또 『마계촌』에는 ❹컨티뉴(게임 오버가 되어도 돈을 추가로 투입해서 계속 플레이가 가능하게 된다)라는 시스템이 있었다. 그것이 (고난이도와 맞물린 도전 욕구와 함께) 잘 작동하여 높은 수입을 벌어들일 수 있었던 것이다.

이때까지의 게임에서는, 더 많은 다음 스테이지를 체험하려면 오랜 시간의 플레이를 통해 능숙해져서 더 많이 진행하는 수밖에 없었다. 그러나 컨티뉴라는 시스템이 도입되었기 때문에 동전을 추가 투입하는, 이른바 "과금"에 의해 조금이라도 더 나아가 다음 스테이지를 볼 수 있게 되었다. 이 시스템은 지금까지의 잔기제 게임과의 개념과는 또 다른 사상이었다. 계속적인 플레이로 소득을 올린다는

❹마계촌

자료협력:
『게메스트』

❹벌거스

쌍발 발칸 포와 관통하는 캐논포를 사용하여 적들을 격파하는 세로 스크롤 슈팅 게임.
자료협력: 『게메스트』

❹컨티뉴
게임이 종료되어도, 일정 시간 내에 추가로 동전을 투입하면 종료 시점에서 계속 이어서 플레이를 할 수 있게 해주는 시스템.

생각은 이『마계촌』무렵부터 보급되었다고 말할 수 있다.

‖ 캡콤의 약진과 좌절 ‖

『마계촌』을 만든 캡콤은 당시의 아케이드 개발사로는 신생 업체에 속했다. 캡콤은 원래 아이렘의 회장이었던 츠지모토 겐조 씨가 세운 메이커로, 최초로 발매한 게임은 『❹벌거스』(1984년)이다. 이후 『마계촌』을 발매하기까지 『❹손손』, 『1942』(둘 다 1984년)라고 하는 인기작을 제작하여 발매했다.

캡콤은 창업 초기부터 뛰어난 디자이너가 많아, 그래픽의 아름다움에 있어서는 남다른 특출함이 있었다. 이 때문에 일부 매니아는 이 신흥업체를 일찍부터 주목했다. 그러던 중『마계촌』이 발매되어 그 이름은 일본 전역에 널리 알려지게 된다.

『마계촌』의 히트는 캡콤을 크게 윤택하게 했고, 필자가 당시 들은 바로는, 그 무렵 캡콤 사옥은 "마계촌 빌딩" 등으로 불렸던 것 같다. 그 후에도 캡콤은 정력적으로 게임을 만들어 냈고, 1987년에는 세로 스크롤 슈팅 게임『1943』, 대전격투 게임 『스트리트 파이터』등의 히트작을 발매했다.

캡콤은 한발 더 나아가 1988~89년에 걸쳐 CP시스템으로 불리는 마더보드 기판을 개발하여, 롤링 스위치를 사용한 전방향 슈팅 게임 『❹로스트 월드』, 『마계촌』의 속편인 『대마계촌』, 독창적인 액션이 빛을 발하는 『스트라이더 비룡』이라는 게임 3편을 잇달아 내놓았다.

이 작품들은 모두 아름다운 그래픽으로 그려져 플레이어가 호의를 품기 쉬웠다. 하지만 캡콤의 기대 정도는 아니었던 것 같다. 모두 상당한 수고를 들인 대작이었지만, 그에 비해서는 인기가 그리 오래가지 못했다는 인상이 있다. 이

❹손손

손오공과 그 일행이 천축을 향해서 진행하는 가로 스크롤 슈팅 게임. 당시로는 드문 2인 동시 플레이가 즐거운 게임.

자료협력: 『게메스트』
ⓒCAPCOM CO., LTD. 1984 ALL RIGHTS RESERVED.

❹로스트 월드

롤링 스위치를 사용하여, 전방향으로 탄을 쏠 수 있는 체력제의 슈팅 게임. 일반 유저들에게 인기는 높았지만, 특수한 입력 디바이스 때문에 부품 교환에 문제가 있어서 기기의 유지보수가 어려웠다.
(자료협력: 게메스트)
ⓒCAPCOM CO., LTD. 1988 ALL RIGHTS RESERVED.

시기에 큰 히트작이 없어서 캡콤의 사정이 어렵지 않았을까 싶다.

아름다운 그래픽으로 그려진 캐릭터를 무작정 대량으로 등장시키는 것만으로는, 플레이어의 마음을 꽉 붙잡는 데에는 이르지 못한다. 그런 반성에서 얻은 교훈을 살렸던 것이, 이후 벨트 스크롤 액션의 걸작이 되는 『파이널 파이트』(캡콤/1989년)였다.

사실 『파이널 파이트』의 그래픽 용량은 그리 많지 않지만, 게임의 완성도는 매우 높다. 『파이널 파이트』는 장기간 오락실에서 운용되며 많은 팬과 수익을 확보하게 되었다.

‖ 격투 게임의 등장 ‖

당초에 캐릭터를 움직이는 액션 게임은 사이드 뷰 시점인 점프 액션이 많았다. 그러나 진보하는 하드웨어를 따라서, 게임 안에서 사람의 움직임을 세세하게 표현할 수 있게 되었다. 그러자 단지 장애물을 피하는 데에 그치지 않고, 스스로 팔과 다리를 움직여 적을 공격하는 유형의 게임이 등장했다. 이런 것들이 이른바 격투 게임이다.

올드 스타일의 점프 액션은 공격 수단이 부족했고, 장애물을 넘어가는 데에 정확한 조작을 요구했다. 잘 안 되었을 때의 스트레스와 성공했을 때의 쾌감이 결합되어 있어, 처한 상황을 극복하는 재미가 있는 스토익한 장르라고 할 수 있다. 반면에 격투 게임은 때리거나 차는 공격이 기본 동작으로, 보다 쾌감이 높은 장르이다. 그리고 시대적으로 격투 게임 쪽으로 순풍이 불어왔다.

격투 게임의 발전에는 테크노스 재팬이라는 개발사가 크게 기여했다. 1983년 말에 사상 최초의 프로레슬링 게임인 『빅 프로레슬링』을 개발했다. 다음 해에는 『공수도(空手道=가라테. 일본에선 데이터 이스트가 발매)』를 히트시켰다. 『공수도』는 2개의 레버만을 사용해 조작하는 방식으로, 게임의 조작성에 오리지널리티가 있다. 같은 1984년에는 사람끼리 맞붙는 대전 플레이를 추천하는 『대전 공수도(対戰空手道)』를 발매했지만, 아쉽게도 대전 플레이는 유행하지 않았다. 그러나 이 작품이 대전격투 게임의 원조라고 말하지 못할 것도 없다.

그리고 테크노스 재팬은 1986년에 문제작 『열혈경파 쿠니오 군』을 발매한다. 이 작품은 학교 불량배들끼리의 항쟁을 그렸다. 심지어 최종 스테이지에서는 무려 야쿠자 조폭들과 싸우는, 매우 위험한 소재를 다루고 있었다. 당시만 해도 오락실은 불량배들의 집합소라는 이미지였으니, 문제작이 될 만했다. 이렇게 이미지가 좋지 않다는 인식을 경계했는지, 당시에 남코 직영점에는 입하되지 않았다.

하지만 게임으로써는 『열혈경파 쿠니오 군』이 뛰어났으며, 분명 재미있던 것이 틀림없다. 입고되었던 오락실 그 어디에서도 인기였다. 이 작품은 주먹으로 때리고 발로 차고 하는 것뿐만 아니라 붙잡아 던지거나, 쓰러진 적에게 올라타서 펀치를 먹이며(이른바 다운 공격), 기차역의 홈에서 밀어 떨어뜨리는(이른바 링아웃) 등의 다양한 액션을 할 수 있었다. 이만큼 다양한 액션이 가능했던 게임은 당시에는 존재하지 않았고, 선진성이 높은 작품이었다고 할 수 있겠다.

당시 캡콤 관계자에게 물어본 바에 따르면 사람을 붙잡아 멀리 던져 날리는 액션은 기술적으로 간단하지 않다고 했다. 그래픽 패턴이 많아질 뿐 아니라, 판정이나 표시도 어려웠을 것이다. 이 시점에서 테크노스 재팬은 액션 면에서는 분명히 다른 회사들보다도 한 발짝 더 앞서가는 메이커였던 것이다.

테크노스 재팬은 그 이후 『더블 드래곤』(1987년)을 발매했고, 이것도 전국적으로 히트했다. 벨트 스크롤 액션이라고 하는 장르를 일반적으로 널리 퍼뜨린 것은 이 작품이라고 할 수 있다. 『더블 드래곤』은 보통으로 치고 받는 플레이를 하면 난이도가 높지만, 팔꿈치로 치는 공격이 강하다는 것을 알면 쉽게 공략할 수 있다. 그런 꼼수에 가까운 샛길이 있었던 것도, 히트하는 요인이 되었다고 생각된다.

인기가 높았던 『더블 드래곤』을 연구해 만든 것이 캡콤의 『파이널 파이트』(1989)였다. 기본 게임 내용은 『더블 드래곤』에 가깝지만, 플레이할 때의 수월한 이해도와 공략성이 높은 점은 현격한 차이가 있었다. 1980년대의 후반에서 90년대에 걸쳐 비디오 게임의 인기가 침체된 시기였지만, 이 시기를 지탱한 히트작으로써 『파이널 파이트』가 지닌 가치는 분명히 매우 높다.

『더블 드래곤』이나 『파이널 파이트』의 히트 이후, 플레이어 캐릭터가 적에게 공격한 방만 맞으면 그냥 당해 버리는 사이드 뷰 점프 액션 게임은 거의 볼 수 없게 되어 갔다. 액션 게임의 주류는 ❶체력제의 벨트 스크롤 액션(진행형 격투 액션)으로 완전히 이행해 갔다.

❶체력제
적의 공격을 맞아도 1격에 바로 죽거나 하지 않고, 라이프 바 등으로 표시되는 플레이어 캐릭터의 체력이 소모되는 형식의 게임. 잔기제와 대비되는 방식이다.

CG의 진화 단계 사이에 꽃핀 레이저 디스크 게임

1980년대에 아케이드에서 (잠시 동안이지만) 이채로운 빛을 발한 게임 장르가 있다. 레이저 디스크 게임(이하 LD 게임으로 표기)이다. LD 게임은 레이저 디스크에 수록된 영상을 주로 사용해, 레버나 버튼 입력 등으로 개입하는 형태의 비디오 게임이다. LD 게임은 조작에 맞춰 실사나 애니메이션의 영상을 전환할 뿐이므로 그다지 복잡한 게임은 만들 수가 없다. 2000년 이후 가정용 게임기로 나온 게임 중에서 무비 장면에 버튼 조작으로 끼어드는 **❶QTE** 시스템 같은 것이 있었는데, LD 게임의 게임성은 이런 것에 가까운 스타일이었다.

1980년대에는 아직 CG 기술이 미숙했기 때문에 별다른 영상 효과를 얻지 못했다. 그 시점에서 LD에 수록된 아름다운 실사나 애니메이션 영상으로 게임 화면의 그래픽을 구성하고, 레버나 버튼을 이용해 조작할 수 있는 게임을 고안해 낸 것이다.

LD 게임은 해외에서 개발되었고, 그 뒤에 일본으로 들어왔다. 『드래곤즈 레어』(스타콤)가 일본에 수입되자 화제가 되었다. 이 작품은 검과 마법의 판타지 세계관을 아름다운 애니메이션으로 그려내어 임팩트 강한 인상을 심어 준다. 초창기에는 소수 수량만 수입되었지만, 1984년에는 유니버셜이 국내 판매를 맡았다.

일본에서 최초로 만든 LD 게임은 세가의 『**❷아스트론벨트**』(1983년)이다. 이 작품은 우주 공간을 무대로 한 SF 슈팅이었는데, 일본 토에이(東映)의 협력을 얻은 특수촬영 영상이 새로운 요소였다. 하지만 게임성은 단순해서, 금방 질릴 수밖에 없다는 단점도 있었다.

LD 게임은 1983년에서 1985년까지의 2년 동안 집중적으로 만들어져, 10개 이상의 타이틀이 발매되었다. 그중에서도 걸작으로 여겨지는 것이 『**❷썬더 스톰**』(1984년/데이터 이스트)이다. 전투 헬기를 조종해 적을 미사일 등으로 쓰러뜨리는 게임으로, LD 게임의 게임성을 잘 살려 만들어졌다.

LD 게임의 조작에는 레버와 버튼의 명령어 입력으로 장면을 헤쳐 나가는 타입과,

❶QTE
퀵 타임 이벤트(Quick Time Event)를 줄여 말하는 것. 게임의 무비 씬 등 연출 도중에, 타이밍을 맞추어 버튼을 누르는 등으로 커맨드를 입력하면 결과가 변화하는 식으로, 리얼타임이라는 특성을 살려 전개되는 게임 상 액션 연출을 말한다.

❷아스트론벨트
적기를 조종하고 탄을 쏘아서 격파를 하는, 레이저 디스크(LD) 영상을 사용한 세가의 슈팅 게임. 콕핏 형태의 큼지막한 전용 본체를 통해 아름다운 영상을 배경으로 플레이한다는 점이 당시에는 신선했으며 많은 플레이어에게 놀라움을 선사했다.

건슈팅의 게임성에 가까운 타입이 있었다. 이것들을 종합해서 잘 정리한 것이 타이토의 『우주전함 야마토』(1985년)였다. 이 해에는 레이저 디스크 게임의 영상을 사용한 레이싱 게임 『GP월드』(세가) 등도 발매되고 있었다.

그러나 이 시기부터 하드웨어 기술은 한층 더 발전하여, 이후 CG만으로 아름다운 영상을 표현할 수 있게 되었다. 1985년 말에는 세가의 『스페이스 해리어』가 발매되었고, 그 흐름이 결정적이라고 할 수 있다.

이렇게 LD 게임은 완전히 사라져 가는 듯 보였다가, 나중에는 야구권 (※가위바위보를 해서 진 사람이 옷을 벗는 일본의 성인용 게임)이나 탈의마작 부류의 게임에서 레이저 디스크의 실사 영상을 사용한다는 아이디어가 쓰였다. 또 1992년에는 레이저 디스크 영상을 사용한 건슈팅 게임 『매드독 맥클리』(아메리칸 레이저 게임스)가 일본에 수입되어 유통된 바가 있다.

‖ 각종 스포츠 게임의 등장 ‖

1980년대에는 스포츠 게임이 크게 약진하기도 했다. 스포츠 게임은 게임에서 운동 종목을 구현한다는 그 발상 이래로 매우 많은 타이틀이 끊임없이 발매되어 왔지만, 이 시기에 게임센터에서 기동한 작품을 원점으로 삼는 것이 많다. 여기서는 각 장르에서 스포츠 게임의 선구자가 된 타이틀을 손꼽아 보려고 한다.

1981년에는 일본 아케이드 사상 최초의 골프 게임인 『❹프로 골프』(데이터 이스트)가 출시된다. 늘어났다 줄어들기를 반복하는 게이지의 신축으로 샷의 파워를 결정하는 방식은 이 작품이 최초로, 21세기의 골프 게임들에서도 거의 그대로 사용되고 있다는 점이 대단하다.

1970년대나 기계식 게임기 시대에도 스프링 등을 사용한 야구 게임이 존재했지만, 당시 작품은 아직 하드웨어의 능력이 부족해 야구답게 보이기가 어려웠다. 현대에 이어지는 야구 게임으로는 1983년에 발매된 『챔피언 베이스볼』(알파전자)이

❹썬더 스톰

전투 헬기를 타고 미사일이나 기타 무기를 사용하여 적을 격파하는 LD게임. 게임성은 건슈팅에 가깝고, LD영상을 통해서 표현되는 화면의 박력을 잘 살리고 있다.
(자료협력: 『게메스트』)

©G-MODE Corporation 」

❹프로 골프

사상 최초의 골프 게임. 조작법을 이해하기 쉽기 때문에 일반 플레이어들 사이에서 인기가 높았다.
(자료협력: 『게메스트』)

©G-MODE Corporation

출사표를 던졌다. 선수마다 파라미터가 존재하며, 투수는 변화구를 던질 수도 있었다.

같은 제작사인 알파전자에서 개발한 『익사이팅 사커』(1983년)는 축구 게임의 원점이 되는 작품이라 하겠다. 당시 기준으로는 플레이어의 움직임이 세밀하게 표현되었고, 슬라이딩으로 공을 빼앗을 수도 있었다.

농구나 미식축구 등 미국에서 인기있는 스포츠도 게임화되고 있었다. 농구는 미국에서 1970년대에 게임화 되었지만, 일본에서는 1980년대에 『슈퍼 바스켓볼』(1984년/코나미)이 인기를 끌었다. 이 작품은 3점슛 룰을 채택했는데, 아직 이 시기에 일본에서는 3점 슛 룰이 도입되지 않았다. NBA에서 채택된 최신 규정을 일찍 도입한 점은 주목할 만하다.

미식 축구로는 『10야드 파이트』(1983년/아이렘)이 히트했다. 이 게임에서는 상대에게 태클을 당했을 때 레버를 좌우로 빠르게 흔들어 빠져나오는 액션을 처음으로 채용했다. 레버를 흔드는 시스템은 이후 다양한 게임들에 많은 영향을 주었다고 말할 수 있겠다.

또 하나 잊지 말아야할 것은 『하이퍼 올림픽』(1983년/코나미)이다. 올림픽 경기를 소재로 한 이 게임은 독특하게도 버튼 만으로 조작한다. 하지만 그 단순한 조작이 각각의 경기에 딱 들어맞도록 구성되어 있었다.

이후 올림픽 시즌이 돌아올 때마다 비슷한 게임이 등장했는데, 아케이드와 가정용 게임들을 통틀어 이 작품의 게임 시스템에 영향을 받은 경우가 매우 많았다. "버튼을 연타해서 선수를 달리게 한다"라는 하이퍼 올림픽의 시스템은, 이후로도 시대를 초월해 통용되었다.

참고로 이 게임을 플레이할 때에는 버튼을 얼마나 빨리 연타하느냐가 중요하게 된다. 이 버튼 연타에는 금속제 자를 비롯해 각종 도구를 이용해 팅팅 팅겨 치는 방법이 효과적이었다. 당시에 문방구에서 갑자기 금속자가 잘 팔려서 문방구 주인들이 고개를 갸웃하며 신기해 했다는 일화가 남아 있다.

‖ 플레이어들을 놀라게 한 이색적 게임들 다수 ‖

1980년대는 다양한 장르의 게임들이 만들어졌지만, 그중에는 색다른 소재의 이색 게임이나 그 때까지의 상식을 뒤집는 작품들도 있었다. 특히 데이터 이스트는 색다른 게임을 만드는 메이커로 유명했다.

데이터 이스트에서는 1980년대 초에 데코 카세트 시스템이라는 방식을 발표했다. 이것은 카세트를 교체하여 간단히 신작 게임으로 바꿀 수 있는 시스템으로, 다양한 장르의 게임이 출시되었다. 앞에 언급한 『프로 골프』는 데코 카세트 시스템으로 나온 히트작이었다.

그 밖에도 데코 카세트 시스템의 명작으로 알려진 것이 『햄버거』(1982년/데이타 이스트)이다. 이 작품은 주방장을 조작해서 햄버거를 만드는 게임이다. 플레이어를 방해하는 적 캐릭터로 주인공인 주방장에게 덤벼드는 비엔나 소세지나 피클을 후추로 물리치는, 나름 슈르한 초현실적인 광경을 볼 수 있었다. 본 작품은 게임의 완성도가 높아서, 일본 밖의 다른 국가에서도 국제적으로 히트했다.

『헬로 게이트볼』(1984년)은 아마도 게이트볼을 소재로 하는 게임으로는 처음이자 마지막일 것이다. 당시에도 노후의 즐거움으로 게이트볼이 스포츠로 번성했지만, 막상 오락실에 오는 (젊은) 플레이어들 대다수가 게이트볼에 친밀감이 있었으리라고 생각되지 않는다. 아무래도 별 인기는 없었지만 이런 소재로도 게임을 세상에 발표할 수 있다는 것이 1980년대답다고 할 수 있겠다.

데이터 이스트의 게임은 이런 특이한 센스로 통칭 "데코게"라고 불리며 일부 매니아 층으로부터 사랑받았다. 그중에서도 정말 기이한 괴작으로 여겨지는 것이 바로 『❶트리오 더 펀치』(1990년/데이타 이스트)이다. 처음부터 끝까지 부조리함으로 채워진 그 작품은, 실로 플레이어들을 당황하게 만들었다.

데이터 이스트와는 조금 다른 의미로 유니크한 작품을 만들어낸 곳이 UPL이다. UPL은 오리지널리티가 있는 작품을 꾸준히 내놓은 것으로 알려져 있고, 『닌자군

❶트리오 더 펀치

괴이한 세계관과 비주얼적 요소가 전설이 되었던 게임. 양의 저주 같은 괴상망측한 캐릭터가 등장하는 등, 참으로 괴상하기 짝이 없다.
(자료협력: 『게메스트』)

©G-MODE Corporation.

마성의 모험』 등의 명작을 발매했다. 하지만, 그 고집스러운 집착이 특이하고 색다른 게임을 만들어 내기도 했다.

그런 것들 중에서도 특별한 임팩트를 남긴 것이 『뮤턴트 나이트』(1987년/ UPL)이다. 눈이 이상하게 큰 뮤턴트를 조종해, 필드를 진행해 나가는 모습에는 기묘한 무엇인가가 있었다. 80년대 당시엔 이런 속어는 없었지만, "키모카와이이(=기분나쁘지만 귀엽다)"라고 말할 수 있을 것 같다. 아케이드 게임 역사에서도 이런 플레이어 캐릭터를 사용하는 작품은 유례가 없지 않았나 싶다.

1990년대 이후 비디오 게임 개발은 대규모 프로젝트가 되어, 부담 없이 만들 수는 없게 되었다. 그에 비하면 1980년대는 개발자 개인의 센스가 게임에 크게 반영되던 시대였다고도 하겠다. "게임은 오리지널리티가 중요하다"라는 신념이 정말로 통용되던 시대였다.

그 때문에 오락실에 납품되는 게임들은 좋은 것과 나쁜 것이 무작위로 뒤섞여 있어서, 현재 상업용 게임이라면 있을 수 없을 정도로 재미가 없는 것도 있었다. 색다른 게임들 중에서 자신의 취향에 맞는 것을 찾는 재미는 있었다.

‖ 아케이드의 이단아 「테트리스」 ‖

1980년대에 대 히트를 기록한 작품에는 『테트리스』(1988년 텐겐/세가)가 있다. 다양한 모양의 블록을 떨어뜨려 틈새를 메워야 하는 이 게임은 21세기가 된 지금에도 많은 사람들에게 널리 알려져 있다. 하지만 일본에서 『테트리스』의 인기에 불을 붙인 것은 오락실에서 가동되던 세가 제작 『테트리스』였음을 잊어서는 안 된다. 『테트리스』의 기본 룰은 간단하다. 기판의 성능이 그다지 높지 않아도 구현 가능한 게임 시스템이다. 이 시대의 게임은 하드웨어의 성능과 함께 진화해 나가는 것이 원칙에 가까웠다. 그런 점에 있어서 『테트리스』는 사실상 이단이었다고 말할 수 있다.

『테트리스』는 퍼즐 게임이지만, 퍼즐 요소가 강한 게임에서 히트했던 아케이드 게임은 의외로 적다. 1980년대에서는 아이렘의 「로드 러너」 시리즈 정도나 꼽을 수 있지 않을까 싶다. 이를 근거로 생각해 봐도 『테트리스』는 특이한 케이스였다.

『테트리스』가 오락실에서 인기를 끌었던 것은 심오한 퍼즐 요소 때문이기도 했지만,

그 스피드 감각이 크게 작용했다고 생각한다. 빠르게 떨어지는 블록을 돌리면서 맞춰 나가는 감각에는 『테트리스』만의 짜릿함이 있다. 단순히 아이디어가 좋을 뿐만 아니라 아케이드 판을 만든 세가의 어레인지 솜씨도 뛰어난 덕분이었을 것이다.

『테트리스』가 인기를 끌던 시절에는 오락실에 본체 기기가 여러 대 놓여 있었고, 끊임없이 사람이 앉아 있었다. 매니아는 물론 여성에서부터 샐러리맨까지 플레이어 층의 폭이 넓은, 아케이드 게임으로는 이상적인 판매 방식이었다.

『테트리스』의 흥행으로 게임 개발사들은 퍼즐 게임에 대한 인식을 개선했다. 그리고 곧 다양한 퍼즐 게임들을 따라서 개발한다. 그러나 이 시점에 그다지 인기를 끌었던 작품은 없었던 것으로 기억하고 있다.

단순히 퍼즐 게임이 인기가 있는 것은 아니라는 점을 깨달은 개발사들은 테트리스에 가까운 형태의 퍼즐 게임 제작을 모색한다. 그 결과로 이른바 낙하형 퍼즐 게임이 많이 출시되었다. 이런 추세는 1990년대 후반까지도 이어져, 오락실에서 낙하형 퍼즐 게임은 하나의 장르로 자리잡아 정착한다.

‖ 체감 게임의 등장 ‖

여기부터는 일반 범용 본체가 아니라, 특정 게임 전용으로 만들어진 대형 게임기 본체들에 대해서 이야기해 보려 한다. 1980년대에 큰 임팩트를 남긴 게임들 중에 세가의 "**⊕체감 게임**" 시리즈가 있다. 세가는 옛날부터 아케이드 게임을 발매해 온 오래된 대기업 제작사의 이미지이지만, 인베이더 붐으로부터의 몇 년 간은 그때만큼 큰 임팩트를 남기지 못하고 있었다. 1979년 『모나코GP』나 1981년 『터보』 등의 레이스 게임은 인기를 모았지만, 그 뒤에 남코에서 제작한 『폴 포지션』(1982년/남코), 『폴 포지션Ⅱ』(1983년) 등으로 대체되어버린 감이 있다. 시대의 흐름은 점점 거세어지고 있었다.

그런 가운데, 만반의 준비를 하고 세가가 오락실에 내보냈던 것이 바로 『**⊕행 온**』(1985년)이다. 이 작품은 실제 오토바이의 모습을 한 라이드형 본체 기기로, 실제

⊕체감 게임
세가가 1980년대 후반에 발매한, 게임 화면 안에서의 움직임과 본체의 움직임이 연동되는 일련의 전용 대형 본체 게임 부류를 말한다.
⊕행 온
세가의 체감 게임 제1탄으로 나온 바이크 레이싱 게임. 실제 바이크 같은 대형 라이드 온 타입의 본체는 실로 박력 만점. 특정 간판을 일부러 뚫고 들어가면 시간이 증가하는 숨겨진 요소가 존재했다.

바이크처럼 체중을 이동시켜 좌우로 기울이며 코너링하는 것이었다. 당시로는 아름답고 놀라운 화면도 좋았지만, 그 케이스의 기믹과 크기야말로 놀라웠다.

여기에 이어 세가는 1985년 12월에 게임 화면의 움직임에 맞추어 게임기 본체가 따라서 크게 움직이는 3D 슈팅 게임 『❹스페이스 해리어』를 출시한다. 이 대형 게임기 본체의 움직임과 박력에 많은 플레이어가 깜짝 놀랐다. 당시의 플레이어들이 받은 임팩트는 실로 강렬한 것이었다고 말할 수 있겠다.

플레이어가 움직임을 느낄 수 있는 전용 대형 게임기 본체를 사용하는 게임들인 체감 게임 시리즈의 인기는, 그 제6탄이 되는 『❺애프터 버너』(1987년)로 정점에 이른다. 이 작품은 제트 전투기의 도그 파이트를 주제로 한 것으로, 360도로 롤링하는 시각 효과와 압도적인 속도감으로 플레이어를 매료시켰다. 대형 전용 게임기에 콕핏(조종석)형 본체의 움직임 자체도 진화하고 있어서, 당시로는 압도적인 기술력을 보여주었다고 할 수 있다.

화면에 맞추어 움직이는 이러한 전용 대형 게임기 본체가 주된 세일즈 포인트였던 세가의 "체감 게임" 시리즈이지만, 레이싱 게임으로 최대의 평가를 받았던 것은 『❻아웃 런』이었다. 스포티한 분위기의 빨간 자동차를 타고 달리는 영상은 매우 아름다웠으며 당시 그래픽의 최고봉을 자랑했다. 또 『행 온』에서도 말했던 것이지만, 치밀한 코너링이 그 이전의 레이싱 게임과는 선을 그을 정도로 차별화되어 있었다.

코너를 공략하는 감각이 실제 자동차와 같이 리얼했던 점이 매니아들의 평가를 높이는 계기가 되었다. 『아웃 런』은 일본뿐만 아니라 외국에서도 큰 인기를 얻었기에, 아케이드 한정으로는 세계에서 가장 잘 팔린 레이싱 게임 중 하나였다.

분명 한 시대를 열었던 이런 체감 게임 시리즈들이지만, 당시의 오락실에서는 과연 얼마나 가동되고 있었을런지 궁금해진다. 체감 게임은 크고 비싼 대형 전용 게임기 본체를 사용했기 때문에 처음에는 1회 플레이 당 200엔이 기본이었다. 도시의 대형 점포에서는 인기가 높았지만 지방 오락실에는 별로 입고되지 않았고, 플레이

❹스페이스 해리어
세가의 체감 게임 중에서도 가동하는 대형 본체의 임팩트가 절대적이었던 3D 슈팅 게임. 고속으로 움직이는 3D 시점의 게임 화면과 그것에 맞추어 본체가 움직이는 모습은, 새로운 시대의 도래를 예감하게 했다.

❺애프터 버너
세가의 체감 게임 시리즈가 절정기일 때에 발매된, 전투기로 고속으로 비행하며 싸우는 3D 슈팅 게임. 속도를 조절하는 아날로그 스로틀 레버가 존재하지 않기 때문에, 어떤 의미로는 그냥 II의 프로토타입이라고도 할 수 있다.

❻애프터 버너II
세가의 애프터 버너가 발매되고 나서 3개월 후에 발매된 버전 업 판. 스로틀 레버 추가로 속도 조절이 가능해졌으며, 다섯 개의 스테이지가 추가되어 종합적인 완성도가 높아졌다.

요금도 비쌌다. 용돈이 적은 학생들에게는 일반 게임보다 비싼 요금만으로도 장벽이 높았기에 거의 그림의 떡이었다고 하겠다.

다만 세가도 비싼 전용 본체로만 게임을 팔던 것은 아니었다. 『행 온』이나 『스페이스 해리어』라면 일반 게임기 본체 크기 정도로 축소한 싯다운 타입, 『아웃 런』이라면 스탠다드 타입이라는 상대적으로 작은 모델이 있었다. 지방의 오락실에는 이런 소형화 모델이 많이 비치되었다. 게임기 본체 가격이 상대적으로 저렴하다 보니 처음부터 1회 플레이에 100엔으로 가동하는 업소도 많았으니, 이런 형태의 본체만을 플레이해 본 사람도 많지 않았을까 싶다.

개인적으로는 『스페이스 해리어』나 『애프터 버너』 같은 움직임이 큰 게임은 대형 게임기 본체에서 플레이하고 싶었지만, 『행 온』이나, 『아웃 런』 같은 레이싱 게임은 작은 기기로도 충분해 보였다. 특히 『행 온』의 싯다운 타입은 체중 이동 방식을 사용하는 것이 아니라, 모양만 오토바이 핸들을 흉내 낸 전용 스틱을 조작하는 식이었다. 이쪽이 더 정확하고 정밀한 조작을 할 수 있었기 때문에 오히려 재미있었던 기억이 있다.

‖ 게임센터에서 어뮤즈먼트 스페이스로 ‖

이런 체감 게임 시리즈들은 당시 일반적이었던 테이블형 본체에 들어가는 게임과는 크게 다른 이미지를 지녔다. 테이블형 본체 앞에 앉아 몸을 구부려 내려다보며 플레이하는 모습은, 플레이하고 있는 당사자 이외의 사람이 옆에서 보면 그다지 보기 좋지는 않았다. 좁은 곳에 틀어박혀 꼬물꼬물 일하고 있는 듯한 인상이었다. 한편 체감 게임과 같은 대형 게임기 본체용의 게임은 화려했으며, 이미 비디오 게임이라기보다는 놀이공원의 어트랙션 탈 것 같은 감각이었다.

세가는 체감 게임의 이런 이미지를 전면에 크게 내세우며 오락실에 대한 기존의 이미지를 바꾸려고 했던 것 같다. 어둡고 좁은 곳에서 노는 것이 아니라, 밝고 화려한 장소로 말이다. 실제로 세가의 직영점 오락실들은 이 무렵부터 꽤 밝아져서 접근하기 쉬운 이미지로 탈바꿈했다.

또한 이 즈음부터 오락실이라고 하는, 부정적인 인식을 심어 주던 기존의 용어를

❹아웃 런
'유명한 붉은 차종'에 탑승해, 고속도로를 드라이브하는 감각으로 즐기는 레이스 게임. 빠른 스틱 조작으로 기어 체인지를 마구 입력하면, 도로 밖에서도 속도가 떨어지지 않고 달릴 수 있는, 소위 기어 흔들기로 통하는 숨겨진 꼼수가 화제가 되었다.

다른 말로 대체하려는 움직임이 생겼다. 오락실을 대체하는 말로 새롭게 어뮤즈먼트 센터, 어뮤즈먼트 스폿 등의 단어를 사용하게 되었다.

그러는 한편, 전국에 무수히 존재했던 중소 규모의 오락실은 아직 테이블형 본체들이 주력이었다. 돈은 별로 없지만 게임을 좋아하는 학생들은 테이블형 본체 안에 내장된 게임들에 애착을 갖고 차분하게 즐기고 있었다.

이러한 학생층 게이머들에게는 오락실이라는 말을 쓰지 않고 어뮤즈먼트 센터 등으로 부르는 것에 어딘가 위화감 같은 것이 들었던 모양이다. 오락실이 밝은 분위기에 놀기 좋은 장소가 되는 것은 환영이었지만, 그렇다고 해서 기존에 쓰던 오락실이라는 말을 부정하고 오락실이 아닌 장소로 취급하는 것에는 납득하지 못한 것이다.

오락실의 이미지를 바꾸고 싶은 업계 측과, 지금까지의 오락실을 좋아하는 플레이어의 감정. 어느 쪽이나 오락실이 번창하길 바랐지만, 기업과 플레이어 사이에 엇갈리는 면도 있음을 느끼게 하는 시대였다.

‖ 세가 제작의 범용 본체 게임 ‖

세가는 계속 대형 전용 본체 중심으로 상품을 전개하고 있었지만, 범용 게임기 본체 쪽에도 히트 작품은 있었다. 대표적인 것이 『❹판타지 존』(1986년/세가)과 『❹게인 그라운드』(1988년)일 것이다.

『판타지 존』은 사이드 뷰 시점에서 플레이어 기체가 움직이는 방향으로 진행하듯 스크롤하는 방식의, 조금 색다른 슈팅 게임이다. 그 게임성은 『디펜더』(1981년/ 윌리엄스)와도 비슷했지만, 당시 일본의 슈팅 게임들과 비교하면 그 이색성이 특히 두드러져 보인다. 적을 쓰러뜨리고 얻은 돈으로 파워 업을 살 수 있는 시스템을 채용하고 있는데, 이런 시스템은 당시 다른 유례를 찾기 어려운 요소였다.

『게인 그라운드』는 고정 화면 게임으로, 총 20명의 캐릭터를 선택할 수 있는

❹**판타지 존**
세가에서 한 때 마스코트 캐릭터로 삼으려 했던 오파오파라고 불리는 플레이어블 기체를 조작하는 슈팅 게임. 상점에서 아이템을 사서 무기를 늘릴 수 있다. 보스의 다양한 기믹 아이디어와, 그 각각 의 공략법이 존재하는 점이 재미있다.
❹**게인 그라운드**
세가 제작의 출구를 향해 나아가는 고정화면 액션 게임. 머신 건, 화살, 마법, 로켓 런처 등 다양한 무기를 지닌 여러 캐릭터가 있어서, 상황에 따라 필요한 무기를 가진 캐릭터를 선택하여 진행한다.

특징이 있었다. 캐릭터의 개성과 특성을 살려서, 상황에 따라 구분하여 쓰는 식으로 탈출하는 것이 목표인 게임이다.

두 작품 모두 당시의 플레이어들에게 인기가 높았으며, 아직도 구전되고 있는 명작이다. 그러나 당시의 세가에서는 전용 대형 게임기 본체를 중심으로 상품을 전개하고 있었기에, 이 작품들이 회사 내에서 정당한 평가를 받고 있었는지에 관해 조금 의문이 남는다. 이것은 당시에 게메스트 편집부에 소속되어 있던 필자가 메이커 쪽의 대응으로부터 느낀 개인적인 인상이다.

분명 대도시의 제작사 직영 오락실은 매출이 크고, 인컴의 시간 효율이 뛰어난 대형 게임기 본체 게임에 유리하다. 그에 비교하면 범용 본체에 들어가는 게임은 수수해 보였으며, 세가가 추진하고 있던 어뮤즈먼트 시설의 구상에서는 빗나가고 있었을지도 모른다.

그렇다고는 해도, 당시의 가정용 게임은 범용 게임기 본체의 아케이드 게임으로부터 이식된 것들이 많았으며 그 인기도 높았다. 이 즈음 세가에서 가정용 게임기 개발도 진행했다는 점을 고려해 보면, 이러한 범용 게임기 본체 게임들을 더 소중히 여겼어도 좋았을 것이라고 본다.

타이토 제작의 대형 게임 「다라이어스」와 「미드나이트 랜딩」

1980년대에는 세가의 체감 게임 시리즈들 이외에도 독특한 대형 게임기 본체 게임이 있었다. 타이토가 제작한 대형 게임기 본체 쪽 게임들에는 『다라이어스』, 『●미드나이트 랜딩』(둘다 1987년)이라고 하는 히트 작품이 있었다.

『다라이어스』는 하프 미러라는 특수 거울을 사용하여 4:3 비율의 모니터 3개를 연결한 가로 3화면 분량의 영상을 빈틈없이 이어서 보여주는 것이 가장 큰 특징인, 가로 스크롤 슈팅 게임이다. 이 작품은 플레이어들 사이에서 인기가 매우 높아서,

●미드나이트 랜딩

한밤중의 공항에 착륙하는 비행기 조종 시뮬레이션 게임. 실제 비행기 계기판처럼 표시되는 고도와 속도, 거리의 표시를 보면서 조종을 진행한다. 속편인 탑 랜딩(1988년)에서는 낮의 공항으로 착륙하게 된다.

잡지 『게메스트』의 독자 투표에 의한 제1회 게메스트 대상을 수상하기도 했다.

『다라이어스』는 전용 대형 게임기 본체를 사용했지만, 특별한 조작 방법이나 기믹을 갖고 있지는 않았다. 기존 테이블형 본체와 같이 조이스틱 레버와 버튼이라는 조작 체계를 활용했다. 게임 자체에 관해서도 보편적이고 오소독스한 정통파 가로 스크롤 슈팅이라고 하는 친숙한 장르였다.

즉, 이 작품은 과거 테이블형 기기에서 가동하던 기존 슈팅 게임의 연장선상에 있는, 대형 게임기 본체 전용 게임인 것이다. 테이블형 본체 게임과는 철저하게 차별화하여 다르게 보일 것을 목표로 했던 세가의 체감 게임 시리즈와는 전혀 다른 컨셉으로 만들어졌다고 해도 되겠다.

게임 내용은 이미 기존에 익숙해진 보통 슈팅 게임과 크게 다르지 않지만, 가로로 길고 거대한 화면과 보다 소닉을 사용한 사운드의 박력은 전용 대형 게임기 본체라서 가능했던 것이다. 이러한 요인들 덕분에 당시의 플레이어들이 열렬히 지지했던 것은 아닐까 생각된다.

한편 『미드나이트 랜딩』은 시뮬레이션이라는 형식으로 항공기를 착륙시키는 내용의 게임이다. PC 게임에서는 나름 알려진 플라이트 시뮬레이터 계열 장르였지만, 아케이드에 이런 것을 본격적으로 시도한 업체는 없었다.

이 작품의 무대는 밤의 공항이다. 낮이 아닌 밤이 된 것은 입체적인 계산이나 처리가 어려웠기 때문이라고 추측한다(당시에는 아직 3D 폴리곤 기술이 사용되지 않았다).

그러나 이런 점을 역으로 이용해, 조종석 느낌의 본체 기기 안에 들어가 문을 닫고 어두운 내부에서 플레이하는 것을 통해 실제 조종하는 분위기를 중시하여 표현하려는 시도가 참신했다. 외형이 화려하지는 않았지만, 의외로 호의적으로 받아들여진 듯하다.

이후 타이토에서는 1990년대에 『전차로 GO!』라는 히트작을 낸다. 『전차로 GO!』는 철도를 소재로 하여, 『미드나이트 랜딩』과 마찬가지로 탈 것을 테마로 한

❹게메스트 대상
게메스트가 주최하는 오락실 게임들을 대상으로 하는 상.
근래 1년 동안 가장 인기가 있었던 작품을 독자 투표를 통해 선발하는 방식으로 수상한다.

❺전차로 GO!
아케이드 최초의 전철 차량 운행 시뮬레이션. 전용 컨트롤러인 마스콘과 브레이크의 조작은 본격적이다.

시뮬레이션이다. 둘은 같은 계통의 장르이며, 메이커의 색깔이 잘 나타나고 있다고 말할 수 있다.

‖ 80년대의 타이토 ‖

1980년대 후반에 『다라이어스』 등의 인기작을 발매한 타이토이지만, 『스페이스 인베이더』의 붐이 꺼진 이후로 몇 년 간은 힘든 시기를 겪었다. 남아돌게 된 낡은 기판을 재활용하거나 처분하는 등 감가상각에 쫓겨, 시대의 첨단을 달릴 수 있을 법한 게임은 그다지 발매하지 못했다.

당시 플레이어였던 필자의 감각으로는, 타이토는 하청 업체의 작품을 대량으로 발매하는 회사라는 이미지였다. 직영 오락실의 수는 많았지만 정작 타이토 자사에서 직접 만든 재미있는 게임은 별로 볼 수 없었다.

그중에서 인기가 있었던 것은 1983년의 『엘리베이터 액션』이다. 이 작품은 엘리베이터가 다수 존재하는 건물에서 기밀 문서를 빼낸다는, 스파이물에 가까운 내용이었다. 아이디어가 빛나는 작품이었다.

타이토가 플레이어들의 인기를 되찾는 것은 1986년부터였다. 이 해에는 『❹알카노이드』, 『기기괴계』, 『❹버블 보블』이라고 하는 명작들이 한꺼번에 발매되었다.

『알카노이드』는 1970년대 후반에 유행한 이른바 "블록 격파" 부류 게임의 리메이크에 해당한다. 당시의 블록 격파 게임들과 비교하면 색깔이 컬러풀해지고, 속도감이 더해졌다. 또 파괴 불가능한 블록을 절묘하게 배치하는 등, 뛰어난 어레인지에 의해 다시 태어난 것이나 마찬가지였다. 널리 플레이어들의 지지를 받았던 작품이다.

『기기괴계』는 플레이어 캐릭터가 무녀라는 점이 특징이었다. 무녀를 메인 캐릭터로

❹알카노이드

블록 격파 게임에서 느끼던 본래의 재미를 1980년대에 맞춰 재조명한 리메이크성 작품.

❹버블 보블

귀여운 드래곤이 거품을 뿜어서 적을 가둔 다음 터뜨려 격파하는 고정화면 액션 게임. 당시 게임을 좋아하는 남녀 학생들에게 널리 사랑받으며, 전국 어디에 가도 인기가 있었던 작품이다.

내세운 게임으로는 사실상 첫 작품으로, 그것만으로도 큰 가치가 있다. 실제로 ❹액션 슈팅 게임으로서의 완성도도 꽤 높았다.

『버블 보블』은 고정화면 액션 게임으로, 귀여운 드래곤이 입으로 거품을 뿜어 적을 공격하는 게임이었다. 거품에 적을 가둔 뒤 몸을 부딪쳐 쓰러뜨리는 2단계 격파 방식으로 게임의 깊이를 더했다.

그 이후 타이토는 다시 개발사로의 저력을 살려서, 대형 게임기 본체를 포함하여 다양한 장르에서 뛰어난 작품을 발매하며 나아갔다. 다시 돌이켜보면 1986~1987년의 2년 간은 타이토의 긴 역사 속에서도 특히 빛을 발했던 시기가 아니었나 싶다.

‖ 통신 대전으로 새로운 시대를 연 「파이널 랩」 ‖

세가나 타이토와 마찬가지로 이 시기의 남코 또한 뛰어난 대형 게임기 본체 전용 게임을 출시했다. 특히 유명한 것이 『파이널 랩』(1987년/남코)이다. 이 작품은 당시의 다른 레이싱 게임과 비교했을 때에 화면만 보면 그다지 퀄리티가 높아 보이지 않는다. 따라서 (로케테스트 당시의) 사전 평가는 낮았던 기억이 있다.

그러나 이 작품은 다수의 인원이 동시에 통신 대전(업소 내의 게임기 본체 사이를 연결하는 통신으로 최대 8인 동시까지 가능)을 할 수 있다는 점이 큰 특징이었다. 처음부터 통신 대전을 컨셉으로 제작되었다는 점이 당시로는 획기적이었다.

단지 대전할 수 있다는 것뿐이라면, 1970년대에 이미 비슷한 컨셉의 레이스 게임이 있었다. 그러나 당시에는 다른 경쟁자가 조작하는 자동차를 화면에 표시하기 어려웠다. 게임 세계를 입체적으로 표현할 수 있는 3D 폴리곤 기술이라면 간단히 표시할 수 있겠지만, 그 이전의 방식으로는 기술적으로 곤란했던 것이다.

『파이널 랩』은 당시 기술의 한계상 3D 폴리곤을 쓸 수가 없었다. 그럼에도 경쟁 상대가 타는 자동차를 드라이버의 시점에서 확실히 볼 수 있도록 정확히 표시했다. 당시에 이런 레이싱 게임은 존재하지 않았던 것 같다.

또 『파이널 랩』은 독특한 시스템을 가지고 있었다. 선두를 달리는 자동차는 성능이 떨어지고, 뒤에서 쫓아가는 자동차의 성능이 올라간다는 특수한 스피드 보정

❹액션 슈팅
탄을 쏘는 것이 기본 공격이지만, 화면이 강제로 스크롤되지 않고 플레이어블 캐릭터를 조작하는 움직임을 따라서 스크롤되는 타입의 슈팅 게임.

시스템이다. 게임의 형평성 차원에서 보면 말도 안 되는 시스템이지만, 이로 인해 항상 접전이 되도록 승부를 유도할 수가 있었다.

이런 개념은 양날의 검이라고 할 수도 있지만, 획기적이었던 것은 확실하다. 플레이어 간의 공평함 보다도 안정되고 확실한 승부를 컴퓨터 측에서 연출하겠다는 이 사상은, 이후의 다양한 게임에서도 받아들여지고 있다(다만 내부적인 시스템이므로, 파이널 랩의 영향을 직접 받았는지는 알기가 어렵다).

이 시스템으로 진지하게 대전을 하려고 하면, 확실히 제목 그대로 『파이널 랩』은 중요한 승부처가 된다. 개인적으론 그렇게까지 열심히 한 것은 아니지만, 선두의 뒤에 마지막 코너까지 붙어 있다가 승부를 건다는 식으로 흥정이나 밀당 같은 재미가 있었던 것으로 기억하고 있다.

본 작품은 8명이 동시에 대전하는 플레이를 전제하기 때문에, 전용 게임기 본체 세트 가격은 나름대로 비싸다. 메이커로는 이익을 얻기 쉬운 타이틀이었다고 말할 수 있다. 구입한 오락실 쪽도 한 번에 8명이 동시에 즐기면 매우 높은 인컴 소득을 얻을 수 있었다.

본 작품은 화면만 보면 평범한 레이싱 게임이었지만, 그 컨셉은 확실히 빼어나게 우수했다. 1980년대 후반의 오락실을 지탱한 우수한 게임이었던 것은 틀림없다.

‖ 80년대 후반의 게임센터를 구한 「UFO캐쳐」의 붐 ‖

1980년대 후반은 비디오 게임으로 얻는 이익이 장기적으로 하락하는 경향을 보이면서, 오락실 운영이 어려워졌던 시기이다. 이 시기에 비디오 게임을 대신해 오락실을 지탱한 것이 크레인 게임 부류였다. 이른바 『❹UFO캐쳐』(1985년/세가)의 붐이다. 『UFO캐쳐』라는 것은 세가가 제작한 크레인 게임의 상표이며, 본래대로라면 장르를 일컫는 호칭이 아니다.

크레인 게임의 역사는 오래되었고, 사실 비디오 게임 이전부터 존재하고 있었다. 1965년에는 일본 제작의 크레인 게임인 『크라운 602』가 타이토에서 발매되었다. 1970년대에는 산쿄의 『NEW 스페이스 크레인』 등이 인기였다.

이런 크레인 게임은 오래 전부터 오락실에 계속 설치되어 있었지만, 존재감은

❹UFO 캐쳐
크레인 게임의 매력을 다시 확인시켜준 명기. 이 기기는 버전 업을 거듭하며 계속 진화했다.
실제 다른 비디오 게임을 넘어서는 매상으로 여러 오락실 업소의 존속에 큰 공헌을 했다.

그다지 크지 않았다. 붐이 일기 전에는 경품은 과자 등 작은 것들이 중심이었던 기억이 있다. 경품을 붙잡는 부분은 3개의 팔이 붙어 있었는데, 이런 유형의 팔에서 잡아낼 수 있는 경품의 크기는 한정되어 있었다.

그러나 1980년대 후반에 『UFO캐쳐』나 『NEW UFO캐쳐』가 등장하면서, 크레인 게임은 조금씩 인기를 높여 갔다. 크레인 게임 코너는 그 세력을 확대해 비디오 게임이 놓여 있던 공간을 침식해 갔다. 이런 열풍의 요인 중 하나는 바로, 인형 경품의 등장이었다.

『UFO캐쳐』는 케이스가 크고, 잡는 부분의 암이 두 개로 되어 있다. 커다란 『UFO캐쳐』 안에 잔뜩 담긴 인형은 이전의 소품 같은 것보다 훨씬 매력적인 경품이었다. 또 암이 두 개인 구조는 인형 같은 큰 경품을 잡기에 적합했다.

그리고 1990년대 이후로는 경품에 애니메이션이나 만화 등의 인기 캐릭터 상품을 투입하게 된다. 이러한 캐릭터 굿즈 경품은 1980년대 이전에는 찾기 어려웠던 것들이다. 이런 것을 통해 더더욱 인기를 얻은 크레인 게임은, 이미 오락실에 없어서는 안 될 것이 되어 가고 있었다.

덧붙여서 크레인 게임의 암 조정이나 경품 배치에 의해, 경품을 뽑는 용이성이 달라진다. 이것은 실제 필자의 체험담인데, 복수의 오락실이 모여 있는 지역에서는 플레이어 사이에서 "저 가게는 뽑기 쉽다, 저 가게는 뽑기 어렵다" 같은 정보들을 교환하곤 했다. 그 중에서는 경품을 몽땅 전부 뽑아내서 탈탈 털어가는 프로급도 있었기에, 업소에 따라서 "한 사람 당 몇 개까지"라는 제한을 두는 벽보가 붙어있는 경우를 본 적도 있었다.

제 4 장

......004......

80년대 게임센터의 실태와 플레이어의 심경

1980년대는 게임센터가 불량아들이 모이는 장소로 취급되어 금지되었고, 사회적으로 박해를 받았던 시대라고 말할 수 있다. 그런 시대에서 대체 어떤 일이 일어났으며, 플레이어들은 어떻게 생각하고 어떻게 행동헀을 것인가. 여기서는 당시 플레이어였던 필자가 느꼈던 점에 관하여 이런저런 각도에서 살펴보고 정리하려고 생각한다.

‖ 신풍속영업법의 시행 ‖

1985년의 일본에서는, 오락실=게임센터 등이 대상으로 포함되는, 이름하여 **❶신풍속영업법**(통칭)이 시행되었다. 이 법률이 시행되면서부터 특히 오락실은 이런저런 영향을 받았다고 할 수 있다. 어디까지나 당시의 상황을 알고 있는 플레이어의 입장에서, 이 신풍속영업법(이하 "풍영법"으로 줄임)이 게임계에 끼친 영향에 대해 그 인상을 이야기해보겠다.

이제 와서 돌이켜보면, 대략적으로 풍영법의 제정이 업계에 있어서 나쁜 것은 아니었다고 생각한다. 당시는 24시간내내 영업하면서도 점원이 거의 있지 않았고, 방치되었다고 할 만한 게임센터도 분명 존재했다. 이런 점포는 자칫하면 한 걸음만 잘못 나가도 무법지대 같은 꼴이 되어도 별수 없었다.

풍영법의 제정에 의해, 새로운 점포를 만들어 영업을 개시하는 데에는 허가가 필요하게 되었다. 일부의 예외를 제외하고 24시간 영업이 불가능하게 되어, 전체적으로 질이 높은 게임센터가 늘어났다고 생각한다. 오락실의 환경이 개선되는 것에 풍속영업법이 기여한 역할은 컸다.

하지만 납득이 가지 않는 부분도 있었다. 예를 들면 풍영법의 대상이 되는 기종에 대해서이다. 일반적인 테이블형 본체는 풍영법을 적용했지만,『아웃 런』등의 대형 게임기 본체에 대해서는 이 풍영법을 적용하지 않았던 것이다.

플레이어 입장으로 말하자면 테이블형 본체 게임이나 대형 게임기 본체의 게임이나, 같은 비디오 게임이다. 겉보기에는 분명 다르지만, 게임 내용에 대해서는 본질적인 차이를 느끼진 못했을 터이다. 그러나 테이블형 본체 게임은 도박에 유용될 가능성이

---

❶신풍속영업법
정식 명칭은 『풍속영업 등의 규제 및 업무의 적정화 등에 관한 법률』.
1985년 2월에 시행되었으며, 이때 오락실이 대상에 포함되었다. 이에 따라 영업시간이 오전 8시까지로 지정되었으며, 신규 개업 시에는 허가 신청이 필요하게 되었다.

있는 것으로 인식하고 있었다는 점이 영향을 끼친 것으로 보인다. 실제로 당시에는 마작이나 포커 등 일부의 게임들이 실제 도박에 사용된 사례가 있었던 것이다.

실제로 그런 경우가 있기는 해도, 소수의 악질적인 업자가 도박을 할 수 있도록 기기를 개조한 것뿐이다. 원래 테이블형 본체는 도박을 한다는 전제로 만들어져 있지 않기에, 오락실 게임기 본체 자체에 죄는 없다. 그런데도 게임기 본체뿐 아니라 오락실 전체를 악으로 취급하는 것은 납득이 가지 않았다.

당시에는 포커와 마작 게임만을 중심으로 하는 오락실이 존재했다. 보통 그런 가게에는 슈팅 같은 일반 비디오 게임은 거의 없고, 플레이어들도 일반 오락실과는 좀 다른 곳으로 인식하지 않았나 싶다. 도박을 하던 곳은 아마 이러한 타입의 업소가 아니었던가 생각한다(물론 이런 종류의 가게가 모두 도박을 하던 것도 아니다).

또 볼링장 등에 병설되는 식의 게임 코너 중에는 부지 면적의 비율에 따라서 풍영법의 적용을 받지 않는 곳도 있었다. 여기에 규제 대상 외의 대형 게임기 본체를 비치하면서 테이블형 본체를 더하면, 훌륭한 게임 코너가 완성된다. 어느 모로 봐도 평범한 오락실인데, 이런 곳은 24시간 영업을 허락하면서 다른 곳은 허용하지 않는 것은 이상하다고 생각했다.

이렇게 볼링장에 병설되는 게임 코너는 시골에는 거의 존재하지 않았고, 보통 도심의 번화가에나 있었다. 필자를 포함한 당시의 게임 매니아들은 신주쿠에 위치한 볼링장에 모여서 철야로 게임을 즐기곤 했다. 그런 것은 그런 것 나름대로 즐거운 경험이었다.

‖ 게임센터는 정말로 불량배가 모이는 곳이었는가 ‖

이 풍업법의 시행은 플레이어들에게도 직접적 영향을 끼쳤다. 그중 하나가, 15세 미만의 플레이어는 오후 6시 이후에는 오락실에 입장할 수 없다는 것이었다(18세 미만은 오후 10시 이후로는 입장할 수 없다). 이에 따라서, 미성년자는 게임센터의 출입이 사실상 제한되었다.

이 제도는 오락실에 있어서 반드시 나쁜 것은 아니었다고 생각한다. 이에 따라 오락실 측의 의식 수준은 높아졌고, 예전보다 질서가 유지되었다. 그러나 "오락실은 미성년에게 악영향을 주는 장소"라는 인식이 확고하게 정착된 것도 확실하다.

이러한 사회 전반의 인식은 오락실을 좋아하는 플레이어들에게 큰 압박으로 가해지게 된다.

실제로 (일본이건 한국이건) 당시 오락실에서 금품을 빼앗긴 학생은 많았다고 생각한다. 이른바 "삥뜯기"인 것이다. 이것은 부정할 수 없는 사실이다. 당시 오락실에는 이 삥뜯기를 하는 불량배 부류가 모이는 장소라는 이미지는 강하게 존재했다. 그리고 그것은, 오락실과 비디오 게임 자체를 깔보는 듯한 세간의 태도로 이어졌다.

하지만 그런 사건이 있었다고 해서, 오락실 자체가 정말 나쁜 곳이었을까. 예를 들어 학교에서도 왕따나 괴롭힘 등등 여러가지 문제가 발생하고 있다. 그러나 누구도 "학교는 나쁜 곳"이라고는 말하지 않는다. 사실 이런 문제나 사건들은, 그냥 미성년자들이 모이는 것만으로도 필연적으로 발생할 가능성이 높아진다. 단지 그런 것뿐인 일이다.

중학교 1학년생쯤 되는 입장에서 보면 고등학생은 매우 몸집이 크고 어른처럼 보인다. 그 반대도 성립되기 때문에, 나이가 어린 상대를 위압하고 겁주기도 쉽다. 오락실은 연령을 불문하고 사람들이 모이는 핫스팟 같은 장소이기 때문에, 문제가 일어나기 쉽다고 할 수 있다.

이러한 문제들을 방지하려면 우선 업소의 의식 수준이 높아야 한다는 점이 중요하다. 또한 업소에 방문하는 플레이어들의 커뮤니티가 어떻게 되어 있는지가 포인트가 된다. 필자가 게임센터에서 많은 시간을 보낼 수 있었던 것은, 고등학교 3학년생 즈음 되던 때부터였기 때문에, 무서운 선배를 만나는 경우는 그다지 없었다. 또, 연령이 낮은 학생들과도 게임을 통해서 교류하고 있었기 때문에, 결과적으로 양호한 관계의 커뮤니티가 만들어질 수 있었다고 생각한다.

그래서 필자가 즐겨 찾던 단골 오락실은 대체로 평화로웠다. 뭔가 특별한 행동을 취했던 것은 아니지만, 게임센터=오락실이라는 가치 있는 장소를 우리들이 스스로 지켜야 한다는 의식 비슷한 것이 어딘가에 있었다. 다른 사람들이 본다면, 주변의 눈치를 보고 있는 것처럼 비쳤을지도 모른다.

그런 필자의 입장에서 보면 오락실에서 가장 태도가 나빴던 사람들은 불량한 학생들이 아니고, 외려 순회를 하는 보조 지도원 부류였다. 특히 아이들의 부모들이 담당하는 보조 지도원들이 가장 태도가 나빴다고 느꼈다. 그 사람들은 오락실 자체를 기피해야 할 곳으로만 여겼고, 태도와 언행부터 깔보는 분위기가 역력했다. 오락실에서 놀고 있던 우리들은 그저 비디오 게임이 좋아서 그곳에 있었을 뿐이기 때문에, 그 사이에는 서로 간에 알 수 없는 단절이 존재했다.

21세기가 된 현재, 비디오 게임은 엄연한 문화로 사회에서 널리 인정받고, 그 관련 기록과 자료의 수집이 국가에 의해 보조를 받고 있기까지 하고 있다. 이러한 요즘 분위기를 고려하면, 1980년대의 오락실을 둘러싼 상황을 거짓말 같은 이야기로 여길지도 모른다. 그러나 이 당시에 오락실을 보편적으로 사회악이라고 취급했던 것은 엄연한 사실이다. (당시의 게임센터에 다니는) 플레이어는 그런 역경 속에서 비디오 게임이라는 취미를 스스로 택하여 즐겨야 했다. 거기에는 분명 그들 나름의 "각오"가 있었던 것이다.

『마이컴 BASIC 매거진』의 제비우스 특집 기사와 전국 하이스코어 집계 개시

1980년대는 비디오 게임의 매니아 층이 크게 늘어난 시대이기도 하다. 게임 매니아가 늘어난 계기가 된 작품은, 남코가 개발한 슈팅 게임의 명작 『제비우스』라고 하겠다. 하지만 잡지 미디어인 『마이컴 BASIC 매거진』이 맡았던 역할도 비상하게 컸다.

『마이컴 BASIC 매거진』(이하 '마베진'으로 줄임)은, 1983년 12월호에 『제비우스』의 특집을 싣는다. 당시에 아케이드 게임을 다루는 미디어는 거의 존재하지 않았다. 그중에서도 페이지를 크게 할당해 『제비우스』특집을 실었던 것은, 실로 획기적인 일이었다. 일본 전국의 게임센터에 잠복하고 있던 게임 매니아들은 빠짐없이 마베진을 사기 시작했다. (※역자 주 참조)

『제비우스』 특집 이후, 1984년 1월호부터 마베진은 「챌린지 하이스코어」라는 코너로 전국에서 게임의 하이스코어(=최고 점수) 집계를 개시했다. 이것은 전국의 오락실 업소에서 나온 스코어를 집계해서 게재하고 그 정점을 찾는 것이었으며, 이후로는 하이스코어를 목표로 플레이하는 게임 매니아가 급증하게 된다.

※ 역자 주
   한국에서도 1984년에 잡지 「컴퓨터학습」에서 마베진이나 다른 일본 기사를 베낀 것으로 추측되는 제비우스 1천 만점의 비밀"이라 는 기사를 실었다.

게임의 하이스코어를 기록하는 행위는 옛날에는 비디오 게임 이전의 핀볼, 기계식 게임기 등에서도 행해지고 있었던 것으로 보인다. 전국 단위의 하이스코어 집계가 이루어지기 직전에는 동인지 등에 비디오 게임의 하이스코어를 싣거나, 업소에서 하이스코어를 기록하는 보드를 설치하거나 하는 광경이 벌어졌다. 이런 중에 잡지에서 전국 단위로 하이스코어 집계를 하기에, 시기가 무르익어 있었다고 말할 수 있을 것이다.

21세기가 된 현재에도, "전일(全一)"이라는 말을 듣는 경우가 종종 있다. 이것은 본래 아케이드 게임의 하이스코어 경쟁에 있어서, 톱 스코어인 "전국 1위"를 뜻하는 말이다. 그 유래는 대전격투 게임 보다도 오래된 것이다.

마베진은 「챌린지 하이스코어」를 매달 게재하고 아케이드 게임의 신작 정보 등을 수시로 다루어 주었다. 아케이드 게임을 좋아하던 매니아들에게 귀중한 정보원이 되었다고 할 수 있다. 이렇게 매니아들의 일체감을 형성하는 데에, 당시의 마베진은 큰 역할을 했다.

‖ 하이스코어 집계는 「e-SPORTS」의 원점? ‖

1980년대에서 시작된 하이스코어 집계는 도대체 어떠한 것이었을까. 당시 그것에 몰두하던 플레이어들에게는 이미 잘 알려진 사실이었지만, 그런 것에 관심 없는 사람에게는 그다지 알려지지 않았다고 생각된다. 그래서 여기에서는 하이스코어 집계의 의의와 영향을 한번 살펴보고 정리해 말하고자 한다.

21세기에 이른 현재에는 **❹e-SPORTS**(e스포츠)라고 불리는, 게임 실력을 겨루는 경기가 화제가 되고 있다. 그러나 그보다도 30여 년 전부터 이미 일본에서는 많은 사람들이 참가했던 비디오 게임의 하이스코어 경쟁이란 것이 있었다. 이 사실은 분명 꼭 짚고 넘어가야만 한다.

세계적으로 볼 때 일본은, 수많은 오락실이 장기간 남아 있는 예외적인 장소이다. 많은 숫자의 오락실이 있던 일본에서, 오랜 세월에 걸쳐 비디오 게임의 스코어 경쟁을 벌여 왔다. 당연히 그 수준이 낮을 리가 없다. 다른 나라에서 보면 말도 안 될 정도로 높은 스코어가 나왔던 것이다. 즉 "게임으로 경쟁"을 하는 것에 대해서,

---

❹e-SPORTS(e스포츠)
　컴퓨터 게임을 사용하여 겨루는 경기. 미국 등에서 인기를 끌며, 현재의 스타일은 2000년 경부터 형성된 것이다. RTS, FPS, 대전격투 게임 등의 여러 장르로 겨루며, 고액의 상금이 걸린 대회도 있다.

일본은 선진국이자 개척자 같은 존재였던 것이다.

아케이드 게임의 하이스코어 경쟁이란, 스포츠를 예로 들면 야구나 축구와 같은 구기 경기가 아니라, 육상 경기와 같은 것이었다. 직접 싸워서 승패를 가르는 것이 아니라, 기록을 겨루는 승부인 것이다. 집계 기간은 1개월 단위. 한 달마다 오락실 업소에서 나온 하이스코어를 출판사로 보내 전국 단위로 집계를 하고, 그 결과를 잡지에서 발표한다.

마이컴 BASIC 매거진, 줄여서 '마베진'에서는, 모든 기종의 기록을 전국에서 집계했던 것은 아니었다. 그 때문에 집계될 만큼 인기있는 게임을 예측하여, 얼마나 빨리 공략하는지가 중요했다. 그러기 위해서는 정보가 필요하다. 당시에 인터넷 같은 건 존재하지 않았다. 게임을 공략하는 능력과 함께, 정보 수집 능력과 매니아 사이의 네트워크가 중요한 시대였다고 하겠다.

재빨리 공략할 수 있는 플레이어가 주목을 모으는 한편, 같은 게임을 계속 공략해 스코어를 꾸준히 갱신해 나가는 타입의 플레이어도 있었다. 설령 시간이 경과한다고 해도 이전보다 분명히 높은 스코어라는 결과를 낼 수 있는 플레이어는, 동료인 다른 플레이어들로부터 존경을 받았다.

21세기가 된 현재에도 30년 이상 이전의 게임을 계속 플레이하고 있는 플레이어가 아직도 있다. 그 수는 한두 명이 아니다. 목표로 하는 것은 궁극의 하이스코어. 하나하나 낭비를 줄이고 수십 년에 걸쳐 연구해 가는 모습은 이미 장인, 혹은 전통 예능이나 기예의 영역일 것이다. 일본인에게는 그러한 민족성 같은 것이 있었다.

1980년대에 시작된 오락실의 하이스코어 집계는 지금 현재도 인터넷 상에서 실시되고 있다. 시대가 변하여 이제 잡지에서의 집계는 이루어지지 않고 있지만, 집계가 이루어지는 곳은 관계자의 노력으로 여전히 존재하고 있다. 이런 사실을 좀더 많은 사람들이 알았으면 좋겠다고 생각한다.

‖ 아케이드 게임 전문지 『게메스트』의 창간 ‖

비록 '마베진'에게는 시간적으로 뒤처진 형태였지만, 1986년에는 첫 아케이드 게임 전문 잡지인 『❹게메스트』가 창간되었다. 이 잡지가 생겨나게 된 것은, 오락실

❹게메스트
신성사(신세이샤:新声社)가 간행했던 아케이드 게임 전문 잡지. 게임 매니아 출신의 필진이 중심이 되어 기사를 구성했다.

게임의 정보를 알고 싶었던 사람들이 의외로 많이 존재했다는 것을 나타내고 있다. 사회적으로 오락실의 지위는 낮았지만, 플레이어는 비디오 게임을 사랑하고 그 정보에 굶주려 있었다. 이런 잡지의 창간은 시대의 필연과 같았다고 할 수 있겠다.

『게메스트』의 모체가 되었던 회사는 신성사(신세이샤: 新声社)라고 하는, 칸다의 자그마한 빌딩에 있던 출판사였다. 게메스트의 기고자로서는 필자 본인을 비롯해, 당시 일본에서 최대의 비디오 게임 관련 서클이었던 『VG2』에서 많은 멤버들이 참가하고 있었다. 그 후 여기저기에서 모여든 인재들이 필진에 합류하여, 『VG2』와 닮았던 색깔은 옅어져 갔다.

필자는 창간 2호에 라이터로서 『마계촌』의 공략 원고를 집필했었다. 시간이 지난 뒤에 편집장을 맡게 되고 이후 폐간될 때까지, 필진이자 편집장으로서 잡지 제작에 참가하고 있었다. 그래서 『게메스트』의 속사정에 대해선 누구보다 잘 알고 있다.

게메스트가 특수했던 것은, 출판사의 규모가 작았던 반면 게임 매니아였던 필진들의 발언력이 높았다는 점이라 하겠다. 당시 기고하던 필진들은 항상 오락실에 틀어박혀 있었기 때문에, 오락실의 상황에 대해서 매우 잘 알고 있었다. 독자가 원하는 것을 잘 알고 있었기 때문에 거기에 부응하는 기사를 쓸 수가 있었다. 출판사의 편집 과정 중에 불필요한 상식을 필진들에게 적용하지 않았던 것이, 독자적인 진화로 이어졌다고 생각한다.

게메스트는 신성사의 방만한 경영 때문에 모회사의 부도에 견디지 못하고, 1999년에 폐간된다. 그러나 1990년대의 격투게임들이 크게 붐이었을 때도, 대형 출판사의 잡지에 못지않은 매출을 유지하며 이어갔다. 이게 가능했던 최대 이유 중 하나는 독자의 요구를 확실히 파악할 수 있다는 점이었다고 말할 수 있을 것이다.

게메스트는 여러 지면을 할애하여 오락실에 있던 게임들의 최신 정보와 공략기사를 계속 제공해 나갔다. 마베진과는 별도로 전국 하이스코어의 집계를 개시하여, 오락실 매니아 맞춤형의 잡지가 되어 갔다. 1980년대 후반에서 1990년대에 대해서 말한다면, 게메스트가 오락실 플레이어들에게 준 영향은 매우 컸다고 생각한다.

『게메스트』는 게임 제작사에게 있어서도 친화적이고 쓸모 있던 좋은 잡지였던 것 같다. 당시 오락실 게임은 사회적으로 낮게 인식되어 홍보할 기회가 거의 없었다.

아무리 인기있는 게임이라고 해도 텔레비전 광고 같은 것은 당치도 않았다. 그런 시대에, 오락실과 플레이어들에게 확실히 발신이 가능했던 『게메스트』에는 확실한 존재감이 있었다.

그 때문에 당시에 이미 유명 메이커였던 남코나 세가보다, 캡콤이나 코나미, 아이렘, 타이토(인베이더 이후는 히트작이 적었다)와 같은 메이커 쪽이 게메스트와 거리감이 가까웠다고 생각한다. 제작사 쪽에서는 신작 어필의 장으로 정보를 제공하고, 게메스트는 그것을 바탕으로 새로운 화제를 발신할 수가 있었다. 양쪽의 생각에는 이해가 일치하는 부분이 있었던 것이다.

‖ 게임현상논문의 모집 ‖

『게메스트』는 아케이드 게임의 업계지인 『코인 저널』과 함께, "게임현상논문"이라는 기획을 진행한 적이 있다. 게임현상논문이란, 오락실의 게임에 대해서 쓰여진 논문을 응모 받는 것으로, 우수한 논문에 대해서 상을 수여해 잡지에 발표한다는 것이었다.

현상논문이라는 화제를 다룬 이유는, 1980년대 아케이드 게이머의 기질이 잘 반영될 수 있다고 생각했기 때문이다. 이 게임현상논문은 1980년대에 시작되어 1990년대 후반까지 계속되었다. 하지만 그 원점은, 1980년대의 게임 세대가 쌓아 올린 것이었다.

게임현상논문에는 제1회 응모 모집 때부터 많은 플레이어에 의해 뛰어난 논문이 투고되었다. 게임의 훌륭함에 대해 시적으로 말한 것도 있고, 게임성이란 무엇인가를 깊게 파고든 것도 있었다. 또 게임과 사회의 관계에 대해서 고찰한 것도 있었다.

필자는 코인 저널 관계자와 함께 이런 논문을 선발한 경험이 있다. 이 현상논문으로 상을 받은 사람들 중에서는 나중에 게임 업계에 취직하거나, 라이터로 이름을 날린 이들도 있었다.

특필해야 할 것은, 이 현상 논문에 응모한 사람들의 진지함과 열정이다. 그것은 게임의 존재가 당연하게 되어, 인터넷에서 경박하게 말해지는 현대에는 상상할 수도 없는 정도의 것이었다.

이 뜨거운 생각의 근본이 되는 밑바닥에는 "나는 오락실이 좋은데, 사회는 오락실을 인정해주지 않는다"라는 인식이 있었다. 납득할 수 없는 냉혹한 현실이 닥쳤을 때, 사람은 진지하게 깊이 생각하지 않을 수 없다. 역경이 있었기 때문에 1980년대의 아케이드 게이머는 진심이었다고 생각한다.

‖ 80년대 게임 매니아와 하이스코어 플레이어 ‖

아케이드 게임에 추억이 많고 깊이 이입하는 게임 매니아는, 1980년대가 되어서부터 증가하고 있었다. 게임 서클을 만들거나 비디오 게임의 미니 커뮤지, 소위 동인지를 만들어 활동을 하는 사람들도 나타났다.

1980년대 초기의 동인지는 손으로 쓴 것을 카피하여 만든 소위 카피지가 많았고, 그 내용은 게임과 관련된 잡다한 이야기나 평론, 하이스코어나 공략법 같은 것들이 중심이었다. 이미 코믹 마켓(=코미케)는 존재하고 있었으나, 코미케나 즉매회 등의 이벤트에서 동인지를 파는 것은 아니었고, 매니아 사이에서 주고받거나 자주 가는 게임센터에 놓아두거나, 하는 식으로 퍼지는 것이 많았다고 생각한다.

이 무렵 필자도 카피지(인쇄가 아닌 복사로 만든 동인지)를 만들어서, 집 근처의 게임센터에 놓아둔 적이 있다. 비디오 게임이 좋았기 때문에, 더 많은 플레이어들이 즐길 수 있도록 한다는 의미를 부여하며 만들었던 기억이 있다.

당시 게임 서클에는 게임을 깊이 파고드는 매니아가 많았다. 그 때문에 전국에서 집계한 하이스코어의 톱 클래스에 해당하는 플레이어가 필연적으로 모이게 되었다. 그러다 보니 동인지를 만드는 것이 아니라, 주로 하이스코어를 낼 목적으로 활동하는 집단이 나타났다.

당시에는 하이스코어 집계에 이름을 올릴 때, ❹스코어 네임을 사용하는 것이 일반적이었다. 게임 판 필명 같은 것인데, 이 무렵에는 작가도 아니면서 본명 이외의 것을 사용하는 문화는 생소했다. 이 스코어 네임에 서클명을 붙이는 것이 유행해서, 서로 패권을 두고 전국 하이스코어 집계로 경쟁하게 되었다. 일본 각지의 주요 도시에서는 이런 하이스코어 공략 집단이 존재했고, 그것은 1990년대까지 계속되었다.

덧붙여서 필자의 필명은 이시이 젠지이지만, 하이스코어 네임은 「ECMZENJI」이다.

❹스코어 네임
게임이 종료된 뒤, 자신이 낸 스코어를 등록할 때에 쓰는 이름. 1980~90년대의 게임 매니아들은 스코어 네임으로만 서로를 불러서, 실제 본명을 모르는 채로 교류하는 경우도 그리 드물지 않았다.

ECM이란 1980년대 당시에 카나가와 현의 오다와라나 오후나 부근에 존재했던 게임 서클의 이름이다.

분석이나 평론, 공략을 주로 하는 게임 서클의 매니아들 중에서는 나중에 게임 업계에 들어와 활약하는 사람들도 많이 나타난다. 게임을 깊게 생각해서 동인 활동을 하고 있었던 사람들에게 있어서, 그렇게 되는 것은 필연적인 길이었다고 생각한다.

‖ 게임 매니아들의 업계 진출 ‖

1980년대 초반에는 개발자 등 메이커 관계자나 게임센터의 점장 또는 점원이라도, 게임에 관해 그다지 잘 모르는 사람이 많았다. 그 때문에, 인기작의 그늘에 숨어서 좋지 않은 게임도 많이 개발되었다. 당시의 게임 개발자 왈 "게임의 본질을 알고 있는 사람이 적었기 때문에, 팔리는 것을 만들기 쉬웠다"라는 의견도 있다.

또 오락실의 게임기 정비나 손님에 대한 응대도 가게에 따라 큰 차이가 있었다. 게임을 모르는 점원뿐인 오락실에서는 레버나 버튼이 망가져 있어도 방치되곤 했다. 이래서는 제대로 된 플레이어들이 다른 가게로 가게 된다. 점장이나 점원이 게임을 좋아하는지 아닌지에 따라, 전혀 다른 환경이 동시에 존재하게 되었던 것이다.

이런 상황은 오락실에서 성장한 게임 매니아들이 나이를 먹으면서 조금씩 달라져 간다. 역경 속에서 흠뻑 게임에 빠져 있던 매니아들의 몇 할인가는, 게임 업계로 진로를 정했다. 이런 현상에 의해서 비디오 게임과 오락실의 질이 향상되어 갔던 것은 틀림없다.

당시의 게임 매니아 중에, 이후에 아케이드 게임이나 가정용 게임을 개발하게 된 사람은 많다. 알려진 바로는 『스트리트 파이터Ⅱ』의 개발에 디렉터로 관여해, 이후 아리카를 설립한 니시타니 아키라(西谷亮) 씨가 있다.

그 외에도, 1980년대에 오락실에서 놀았었던 무수한 전 게임 매니아들이 게임 제작사에서 일하고 있으면서, 현재에도 각지에서 업계를 지탱하고 있다. 이는 아케이드 게임 업계뿐만 아니라, 가정용 게임이나 소셜 게임 업계 전반에 이른다. 게임 밸런스 조정에서 프로그래머, 그래픽 디자이너, 사운드 크리에이터, 독립해서 사장이 된 사람 등등, 일일이 열거할 수도 없다.

다만 이러한 전직 게임 매니아들도 일부의 예외를 제외하면 자신이 매니아였다는 것을 눈에 띄게 세상에 선전하지는 않는다. 그 때문에 아직도 "게임광들이 만들면 재미있는 게임이 되지 않는다"라는 말을 믿는 사람들이 있다는 것은 안타까운 일이다.

제 5 장

대전격투 게임과 3D폴리곤의 발전

‖ 『스트리트 파이터Ⅱ』가 게임센터에 혁명을 일으키다 ‖

1991년 봄, 캡콤에서 대전격투 게임 『❹스트리트 파이터Ⅱ』(통칭 「스파Ⅱ」)를 발매했다. 이 작품은 아케이드 게임의 역사에 남을 걸작이며, 당시의 게임센터에 막대한 영향을 끼쳤다.

1980년대는 역 앞 상점가 등에, 개인 경영을 포함하여 중소 규모의 게임센터＝오락실들이 많이 존재했던 시대였다. 이런 오락실은 범용 게임기 본체가 중심으로, 이 범용 게임기 안에 프로그램에 해당하는 게임 기판을 바꾸어 넣는 것으로 신작 신기종을 계속 도입해 나간다. 그러나 비디오 게임의 인기가 부진하게 되면서, 1980년대 후반부터 경영이 어려워지고 있었다.

그런 때에 등장했던 것이 바로 이 『스트리트 파이터Ⅱ』(이후 "스파Ⅱ"로 줄임)이다. 전국 각지의 오락실은 이 『스파Ⅱ』의 대 히트로 인해 단숨에 되살아났다. 그리고 그 뒤에 이어진 대전격투 게임의 붐으로 인해, 장기간 그 혜택을 누리게 된다.

만약 『스파Ⅱ』가 없었다면 작은 오락실은 대부분 버티지 못하고 망했을 것이다. 전국 각지에 존재했던 중소 규모의 오락실이야말로, 오락실 문화를 지탱하고 있던 근간이다. 일본 특유의 오락실 문화는 『스파Ⅱ』가 만들어낸 대전격투 게임이란 새로운 장르에 의해 구원받게 된 것이다.

이만큼이나 엄청나게 인기를 끌었던 대전격투 게임이지만, 『스파Ⅱ』 이전에는 오락실에서 사람 대 사람으로 대전을 한다는 문화는 (일부 레이싱 게임 등의 특수한 사례를 제외하고) 거의 존재하지 않았다. 여기서는 『스파Ⅱ』 이전과 『스파Ⅱ』 이후의 상황을 간추려 살펴보기로 한다.

❹스트리트 파이터Ⅱ

자료협력: 『게메스트』
©CAPCOM U.S.A., INC. 1991 ALL RIGHTS RESERVED.

‖ 「스파2」 이전의 대전 게임 ‖

아케이드 게임에 있어서, 대전 플레이의 역사는 의외로 오래되었다. 애당초 일본에서 최초로 가동되었던 비디오 게임 『퐁』(1972년/아타리)은 대전 전용 게임이었다. 퐁 이외에도 초창기의 비디오 게임은 대전 형태의 게임이 많이 존재했다. 그것은 1인 플레이 방식에서 요구하는 복잡한 게임은 불가능했던 시절이기 때문이다.

대전 게임에서는 두 명의 플레이어가 양쪽을 각각 조작하기 때문에, 플레이어가 조작할 수 있게 한다면 어떤 움직임이라도 구현이 가능하다. 그러나 그런 움직임을 컴퓨터가 대신하게 되면, 복잡한 움직임을 할 수 있는 프로그램을 내부에 짜 넣을 필요가 있다. 그것은 CPU가 아직 사용되지 않고, 프로그램이 존재하지 않았던 시대에는 어려운 일이었다.

1970년대에 폭발적인 인기를 얻었던 "블록 격파" 부류나 『스페이스 인베이더』는 혼자 놀아도 재미있는 비디오 게임으로 완성되었다. 그것은 비디오 게임이 진화했다는 증명이며, 그렇기 때문에 플레이어들은 열중할 수 있었다. 그 영향으로 1980년대의 비디오 게임은 혼자서 플레이하는 방식이 기본이 되었다.

하지만 1980년대에도 대전 게임을 유행시키려는 시도가 없었던 것은 아니다. 유명한 것으로는, 닌텐도의 VS시스템이 있었다. 이 VS시스템은 통상의 오락실 게임기 2대를 등을 맞대고 붙인 듯한 모습을 하고 있다. 그리고 내부에는 패미컴과 동등한 성능의 ❹시스템 기판을 사용했다. 그 이름 그대로 플레이어끼리 대전할 수 있는 것이 장점이자 세일즈 포인트였다.

예를 들면 『VS테니스』(1984년/닌텐도)에서는 2인 대 2인으로 복식이 가능하여 최대 4인이 대전 플레이를 즐길 수 있었다. 이 『VS테니스』뿐만이 아니라, VS 시스템으로 발매된 일련의 작품은 꽤 완성도가 높았다고 생각한다. 하지만 이 VS시스템으로도 대전 플레이를 유행시킬 수는 없었다. 분명 인기작은 나왔지만, 플레이하는 사람 대다수는 1인 플레이. 대전 플레이가 주축이 되는 일은 없었던 것이다.

데이터 이스트의 『대전공수도(対戦空手道)』(1984년)는 대전 플레이를 목적으로 만들어진 것이었다. 게임 내용으로만 따진다면 대전격투 게임의 원조라고 해도

❹시스템 기판
롬 교환이나 서브 기판을 교환하는 것으로, 이런저런 다른 게임으로 바꿀 수 있게 설계된 기판.

과언은 아닌 내용을 담고 있었다. 그러나 실제로는 대전으로 플레이하는 일이 거의 없다시피 했다. 그래서 대전격투 게임의 원점이라고 하기엔 좀 꺼려진다.

지금에 와서 생각해 보면, 이런 초창기 대전 게임들은 플레이어를 끌어당기는 강렬한 임팩트가 부족했다고 생각된다. 기존의 스포츠 대전 등등은, 결국 플레이어의 상상 범위 내에 있어서 놀라움이 적다. 또한 이겼을 때의 상쾌함, 졌을 때의 아쉬움이라는 감정을 뒤흔드는 요소가 아직 미약했다. 불을 붙이는 불쏘시개 역할을 하기에는 파워가 부족했다고 말하겠다.

(스파II 이전에) 오락실에서의 대전이 유일하게 성공한 것이라 하면, 레이싱 게임인 『파이널 랩』(남코)를 들 수 있을 것이다. 이 작품은 다수 인원의 통신 대전을 전제로 하고 있다. 그리고 그 컨셉이 사람들에게 통해서, 기획한 목적대로 인기를 얻은 작품이다. 그러나 이것은 거의 예외적인 것이며, 1980년대에 있어서는 "오락실에서 대전은 유행하지 않는다"라는 평가가 정설에 가까웠다고 하겠다.

‖ 「스파2」의 원점이 된 『스트리트 파이터』 ‖

『스트리트 파이터II』에 대해 이야기하기 전에, 그 원점이 된 『**❹스트리트 파이터**』(1987년/캡콤)에 대해서 소개해 본다. 스트리트 파이터는 1대1의 대전격투 게임으로, 서서 플레이하는 업라이트형 전용 게임기 게임이었다. 특징적인 것은 버튼으로, 대형 버튼을 때리는 압력 강도에 따라 기술의 약중강이 변화하는 시스템을 채용했다는 점. 이 시스템에 의해 육체를 부딪치며 겨루는 것의 격함을 표현하려던 것이리라.

『스트리트 파이터』는 『스트리트 파이터II』의 그늘에 묻혀버린 것처럼 되어버렸지만, 당시로는 충분히 히트한 인기작이었다. 당시로는 캐릭터가 크고, 사용할 수 있는 동작 패턴수도 많아서 그래픽과 움직임이 우수하다 볼만했다.

❹스트리트 파이터

압력 센서로 버튼을 누르는 세기를 감지해서, 그것에 대응하여 기술이 나가는 격투 게임. 최초로 발매되었던 것은 업라이트형 본체였다. 커맨드 입력으로 나가는 필살기 기술의 강력함은 절대적이었다.

자료협력: 「게메스트」

또 이 작품은 커맨드 필살기라는 개념을 낳았다는 점에서 특필할 만한 것이 있다. 일정 시간 안에 레버를 입력하는 것으로 성립하는 커맨드로 나가는 기술은, 격투 게임에 있어서 필살기의 개념을 크게 변화시켰다. 파동권, 용권선풍각, 승룡권이라는 커맨드 필살기는 속편 『스트리트 파이터Ⅱ』에 계승되어, 이후 2D 대전격투 게임의 기본 시스템이 되었다.

그러면 『스트리트 파이터』에 있어서 대전 플레이는 과연 어떤 위치였던 것일까. 『스트리트 파이터』에서는 오직 주인공 격인 류와 켄의 대결만이 가능했다. 사가트나 버디 등, CPU전에서 등장하는 적 캐릭터는 플레이어가 사용할 수 없었던 것이다.

어느 쪽인가 하면 사실 상 덤 취급이었던 『스트리트 파이터』의 대전 플레이였지만, 극히 일부에서는 실제로 대전을 즐기는 매니아들도 존재했다. 당시 나고야에 거주하던 게임 매니아가 도쿄에 대전 상대를 찾아온 적이 있었다. 그는 자기가 사는 지역 근처에서 주변의 게임센터를 돌면서 대전 플레이를 즐기고 있었던 것 같다. 또 외국에서는 일본보다 대전 플레이가 활발했던 것 같다.

압력 센서 버튼이 붙은 전용 업라이트형 본체에서 발매되었던 『스트리트 파이터』였지만, 이후 새롭게 만들어진 ❹전용 컨트롤 패널 부속의 테이블형 본체도 발매되었다. 이 컨트롤 패널은 8방향 레버에 6개의 버튼을 사용하는 전대미문의 것이었다(당시의 아케이드 게임은 2~3버튼이 일반적이었다). 테이블 형 본체에서는 압력 센서로 버튼을 치는 강도를 반영할 수가 없어서, 그만큼 버튼 수를 늘렸던 것이다. 이 6버튼 사양은 그대로 『스트리트 파이터Ⅱ』로 이어졌다.

‖ 「스파2」가 나오기까지 ‖

『스트리트 파이터』의 발매 후, 캡콤은 벨트스크롤 액션의 걸작 『파이널 파이트』를 발매한다. 사실 이 작품은 발매 전 타이틀이 『스트리트 파이터'89』였다. 하지만 이 타이틀로 발표하려는 즈음에 '이런 것은 스트리트 파이터가 아니다' 라는 의견이 국내외에서 일어났다고 들었다. 그렇다면 『스트리트 파이터』의 정통 속편을 만들자, 하는 의도로 본격적으로 『스트리트 파이터Ⅱ』의 개발이 시작되었다.

『스트리트 파이터Ⅱ』는 그때까지 쌓인 캡콤 기술력의 결정체라고 할 만한

❹전용 컨트롤 패널
일반 오락실 범용 게임기 본체에다 스틱과 버튼 대신 바꿔 붙이는, 해당 게임 전용의 컨트롤 패널을 말한다.

타이틀이었다. 그중에서도 특징적이었던 것은, 캐릭터 그래픽의 아름다움이었다. 또한 아주 많은 애니메이션 패턴이 사용되었던 캐릭터의 움직임은 정밀했으며, 섬세함 그 자체였다. 그때까지의 격투 게임과는 완전히 차원이 다른 것이었다고 말할 수 있었다.

또 게임성에 있어서도 『스트리트 파이터Ⅱ』는 전작의 완벽한 분석을 통해서 단순한 답습이 아니라, 새롭고 우수한 것을 만들어내었다. 전작 『스트리트 파이터』는 확실히 스피드감이 있고, 긴장감이 있는 뜨거운 싸움을 즐기는 것이 가능했다. 하지만 그 대신 전략성이 부족하고, 적의 기술을 읽어서 싸우는 것이 어렵다. (커맨드 입력의 어려움 때문에) 어떻게 해서든 적당히 기술을 내서, 그게 맞으면 럭키라는 식의 싸움이 되어버리는 것이었다.

그런 것에 대한 반성에서부터, 『스파Ⅱ』는 상단과 하단을 구분해 방어하는 가드 시스템이 제대로 확립되게 되었다. 통상기라면 다리 후리기 등은 하단 가드, 점프 공격은 상단 가드하고 있으면 확실히 방어할 수 있다. 수비가 견고하더라도, 그에 따른 밸런스를 조정하면 싸움이 성립된다는 판단이었다. 이 뛰어난 생각이, 훗날에 대전 붐을 낳는 큰 요인이 되었다고 생각한다.

또 본 작품은 8명의 캐릭터를 플레이어가 사용할 수 있었다는 점이 획기적이었다. 그 전이라면 CPU의 대전 상대로 등장하는 적 캐릭터를 플레이어가 사용할 수가 있는 것이다. 다들 저마다 조작이나 기술이 각각 다르기 때문에, 전부 플레이해 본다고 생각하면 보통 작품보다 몇 배나 즐길 수 있다. 또한 그 8명을 사용해 대전 플레이를 즐기는 것도 가능했다. 따라서 볼륨 면에서도 확실히 뛰어났다.

본작을 개발할 때에는 대전을 본격적으로 즐길 수 있도록 조정하는 데에 확실히 시간이 많이 걸렸다. 그 덕분에 본 작품은 대전게임으로 파고들 만한 가치가 있는 퀄리티가 되었다고 할 수 있다. 하지만 그때까지는 일본에서는 대전 플레이가 일반적이진 않았기 때문에, 캡콤으로서도 대전 플레이가 유행하진 않을 것이라 생각했던 것 같다. 본 작품에서의 대전 플레이는, 오히려 일본 밖의 외국 시장을 노린 해외 지향으로 만들어졌다고 해도 좋을 것이다.

‖ 당초에는 CPU대전으로 타올랐던 「스파Ⅱ」 ‖

「스파Ⅱ」는 발매 전에 봄 게임쇼에 출품되어, 비상히 높은 평가를 받았다. 필자는 게임쇼에 게메스트의 라이터로 참가하고 있었으나, 현장 방문자 중 누구라도 「스파Ⅱ」에 뜨거운 시선을 보냈던 것을 기억하고 있다. 그 상황을 보면 "대 히트할 것은 확실하다"라고 생각될 정도였다(물론 필자는 게메스트의 리뷰 코너에서 10점 만점을 주었다).

그리고 다들 예상했던 대로, 발매되자마자 『스파Ⅱ』는 실로 엄청난 '大인기'를 끌었다. 게임센터에는 많은 플레이어들이 몰려들었고, 여러 매장에 놓인 『스파Ⅱ』의 오락실 게임기 본체 대수는 늘어만 갔다. 필자는 당시 요코하마역 서쪽 출구 근처의 게임센터에서 스파2가 30대 정도 놓여 있는 경우를 본 적이 있다. 실로 전설 속 "인베이더 하우스"에 이은 "스파Ⅱ 하우스"가 나온 것이다.

하지만 당시에 플레이어끼리 하는 대전 플레이는 처음엔 그다지 눈에 띄지 않았다. 모두 CPU와의 대전으로 플레이하면서 만족하고 있었던 것이다. 이후에 대전이 크게 유행하였다는 것을 아는 사람의 시각으로는 잘 이해가 되지 않을지도 모르지만, 발매 당초의 『스파Ⅱ』는 CPU대전만으로도 크게 인기였던 것이다. 스파2는 그 이전의 액션 게임에 비해서, 그래픽이나 조작성이 양호하다는 점에서 크게 앞서 있었기에, 그 자체만으로도 플레이할 가치가 있었고 실제로 많이 플레이를 했던 것이다.

1991년 3월에 발매된 스파2였지만, 여름 무렵까지 플레이어들은 CPU대전으로 불타올랐다. 필자가 소속되어 있던 아케이드 전문 잡지 게메스트는, 그 동안에 『스파Ⅱ』의 CPU전 공략 기사로 판매 부수가 대폭으로 늘어났다.

그 뒤에 플레이어들은 대전 툴로써 『스파Ⅱ』의 매력에 눈뜨게 되었다. 주류는 CPU전이었지만, 사이 좋은 플레이어끼리 대전 플레이로 분위기가 고조되고 있던 오락실도 드문드문 보였다. 그리고 여름방학에 게메스트 주최로 『스파Ⅱ』의 전국 대회가 열리며, 대전의 인기가 가속되었다고 생각된다.

그런데도 아직 오락실에서는 낯선 사람끼리 대전으로 놀 수 있는 여건이 되지 않았다. 소심하고 수줍음을 타는 보통 일본인들에게 있어서, 다른 사람이 CPU전을 플레이하는 도중에 멋대로 ❶난입하는 것은, 당시까지는 심리적 아직 장벽이 높은 행위였던 것이다.

❶난입
대전격투 게임의 CPU전을 하고 있거나 할 때, 다른 플레이어가 도중에 동전을 넣고 PvP 대전으로 들어오는 것. 일반적인 대전격투 게임에서는, 거부권이 존재하지 않는다.

"대전대"의 등장으로 의해
대전 플레이의 허들이 내려가다

「스파2」의 대전 플레이가 일반적이 된 것은, 소위 말하는 대전용 기기인 "대전대"의 등장에 의한 것이 크다. 이 대전대는 2대의 범용 미디타입 게임기 본체를 등을 맞추어 붙이고, 통신 케이블로 연결한 것이다. 이렇게 해서 같은 화면을 2개의 모니터로 따로 내보낼 수가 있게 된다.

이런 대전대가 있으면, 대전 상대의 얼굴을 보지 않고 난입할 수가 있다. 옆에 상대가 없기 때문에, 신경 쓰지 않고 자기 플레이에 집중하는 것도 가능하다. 또 특별히 대전대를 만들어 놓으면 대전 전용이라고 플레이어가 쉽게 이해할 수 있어서, 난입하기 쉬운 환경을 만들게 된 것이다.

이런 대전대는 메이커가 솔선해서 만든 것은 아니다. 도쿄 시내의 오락실 업자가 시작했던 것으로, 1991년 겨울 무렵부터 볼 수 있게 되었다. 하지만 그 효과는 극적이었고, 대전할 수 있는 환경을 찾고 있던 플레이어들은 그곳으로 몰렸다. 결과적으로 인컴 수입도 크게 오르게 되어서 대전대 방식은 금방 일본 전국으로 퍼지게 되었다.

이 대전대의 보급에 따라, 전국의 오락실에서 『스파Ⅱ』의 대전 플레이를 일반적으로 쉽게 볼 수 있게 되었다. 어느 오락실에 가도, 모르는 플레이어와 부담 없이 가볍게 대전할 수 있는 환경이 갖춰진 것이다. 이것은 일본 오락실의 역사를 생각하면 매우 큰 변화였다. 단 몇 달 사이에, 오랫동안 이어진 오락실의 상식이 뒤바뀐 것이다.

인기를 독점한 「스파2」와 「스파2 대쉬」

1992년 봄에는 『스파Ⅱ』의 속편이자 버전 업인 『❶스트리트 파이터Ⅱ 대쉬』가 발매되었다. 이것은 『스파Ⅱ』에서는 플레이어가 사용할 수 없었던 '사천왕'이라 불리던 보스 캐릭터들을, 플레이어가 사용할 수 있게 된 버전업 판이다. 4명의 캐릭터가 대전에 추가되는 것으로 인해, 대전 플레이의 폭이 더욱 넓어지게 되었다.

또 평범하긴 하지만, 기존 캐릭터의 기술에 조정이 가해져 있다는 점도 포인트가 된다. 『스파II』의 대전 플레이에 대한 반성을 바탕으로 삼아, 너무 강한 캐릭터에는 약체화가, 너무 약한 캐릭터에는 강화가 행해졌다.

대전 플레이에는 플레이어들끼리 아슬아슬한 싸움을 벌이기 때문에, 그 기술의 조정에는 섬세한 배려가 요구된다. 그때까지의 비디오 게임은 한 번 만들어 팔면 끝이었기 때문에, 그런 세세한 작업은 필요하지 않았다. 그러나 대전 밸런스의 조정은 플레이어의 입장이 되지 않으면 할 수 없고, 그 때문에 높은 퀄리티를 필요로 한다. 이 시점에 이르러서, 게임 만들기는 한 단계 위로 진화했다고 말할 수 있을 것이다.

『스파II』라는 토대 위에 세워진 『스트리트 파이터II 대쉬』는 인기가 쇠락하지 않고 오락실을 계속 석권했다. 대전대는 대기자가 자기 차례를 기다리는 상황에 다다랐고, 다른 게임과는 비교도 안 될 만큼의 인컴 수입을 내게 되었다.

이렇게 되니 다른 개발사들도 잠자코 가만히 있을 수 만은 없었다. 저마다 대전격투 게임의 인기를 타기 위해 개발을 급하게 시작했다. 그러나 『스파II』와 경쟁이 가능한 라이벌이 될 수 있는 수준의 작품은 그리 쉽게 만들어지지 않았다.

『스파II』에 필적할 만한 대전격투 게임을 만들기 위해서는, 당연하게도 높은 기술력이 필요하다. 하지만 그것만으로는 부족하다. 『스파II』의 대전이 주는 재미를 실제로 몸으로 느껴본 사람이 없어서는 안 되는 것이었다. 이제까지의 게임 제작 수준과 비교가 되지 않을 정도로 높은 레벨의 제작 완성도 및 ❹밸런스 조정이 필요했던 것이다.

플레이어의 입장에서 보면 『스파II』의 라이벌이라고 할 만한 수준에 도달한 최초의 대전격투 게임은 『월드 히어로즈』(알파전자/SNK)였다. 이 작품이 발매된 것은 1992년 7월. 그때까지 거의 1년 이상 동안, 『스파II』에 가까운 레벨로 플레이하며 즐길 수 있는 대전격투 게임은 존재하지 않았던 것이다.

❹스트리트 파이터II 대시

자료협력: 『게메스트』
©CAPCOM U.S.A., INC. 1991, 1992 ALL RIGHTS RESERVED.

『스트리트 파이터II』의 속편. 새롭게 베가 등의 보스 캐릭터 사천왕을 플레이어가 사용할 수 있게 되었다. 보스 캐릭터가 매우 강력해서, 쨔이코 커져서 얍삽이 등등이 여러 물의를 일으켰다.

❹밸런스 조정

플레이어들이 납득하고 즐기고 놀 수 있도록, 세부적인 기술이나 시스템적인 밸런스를 조정하는 것. 아케이드 게임에서는 이 밸런스 조정에 따라 인컴 수익이 크게 변하게 된다.

‖ SNK의 진보와 네오지오의 시험 ‖

어찌저찌 『월드 히어로즈』 이후, 캡콤 이외의 메이커에서도 플레이어가 기대하는 레벨로 즐길 수 있는 대전격투 게임이 발매되기 시작하게 되었다. 이후 차차 인기 있는 대전격투 게임을 발매해, 캡콤의 라이벌이 되었던 것은 SNK였다.

SNK의 구 사명은 '신일본기획'이며, 그 역사는 1970년대의 벽돌 깨기 게임 유행 시절까지 거슬러 올라간다. 1980년대에는 『A.S.O.』(1985년/SNK), 『怒이카리』(1986) 등의 히트작을 내놓았다.

『A.S.O.』는 아머로 불리는 무장을 사용해서 진행하는 세로 스크롤 슈팅 게임. 아머는 지형 지물을 파괴해서, 나오는 부품을 모아서 완성되면 사용할 수 있게 된다. 전략적인 내용으로 깊이가 깊고, 당시를 대표하는 명작으로 칠 만한 작품이다. 『怒이카리』는 병사가 무기와 전차를 사용해 적진을 돌파하는 내용의 액션 슈팅이다. 루프 레버라고 하는 독자적인 조작계를 사용해, 이동하는 방향과 별도로 공격하는 방향을 조정할 수 있는 것이 특징이다. 넓은 플레이어 층에게 인기를 얻은 작품이다.

이후 SNK는 1990년부터 네오지오라 불리는 시스템을 개발한다. 네오지오는 업소용의 MVS와 가정용 AES의 두 가지가 있지만, 여기서는 업소용 쪽으로 좁혀서 설명하기로 한다.

업소용 MVS는, 마더 보드 기판에 롬 카세트를 꽂는 것으로 게임 소프트웨어를 교환할 수 있다. 또 MVS전용 게임기 본체라면 여러 게임의 롬 카세트를 동시에 꽂은 상태로, 실행 가능한 여러 종류의 게임 중에서 하나를 골라서 플레이할 수가 있다는 특징이 있었다. (역자 주: 하지만 한국 국내에서 실제로 여러 게임의 롬을 동시에 꽂아 동전을 넣고 셀렉트 버튼으로 게임을 선택할 수 있었던 MVS 기판이 설치된 오락실은 그리 쉽게 볼 수 있는 것은 아니었다.)

게임을 선택할 수 있는 MVS는, 좁은 공간밖에 없는 게임 코너 쪽에 적합했다. 1970~80년대에 있어서, 막과자 가게 구석에 게임이 놓여 있던 것과 같은 장소이다. 아무래도 이 시절에는 옛날 그대로인 막과자 가게는 꽤 보기 드물어졌지만, 빨래방이라든가 소규모 개인 상점에 구석의 게임 코너에 네오지오 MVS가 놓여 있는 것은 그리 드물지 않았다. 이러한 장소를 업계 용어로 싱글 코케이션이라

부르는데, 이 시장이 네오지오의 주된 노림수였다고 할 수 있다.

네오지오는 조금씩 퍼져서 시중에 돌아다니게 되었지만 처음엔 큰 히트작이 없어서 폭발력이 부족했다. 격투 게임 『아랑전설』(1991년)이나 『용호의 권』(1992년)이 화제가 되었지만, 역시 『스파Ⅱ』에 비교하면 대전 툴로는 조금 약했다고 하겠다. 하지만 개발진은 연구를 계속하여, 대전격투 게임에 계속 도전했다. 그리고 그 노력은 『❶아랑전설2』(1992년)에서 열매를 맺게 된다.

‖ 캡콤의 라이벌이 된 SNK ‖

『아랑전설2』는 그때까지 『스파Ⅱ』 시리즈가 거의 독점하다시피 했던 대전의 인기에 성공적으로 끼어든 작품이다. 이것은 필자 개인적인 인상이지만, 『아랑전설2』의 인기는 관동보다 관서에서 먼저 불이 붙었다고 생각한다. 당시 필자는 게메스트의 게임 이벤트 관련으로 관서로 갈 일이 많았는데, 오사카에서 본 『아랑전설2』 대전의 인기는 상당한 것이었다. 한편 그 시점에서 관동에는 신주쿠 등 도쿄 시내 중심가의 일부 오락실밖에 『아랑전설2』의 대전대가 존재하지 않았다.

『아랑전설2』는 『스파Ⅱ』와는 달리, 공격보다 회피 시스템이 많이 채용되어 있다는 것에 특징이 있다. ❷라인 이동이나 ❸백 대시 등이 좋은 예이다. 또 체력이 줄어들면 쓸 수 있는 ❹초필살기는, 핀치에서의 역전 기술이라 생각하면, 반격 시스템으로도 볼 수 있겠다.

이렇게 방어에 관한 시스템을 많이 채용하면 외려 수비적인 게임이 된다고 생각되기 쉽지만, 실제로는 반대로 다양한 상황에 대응 가능한 방어 시스템이 있기에 강력한 공격을 만들어도 게임적으로 밸런스를 잡을 수 있다. 결과적으로 화려하고 공격적인 기술이 만들어지기 쉬워진다는 것이다.

❶아랑전설2

SNK의 대전격투 게임으로는, 최초로 대전을 즐기는 유저들에게 받아들여진 작품.
독자적인 시스템이 다양하게 기능하여 『스파Ⅱ』와는 또 다른 공방을 파고들어 즐길 수 있다.

❷라인 이동

『아랑전설2』에서는 싸우는 장소가 앞 라인과 뒷 라인의 2개로 나뉘어져 있다. 라인 이동을 해서 대전 상대가 없는 라인으로 이동하면, 일시적으로 적의 공격을 완전히 회피할 수 있다.

❸백 대시

뒤로 뛰듯이 빠르게 물러나는 특수 이동 동작. 게임 『아랑전설2』에서는 이 백 대시 동작 중에는 타격 무적으로, 공격 회피 등에 사용한다.

❹초필살기

특정 조건에서 사용할 수 있는 강력한 필살기. 『아랑전설2』에서는 자신의 체력이 일정 이하로 떨어질 때 사용할 수 있게 된다.

이런 발상은 『스파Ⅱ』에는 없었던 것이다. 『아랑전설2』의 게임 시스템은 분명 대전격투 게임의 폭을 더욱 넓혔다고 할 수 있겠다.

이후 SNK는 『❹아랑전설 스페셜』(1993년)을 발표한다. 이 작품은 『아랑전설2』에는 없던 ❹연속기를 도입하였으며, 원조 『아랑전설』의 보스 캐릭터였던 기스 하워드를 사용할 수 있게 되었다. 『아랑전설 스페셜』은 전작 이상으로 많은 대전격투 게임 팬들에게 사랑받으며 인기를 끌었다. 이 시점에서 대전격투 게임 장르에서 SNK의 위상은 확고해졌다.

그리고 SNK는 더 나아가 『❹더 킹 오브 파이터즈'94』(1994년)를 발표한다. 이 작품은 3인 1조로 구성된 팀 배틀을 최초로 채택한 대전격투 게임이다. 본 작품은 발매와 동시에 큰 인기를 얻어, 이후 시리즈화 되어 더욱 더 많은 팬을 획득했다.

『더 킹 오브 파이터즈'94』는 여러모로 캡콤 제작 대전격투 게임과는 달랐다. 캐릭터 센스도 다르고, 게임성도 다르다. 캡콤 게임이 세밀하게 밀고 당기는 공방을 즐긴다면, 본 작품은 강렬하고 호쾌한 기술을 쏟아내는 것이 가능했다.

이제 더 이상 『스트리트 파이터Ⅱ』만이 대전격투 게임이 아니다. 플레이어는 저마다 각자의 취향에 따라 대전격투 게임을 고를 수 있는 시대가 된 것이다.

SNK의 본사가 있던 오사카의 에사카에서는 당시 SNK 직영의 오락실인 네오지오 랜드가 있었다. 이 네오지오 랜드는 SNK 브랜드 게임의 성지 같은 분위기로 많은 팬들이 모여서 크게 붐볐다.

‖ 2D 대전격투 게임에 있어서, 새로운 스타일의 모색 ‖

대전격투 게임이 진화하는 것에 따라, 새로운 방향성을 모색한 작품이 등장하기 시작한다. 캡콤의 경우는 『엑스맨(X-MEN)』(1994년/캡콤)이나 『마블 슈퍼

❹아랑전설 스페셜

『아랑전설2』의 속편으로, 새롭게 기스 등의 캐릭터를 사용할 수 있게 되었다.
본 작품에서 연속기(콤보)를 사용할 수 있게 되면서 더욱 호쾌한 플레이가 가능해졌다.

❹더 킹 오브 파이터즈'94

3인 1팀으로 싸우는 팀 배틀 대전격투 게임. 팀 배틀의 아이디어를 살린 것은 이 작품이 최초. 인기 캐릭터인 쿠사나기 쿄의 데뷔작으로, 일반 학생 유저들에게 압도적인 인기를 모았다.

히어로즈』(1995년)로 시작되는 마블 코믹스의 아메리칸 히어로 캐릭터들을 사용한 작품이나,『뱀파이어』시리즈 등이 그에 해당한다.

『엑스맨』은 적을 공격해 날려보낸 뒤에, 점프 등으로 쫓아가 추가 공격을 할 수 있는 추격 시스템이 특징이다. 이 작품은 그 외에도 많은 혁신적인 시스템을 채택한 실험적인 작품이었다. 그러나 당시의 일본에서는 아직 마블 코믹스와 그 캐릭터들의 지명도가 낮았다. 그래서 일본에서는 그다지 인기가 없었던 것이 아쉬운 점이다.

『엑스맨』의 추격 시스템은 이후 속편 격인『마블 슈퍼 히어로즈』에서 "에어리얼 레이브"라는 시스템으로 확립되어 진화했다. 이는 상대를 공중에 높이 쳐 올려 추격할 수 있는 것이다. 이 시스템은 이후 다른 대전격투 게임에도 변형되어 채용되는 등, 영향을 주고 있다.

『뱀파이어』시리즈는 영화나 전설 속의 몬스터를 플레이어 캐릭터로 사용하는 대전격투 게임이다. 등장하는 캐릭터들이 몬스터라서, 익숙해지기 조금 어렵다는 단점이 있지만, 인간으로는 불가능한 기술의 치고 받기를 하는 판정, 필살기 등을 마음껏 쓸 수 있는 점이 좋았다.

또 이 시리즈는 대시로 이동할 수 있다는 특징이 있다. 캐릭터에 따라서는 공중에서 대시를 할 수도 있다. 이런 대시에 ❶체인 콤보라는 연속기를 조합한 스피디한 공방은,『스파Ⅱ』타입의 대전격투 게임에는 없는 매력이 있다. 이런 고속에서의 공방을 벌이는 2D 대전격투 게임은, 나중에는 하나의 장르로 정착하게 된다.

「뱀파이어」시리즈의 첫번째 작품이 된『뱀파이어~The Night Warriors』가 발매된 것은 1994년, 그 다음 해에는『❶뱀파이어 헌터 Darkstalkers' Revenge』, 1997년에는『뱀파이어 세이버~The Lord of Vampire』가 발매되었다.

이들 세 작품을 비교해 보면 2번째 작품『뱀파이어 헌터』가 가장 우수하지 않았나 생각된다. 초대『뱀파이어』는 독창성이 강하지만, 아직 마무리가 거칠고 좀 편중된

---

❶연속기
복수의 기술을 연속해서 상대에게 맞추어, 큰 데미지를 입히는 연계 공격을 말한다. 기술을 연속해서 맞추고 있는 동안은 원칙적으로 회피가 되지 않는다. 콤보라고도 말한다.

❶체인 콤보
일정 타이밍에 맞추어 버튼을 누르는 것으로, 통상기가 연속으로 이어져서 상대를 계속 때릴 수 있는 시스템.캡콤의『뱀파이어』시리즈에서 처음 시작된 독특한 시스템.

❶뱀파이어 헌터 ~Darkstalker's Revenge

흡혈귀나 미이라 같은 영화 속 괴물 캐릭터들이 싸우는 대전격투 게임, 뱀파이어 시리즈의 두 번째 작품. 애니메이션 풍의 캐릭터 표현은, 그래픽 제작에 들어가는 수고를 줄이기 위해서 라는 의미도 있다.

©CAPCOM CO., LTD 1995 ALL RIGHTS RESERVED.
자료협력:「게메스트」

면이 강한 인상이었다. 그에 비교하면 『뱀파이어 헌터』는 체인 콤보를 내기 쉽게 하고 대신 위력을 떨어트리는 등, 누구라도 플레이하기 쉽도록 조정하려 했다.

한편 3편인 『뱀파이어 세이버』에는 다양한 시스템이 추가되었지만, 그만큼 플레이어에게 부과되는 사전 지식의 허들도 높아졌다. 또한 본 작에서는 라운드제가 폐지되었다는 특징도 있다. 개인적으로는 강약의 완급이 좀 애매해져, 마이너스가 된 게 아닌가 생각하고 있다.

한편 SNK는 1993년에 『❹사무라이 스피리츠(수출판 '사무라이 쇼다운')』를 발매했다. 이 작품은 칼싸움을 주제로 하고 있어서, 맨손 격투 게임과는 다른 독특한 거리와 공방의 감각을 갖고 있는 작품이었다.

『사무라이 스피리츠』는 이런저런 오리지날 요소를 갖춘 작품이었다. 나코루루가 데리고 다니는 동물인 매를 사용한 공격이나 한조가 사용하는 인술 등, 당시까지의 대전격투 게임의 발상을 넘은 기술이 많아서 플레이어들을 매료시켰다. 또한 피격 시의 ❹히트 경직 시간과 거리 등의 조절로 의해, 다른 격투 게임들과는 비교가 되지 않는 일격필살의 호쾌함을 갖추고 있었다.

『사무라이 스피리츠』는 시리즈로 만들어져, 많은 속편과 외전 타이틀이 발매되었다. 그러나 원조 『사무라이 스피리츠』 1편의 플레이 감각에 가까운 것은 두번째 작품인 『❹진 사무라이 스피리츠(한국제목: 진 싸울아비 투혼)』까지다. 이후의 시리즈 작품은 게임 시스템의 변경 등이 심해서, 일관된 느낌의 시리즈로 확고한 인기가 정착하지 못했다는 점은 좀 아쉽다.

그 밖에도 다른 흥미로운 대전격투 게임으로 『❹스트리트 파이터 EX』를 꼽아 본다. 이 작품은 3D 폴리곤을 사용하면서도, 게임성의 기본이 2D 대전격투 게임과 똑같은 것이 특징이다.

2000년 이후의 비디오 게임은 대부분 당연하다는 듯이 3D 폴리곤을 사용했다.

❹사무라이 스피리츠(사무라이 쇼다운)

❹진 사무라이 스피리츠(진 싸울아비 투혼)

SNK의 인기 검극 격투게임 『사무라이 스피리츠』 시리즈의 제2탄. 이펙트의 표현이 아름답다. 사용 가능한 캐릭터도 늘어났지만, 기본적인 내용은 전작에 비교해서 그렇게까지 크게 바뀌지는 않았다.

기술이 진보한 결과, 아무런 위화감 없이 모든 게임 장르를 3D CG로 그려낼 수 있게 된 것이다. 그러나 1990년대에는 아직 2D 그림으로 그려진 대전격투와 3D CG로 그려진 대전격투에는 명확한 게임성의 차이가 있어서, 모두들 그 차이가 당연한 것이라고 생각하고 있었다.

『스트리트 파이터 EX』는 어떻게 보면 그런 선입관과 금기에 도전한 야심작이다. 또 가드 브레이크(방어를 무조건 부수는 기술)과 슈퍼 캔슬(필살기를 다른 필살기나 초필살기로 캔슬하는 것) 등등의 새로운 시스템도 들어가 있다. 이 작품은 대전격투 게임에 새로운 가능성을 느끼게 해준 작품이라고 할 수 있겠다.

‖ 서서히 활기를 잃어가는 대전격투 게임 ‖

『스트리트 파이터Ⅱ』이래 줄곧 인기를 유지해온 대전격투 게임이지만, 1990년대 후반이 되면서 인기에 점점 먹구름이 드리워지고 그늘이 보이기 시작한다. 특히 캡콤이 아케이드에서 실질적으로 철수했던 것이 컸다.

『스파Ⅱ』와 같은 2D 대전격투 게임은 매끄러운 움직임을 실현하기 위해 많은 캐릭터 패턴을 필요로 한다. 퀄리티를 높이려고 할수록 개발이 번거롭고 작업량이 많아진다.

한편 플레이어의 눈은 높아지므로, 밸런스 조정에도 높은 레벨이 요구된다. 뛰어난 작품이라도 과거와 같은 것이 반복되면 질리기 마련이라, 예전만큼의 인기는 나오지 않게 된다.

그러한 상황에서 고전한 것이 『❶스트리트 파이터Ⅲ』 시리즈였다. 치밀하고 섬세한 그래픽은 분명 당시의 최고봉이었지만, 대전격투 게임의 재미는 무엇일까 하는 근본적인 부분에서 고심했던 것 같다.

『스트리트 파이터Ⅲ』에서는 '❷블로킹'이라는 새로운 방어 시스템을 채용해,

---

❶히트 경직 시간
대전격투 게임에서 공격을 맞았을 때, 캐릭터가 조작 불능 상태로 밀려나는 시간.
이 시간의 조정에 의해서, 기술의 타격감이나 그 뒤의 공방에 영향을 미치며 게임 밸런스에도 변화가 생긴다.

❷블로킹
적의 공격 기술이 닿는 타이밍에 맞추어 레버를 조작하는 것으로, 가드와 달리 상대의 공격을 완전히 무효화하는 『스트리트 파이터Ⅲ』에서 처음 등장한 독자적인 방어 동작 시스템.

❸스트리트 파이터EX

3D 폴리곤으로 2D 대전격투 게임의 게임성을 실현한 작품. 이후 시리즈화 되어, 아케이드에서 총 4작품이 발매되어 있다.

자료협력: 『게메스트』

이것이 매니아 층의 플레이어들에게 좋게 받아들여져서 오랫동안 인기를 얻게 된다. 허나 다른 한편으로는 이 블로킹 시스템을 잘 다룰 수 없는 초심자에겐 접근하기 어렵다는 문제점도 있었다. 결국 『스트리트 파이터Ⅲ』는 대중적으로 폭넓게 흥행한 『스트리트 파이터Ⅱ』의 속편으로는 높은 허들이 부과되어서, 전작처럼 넓은 층의 플레이어를 끌어들이는 거대한 붐을 일으키지는 못했다.

따라서 『스트리트 파이터Ⅲ』는 격투 게임 매니아에게 있어서는 확고한 명작이지만, 흥행을 기대했던 메이커나 업소의 운영측에게는 안타까운 실패작이었다고 하겠다. 개인적으로는 『스트리트 파이터Ⅲ』는 여러가지 좋은 요소와 깊은 재미를 잘 정리해 적용한 우수한 작품이고, 당시에 그 이상을 요구하는 것은 어려웠던 것이 아닐까 생각한다. 이 시점에는 이미 대전격투 게임의 개발에 대량의 자원을 쏟아 넣는다고 해서, 대 히트작이 나온다는 시대는 아니게 되었다고 생각한다.

대전격투 게임의 유행에서 맥이 빠지고 수익이란 맛이 없어졌다고 느낀 캡콤은, 대전격투 뿐만이 아니라 아케이드 게임 전반에 대해서도 거리를 두게 된다. 열정적으로 히트 작품을 내놓으며, 오락실을 떠받치듯 지탱해 온 캡콤의 이러한 움직임은, 결국 아케이드 업계에 큰 타격이 되었다.

‖ 3D 폴리곤 기술의 진화와 발전 ‖

1990년대는 대전격투 게임과 함께, 3D 폴리곤을 사용한 비디오 게임도 크게 약진하던 시대이기도 하다. 3D 폴리곤 기술의 개발은 1980년대부터 시작되어서, 1989년에는 남코에서 일본 최초의 3D 폴리곤 레이싱 게임 『❹위닝 런』이 발매되었다. 레이싱 게임은 상자 모양의 자동차를 달리게 할 뿐이므로, 캐릭터 게임을 3D 폴리곤으로 만드는 것보다는 기술적으로 난이도는 낮아진다. 그러므로 레이싱 게임에서 본격적인 3D 폴리곤 게임이 시작된 것은 필연이었다.

❹스트리트 파이터Ⅲ

스트리트 파이터 시리즈 작품. 블로킹 이라고 하는 새로운 시스템을 가지고 나왔다. 이후 버전업을 계속하며, 1999년에 발매 된 『3rd 스트라이크』에서 매니아들에게 큰 지지를 얻었다.
자료협력: 『게메스트』

❹위닝 런

3D 폴리곤을 사용한 일본 최초의 레이싱 게임. 여기서 새로운 시대가 시작되었다고 할 수 있다.
테크니컬을 선택하면, 최대 5단에 후진 기어라는 실제와 비슷한 리얼하고 복잡한 조작을 요구한다.

3D 폴리곤으로 만들어진 게임은, 공간 안에 실물이 존재하듯 좌표를 계산하여 대상을 그려냈다. 연산만 따라준다면 시점을 자유롭게 바꾸거나 쉽게 관리할 수 있다는 등의 이점이 있다. 기술 개발이 계속 꾸준히 진행되면서, 레이싱 게임에서 건슈팅 게임 그리고 복잡한 움직임 관리가 필요한 캐릭터 게임 등으로, 3D 폴리곤화의 물결이 계속 이어지게 되었다.

남코와 세가는 3D 폴리곤 기술을 경쟁하듯이 연구 개발하여, 오락실에 최첨단 작품들을 투입해 나갔다. 남코는『위닝 런』에 이어, 1991년에 우주를 무대로 한 스페이스 슈팅『스타 블레이드』를 세상에 내보낸다.『스타 블레이드』의 연출은 3D 폴리곤의 특징을 잘 살린 것으로, 우주 공간을 이동하며 나아가는 듯한 분위기가 잘 드러난다.

그리고 1992년에는 텍스처 매핑을 사용한 레이싱 게임 릿지 레이서를 발매한다. 그때까지의 3D 폴리곤 게임은 아무래도 CG스러운 느낌을 지울 수 없었지만, 텍스처 매핑 등의 기술을 사용함으로 인해 그런 느낌이 상당이 완화되었다. 점차 실물 영상에 다가가 가까워진 것이다.

한편 세가는 1992년에 자체 개발한 3D 폴리곤 레이싱 게임인『버추어 레이싱』을 발매한다. 시기적으로 남코에 비해 약간 늦었지만, 그 완성도는 상당히 높은 것이었다.

이어서 세가는『데이토나USA』(1994년/세가)를 발표했고, 이것은 곧바로 세계적인 히트작이 된다. 이 작품은 당시 기술의 정수가 담긴 ❹Model2 기판 게임의 제1탄이었다. Model2 기판은 이후로도 많은 작품에 사용되어, 다양한 인기작을 내놓게 되었다.

세가는 건슈팅 게임에도 힘을 들이고 있어서,『버추어 캅』(1994년)이나,『더 하우스 오브 더 데드』(1997) 등의 히트작을 계속 발매하였다. 물론 이 작품들은 어느 것이든 모두 3D 폴리곤이 사용된 것이다.

이와 같이 1990년대에는, 대전격투 게임과 함께 3D 폴리곤을 사용하는 대형 게임기 본체 게임이 히트해서 오락실을 지탱하고 있었다. 단순히 기계 측면의 하드웨어의 진화뿐 아니라, 지금까지 본 적이 없던 영상과 연출로, 새로운 게임의

❹Model2 기판
　　세가가 처음으로 3D 폴리곤에 텍스쳐 맵핑을 가능하게 한 시스템 기판. 해당 기판으로 나온 게임의 제1작은 『데이토나USA』이다. 이후『버추어 파이터2』, 『더 하우스 오브 데드』 등의 명작이 많이 나왔다.

세계를 체험하게 해주었다. 3D 폴리곤을 잘 활용한 게임엔 그런 매력이 있었다. 1990년대 후반이 될 때까지 최첨단 기술이 오락실에 존재했고, 플레이어는 마음껏 그 환경을 즐길 수가 있었던 것이다.

‖ 3D 대전격투 게임의 등장 ‖

그리고 3D 폴리곤 기술은 3D 폴리곤으로 사람을 표현한다는 거창하고 커다란 목표를 향해 돌진하듯이 치달았다. 세가는 1993년에 처음으로 3D 폴리곤을 사용한 최초의 대전격투 게임, 『❹버추어 파이터』를 발매한다. 그때까지의 2D 대전격투 게임과는 전혀 다른 시스템과 플레이 감각을 가진 이 작품은 많은 플레이어들로부터 주목을 받았다. 때마침 불었던 2D 대전격투 게임의 열풍 속에 3D 대전의 인기는 생각처럼 그렇게까지 뜨겁지는 않았지만, 이 작품의 존재 자체로 새로운 시대의 도래를 예감한 사람은 많았을 것 같다고 하겠다.

그리고 1994년에 『❹버추어 파이터2』가 발매되어, 큰 붐을 일으키게 된다. 이전까지와는 달리 텍스처 맵핑 등의 새로운 기술로 공들여 그려진 캐릭터들의 모습은, 매우 자연스럽고 아름답게 느껴졌다. 또한 모션 캡처를 통해 도입된 캐릭터의 동작은 매끄럽고 당시에 달리 비견할 것이 없는 퀄리티였다.

버추어 파이터2는 1994년 여름의 게임 쇼에 출품되었는데, 당시 게임 쇼 현장은 이상할 정도로 열띤 분위기를 보여주었다. 필자는 1980년대 중반부터 매년 게임 쇼를 보아왔는데, 가장 열기가 뜨거웠던 것은 이 해였던 것 같다. 동시에 SNK의 『진 사무라이 스피리츠』도 출품되어서, 게임 쇼 회장은 많은 대전격투 게임의 팬들로 미어 터지듯 가득 차 있었다.

또한 『버추어 파이터2』에는 메이커 공인으로 "철인"이라고 불리는 유명 플레이어들이 존재했다. 이 철인은 지명과 캐릭터 이름을 조합한 이름(예를 들면 "신주쿠 잭키" 등)으로 불리며 다양한 이벤트로 팬들과 손을 맞잡았다.

이것은 이른바 "스타 시스템"이다. 대전에 능숙한 플레이어를 일종의 스타처럼

❹버추어 파이터
세가가 3D CG를 사용해서 제작한, 리얼한 사람의 움직임을 실현했던 획기적인 대전격투 게임. 모션 캡처를 사용했지만, 텍스쳐 없는 생 폴리곤 만으로 표현하고 있다.
❹버추어 파이터 2
세가가 만든 버추어 파이터의 속편으로 모션 캡처, 텍스쳐 매핑 등의 기술을 사용하여 만들어진 3D 대전격투 게임의 걸작. 신 캐릭터로 슌디와 리온이 추가되었다.

띄워서, 플레이어들이 그들을 동경하게 하는 것과 동시에 팬들끼리 교류할 기회를 만든다. 이 수법은 『버추어 파이터2』 대전의 인기를 부추기는 데 성공하면서, 열풍은 붐으로 바뀌어 한층 더 고조되었다.

　보는 시각에 따라서는 철인은 인간 광고탑이자 만들어진 스타였다고 할 수 있다. 그러나 대전 플레이어로서의 강점은 진짜였고, 게임이 가진 매력을 퍼뜨린다고 하는 자각을 갖고서 임하고 있었을 것이라 생각한다. 이들의 강함은 여러 이벤트에서 각각의 대전 승률로 나타난다. 사전에 기획된 이런 안전장치 속에서의 성공도 분명히 실력이 따라야 하는 것이다.

『버추어 파이터』 시리즈를 뒤쫓는 『철권』 시리즈의 등장

　『버추어 파이터2』가 크게 히트한 것으로, 대전격투 게임에서 「스파2」를 대표로 하던 '2D대전격투 게임'과 3D 폴리곤을 사용하는 '3D 대전격투 게임'이라는 두 가지 장르가 (갈라지듯이) 생겨나게 되었다. 이 3D 대전격투 게임에서, 『버추어 파이터』 시리즈를 놓치지 않고 계속 좇아갔던 것이 바로 남코의 『철권』 시리즈였다.

　시리즈 첫 작품인 『철권』은 『버추어 파이터2』가 발매된 직후인 1994년 12월에 나왔다. 큰 틀에서는 『버추어 파이터』와 비슷해 보였지만, 『스파2』와 같이 레버에 의한 가드 시스템을 채용하고 있는 등, 분명 차별화된 다른 부분이 있었다.

　『철권』의 인기에 불이 붙은 것은 시리즈 두 번째 작품인 『❹철권2』(1995년) 부터였다. 이 작품은 마무리가 거칠었던 전작을 브러시 업해서, 2명의 캐릭터(+α)를 추가했다. 이로부터 「버추어 파이터」 시리즈의 라이벌로 많은 팬들에게 인정받는 작품이 되었다고 할 수 있겠다.

　「버추어 파이터」 시리즈는 무술을 중심 바탕으로 둔 스토익하고 경파한 싸움을 그렸다. 그에 비교하면 「철권」 시리즈는 좀더 표현의 한계가 유연하며 괴물과

❹철권2

철권의 기본 시스템을 답습하였지만, 전작에 비교해서 나름 원숙해진 게임 발란스로 인기를 모았던 3D 폴리곤 대전격투 게임.

©BANDAI NAMCO Entertainment Inc.

악마, 거기에 더해 팬더 같은 동물까지 등장시켰다. 둘 다 특징적인 면이 있어서, 차별화되는 독자적 매력을 갖고 있었다. 결국 이 두 시리즈는 오락실에서 인기를 양분하여, 서로 경쟁하며 3D 대전격투 게임의 붐을 이끌어 냈다.

‖ 대전격투 게임의 새로운 스타일을 찾아서 ‖

1990년대 후반에는 여태까지의 대전격투 게임과는 완전히 다른 세계관에, 다른 게임성의 대전을 시험하는 작품들이 나타난다. 여기서는 우선『전뇌전기 버철온 CYBER TROOPERS』(1996년/세가)와『싸이킥 포스』(1996년/타이토)의 두 가지를 먼저 살펴보도록 하자.

『전뇌전기 버철 온 CYBER TROOPERS』은 버추어로이드라 불리는 로봇형의 기체를 조작하여, 3D 공간에서 입체적으로 이동하면서 서로 쏘면서 싸우는 대전 게임이다. 애니메이션의 영향으로 이 시대에는 로봇을 좋아하는 사람이 많이 존재했다. 그런 로봇팬들에게는 실제로 로봇을 조종해서 싸우게 한다고 한다는 것은 일종의 꿈 같은 것이었다. 그 꿈이 3D CG를 구사한 게임에서 가능하게 되었으니, 인기를 얻은 것도 당연하다 할 수 있을 것이다.

『버철 온』은 이후 시리즈화되어, 1998년에『전뇌전기 버철 온 오라토리오 탱그램』, 2000년에『전뇌전기 버철 온 포스』가 발매되었다. 아직도 코어한 골수분자 팬이 남아 있는 시리즈이다.

『싸이킥 포스』는 초능력을 테마로 하는 대전 게임으로, 실질적으로는 360도로 움직이는 평면필드에서의 싸움으로 되어있다. 보통 일반적인 대전격투에서는 있을 수 없는, 시간을 멈추는 기술 등의 특수한 기술들이 채용되어 있는 등, 흥미 깊은 게임성을 갖고 있었다. 속편으로는 시리즈의 기본을 지키며 정통진화한『싸이킥 포스 2012』(1998년/타이토)이 발표되었다.

또 화제가 된 것은 이 작품에 등장하는 캐릭터이다. 애니메이션 캐릭터를 연상시키는 독특한 센스가 있어서, 일부 여성 플레이어로부터 강하게 지지를 받았다. 이러한 점을 비추어 보면, 본작이 이색적인 케이스의 게임인 것은 틀림없다.

이 무렵의 대전격투 게임이라고 하면, 거의 대부분 옆에서 보는 사이드 뷰 시점이 대부분이었다. 그쪽이 알아보기 쉬웠으며 충분히 재미있게 즐길 수 있었다. 하지만 3D 폴리곤이 진화한 이 시대에 대전게임의 새로운 가능성은 여전히 아직 열려 있었다. 이런 작품들이 새로운 시대의 도래를 예감시키는 것이었다.

‖ 화려한 대전격투의 그늘에 핀 꽃들 ‖

1991년부터 시작된 대전격투 게임의 붐은 여러 플레이어들을 열광시켜, 많은 사람들을 게임센터로 불러들이게 만들었다. 아케이드 게임 업계는 크게 윤택해졌지만, 그 그늘에서 대전격투 게임 이외의 장르 게임은 어렵고 힘든 지경에 몰리고 말았다.

1980년대에는 다양한 장르의 게임이 나타나고 존재해서, 여러 타입의 플레이어가 놀면서 즐길 여지가 있었다. 그러나 많은 오락실들이 대전격투 게임 일색으로 도배하듯 채워지면서부터 오락실에 가지 않게 된 플레이어도 많았을 것이라 생각된다.

아케이드 게임 업계는 대박 하나가 나서 크게 히트하자, 모두들 그 유행을 따라가서 가능한 한 효율 높은 최대 수익을 올리려고 했다. 그러나 대안이나 서브가 없이 오직 한 가지 색으로 물들면, 그 붐이 지나갔을 때 결국 외상값처럼 대가를 치르게 된다. 자신이 주로 즐기던 게임이 없어지면서 떠난 플레이어는, 대부분의 경우 다시 돌아오지 않는다.

플레이어에는 이런저런 다양한 타입이 있다. 모두가 다른 사람하고 싸우는 게임을 좋아하는 것은 아니다. 느긋하게 자기 페이스로 천천히 놀고 싶은 사람도 있는 것이다. 1980년대는 다양한 타입의 게임이 있었고, 넓은 플레이어층이 나누어 유지되며 오락실은 그에 의지하고 있었다. 하지만 1990년대에는 특정 인기 장르에만 철저하게 치중했던 감이 있다. 이런 스타일은 시대 흐름의 변화와 그 영향을 받기 쉬워서, 결과적으로 여리고 물러지게 된다.

결국 오락실에는 다양한 유행의 게임을 비치하여 널리 여러 부류의 플레이어들을 모으는 것이 바람직했다. 그러나 현실적으로는 눈앞의 큰 이익을 좇아가게 되어서, 좀처럼 그런 모습을 보이지 못했던 것이 현실이었다.

그런 상황에도 1980년대부터 내려오던 전통의 게임 장르였던 슈팅, 벨트스크롤 액션, 퀴즈 게임, 퍼즐 게임 등등은 간신히 오락실 한 구석에서 살아남아 있었다. 메이저가 되거나 큰 인기를 모은 것은 아니었지만, 반짝이며 빛나는 게임은 많이 존재했다. 이러한 작품들은 사람 대 사람의 대전에 지쳤던 플레이어들에게, 마음의 오아시스 같은 것이었다고 말할 수 있을 것이다.

‖ 90년대 슈팅의 사정　　　　　　　　　　　　　　‖

1980년대에는 게임센터의 꽃이었던 슈팅 게임이었지만, 1990년대에서는 완전히 분위기가 바뀌어 괴롭고 힘든 상황이 되어버렸다. 특히 1991년에 『스파Ⅱ』가 일으킨 붐은 슈팅 게임들을 괴멸 직전 상태까지 몰고 갔다. 애당초 슈팅 게임과 대전격투 게임 사이에서는, 인컴 수입으로 벌어들이는 방법과 양이 크게 차이가 난다. 슈팅 게임은 10분 이상 플레이하지 못하면 (내용이 적고) 재미없다고 여기게 되지만, 대전격투 게임이라면 1경기 3분 정도로도 만족시킬 수 있다. 도중에 대전 상대가 난입한다면 매번 동전이 새로 투입되었고, 대전 게임의 인기가 계속되는 한 결국 인컴에서는 승부가 되지 않는 상황이었다.

오락실에서 주역의 자리를 빼앗긴 슈팅이었지만, 그래도 좋아하는 플레이어는 아직 남아 있었다. 많은 사람들이 대전대 주위에 몰려들던 중에도, 오락실 한 구석에 놓여있는 슈팅 게임을 묵묵히 파고들고 있었던 것이다. 그런 골수 팬들의 기대에 응할 수 있도록, 몇 개의 메이커가 슈팅 게임을 (대전격투 전성기에도) 꾸준히 계속 만들어 갔다.

1990년에 발매되어 대전격투 붐이 오기 바로 직전에 히트한 것이 바로 『라이덴(雷電)』(세이부 개발)이다. 이 작품은 1980년대의 『구극 타이거(트윈 코브라)』(토아플랜)에 가까운 타입의 전형적 세로 스크롤 슈팅이지만, 시스템이 알기 쉽고 즐기기 쉽게 제작되어 있다. 하지만 파고들면 의외로 씹는 맛이 있는 게임 내용이라, 일반인부터 매니아들까지 널리 인기를 끌었던 작품이다.

1991년 시점에는, 아직까지는 그럭저럭 많은 슈팅 게임들이 나름대로 발매되고 있었다. 그러나 이 무렵에 나온 작품들은 모두 『스트리트 파이터Ⅱ』 붐의 여파를 맞아버리고 만다. 그 전형적인 사례 중 하나가 『젝섹스』(코나미)이다.

『젝섹스』는 아이디어나 영상 효과에 독창적인 면이 있었고, 게임 자체의 완성도는 나쁘지 않았다고 생각한다. 하지만 당시의 『스파Ⅱ』 붐은 실로 대단했고, 『젝섹스』는 거의 화제가 되지 못했다.

당시 필자가 편집장으로 있었던 월간 게메스트에서는 『젝섹스』를 중심으로 다룬 슈팅 특집호를 낸 적이 있다. 그러나 이 특집호의 매출은 그 앞호와 뒷호에 비해서 매우 낮았다. 『스파Ⅱ』는 이미 출시 후 반년 정도 지났고, 『젝섹스』는 발매 직후 시점이었는데도 말이다. 세상의 플레이어는 모두 『스파Ⅱ』이외의 정보를 원하지 않았고, 시대의 파도가 가져온 무서움이라 할만한 역풍 같은 것을 절실히 느끼게 되었다.

그런 슈팅 역풍의 시대에, 새로운 스타일을 도입했던 개발사는 비디오 시스템과 사이쿄였다. 비디오 시스템은 1992년에 『소닉 윙스(에어로 파이터즈)』를 발표한다. 이 작품은 한 스테이지의 길이가 짧고, 템포 좋게 진행되는 것이 특징이었다. 부담 없이 즐길 수 있으면서 몰입도도 높아서, 어느 정도 팬들에게 좋은 평가를 받았다.

그 후, 이런 노선을 사이쿄가 계승하게 된다. 아케이드 진출 1탄 격인 『전국 에이스(사무라이 에이스)』(1994년/사이쿄)는 대전격투 게임 전성시대 중에도 건투하며, 인기를 끌었던 타이틀이다. 짧은 스테이지, 캐릭터성의 중시 등, 다양한 점에서 『소닉 윙스』의 스타일을 그대로 계승해 진화시키고 있었다. 이후 사이쿄는 1994년에 『건버드』, 1995년에 『스트라이커즈1945』, 1997년에 『스트라이커즈1945Ⅱ』 등 열정적으로 다수의 타이틀을 발매하며, 1990년대 슈팅 게임계를 지탱해 나갔다.

또 잊어서는 안 되는 것이, 에이팅, 라이징과 같은 메이커들이다. 1993년 발매된 『마법대작전(소서 스트라이커)』(라이징)은, 당시 무명의 메이커였음에도 불구하고도 완성도가 높은 내용으로, 슈팅 매니아들 사이에서 화제가 되었다.

그리고 1996년에는 90년대 슈팅 게임의 명작인 『❹배틀 가레가』가 발매된다. 『배틀 가레가』는 탄을 쏘는 방법과 남은 잔기 기체 수 등등의 여러 요소에서 ❹난이도 랭크가 변화해 가므로, 실로 전략적인 공략법이 필요했다. 그 깊이를 인정받기 시작하면서 조금씩 인기가 침투해 간다. 결국 나중에 평가가 높아졌다는

❹난이도 랭크
　게임상에서 구현되는 적의 공격 수준을 수치로 말하는 것. 『배틀 가레가』에서는 이 난이도 랭크가 자신의 행동에 따라 바로바로 변동하여, 공략의 용이성이 실시간으로 변화하며 달라진다.

것은, 실로 1990년대 슈팅 게임답다고 생각한다.

그리고 대기업 메이커가 슈팅에서 철수하는 중에도, 예외적으로 슈팅을 계속 만든 대기업 메이커가 타이토이다. 타이토는 대전격투 붐을 타지 못하고 놓친 만큼, 마이 페이스로 "나 만의 길"을 갔다는 느낌이 좀 있다.

1994년에 발매된 『다라이어스 외전』은 가로 스크롤 슈팅 게임으로 매우 뛰어난 작품이었다. 기존의 다라이어스 시리즈와는 달리 전용의 대형 게임기 본체가 아닌 범용 본체용으로 만들어진 게임이었지만, 충분한 퀄리티를 유지하고 있었다. 같은 해에는 열렬한 팬을 다수 거느린 『레이포스』도 발매되었다.

그러나 이들 작품은 발매된 시기가 대전격투 게임의 전성기였다. 그러다 보니 아무래도 오락실 한 구석으로 밀려나게 되었고, 눈에 띄지 않아 아쉬웠다. 타이토는 이후에도 슈팅 게임을 만들어 1996년에는 3D 폴리곤을 사용한 슈팅 게임 『레이스톰』을 발매했다.

1990년대 후반이 되면 토아플랜제 슈팅의 계보를 잇는 케이브가 아케이드에 뛰어들게 된다. 1990년대 슈팅의 걸작 『**➍도돈파치**(怒首領蜂)』(1997년/케이브)는, 케이브의 이름을 전국 슈팅 게임들에게 널리 알리게 된다.

『도돈파치』의 게임 내용은, 이후에 탄막 슈팅이라고 불리게 되는 스타일이다. 일단 적이 쏘는 탄의 숫자가 매우 많지만, 플레이어 기체의 공격력도 높고 피격 판정이 매우 작기 때문에, 처음 봤을 때 느낀 난이도로 예측한 지점보다 더 진행할 수 있다. 자신이 능숙해진 것처럼 착각할 수 있다는 것이 이 작품의 뛰어난 점이다.

그리고, 케이브는 1998년에 초능력자들이 날아다니며 싸우는 슈팅 게임 『에스프레이드 (ESP.RA.DE.)』를 발매하는데, 이 또한 만만치 않게 나름대로 인기를 누렸다. 이후 케이브는 2000년대 이후로 넘어와도 슈팅 게임을 계속 만들면서, 장르 최후의 보루로 활약하게 된다.

➍배틀 가레가

중후한 세계관과, 깊이 있는 게임 내용으로 롱 히트했던 1990년대 슈팅 게임의 걸작.
샷을 쏘는 방법이나 잔기 댓수 등, 여러 가지 다양한 요인으로 인해 실시간으로 난이도가 바뀌며 적의 공격 랭크가 변화하는 정밀한 시스템이 특징.

©1996 EIGHTING.

➍도돈파치(怒首領蜂)

탄막 슈팅의 정신을 세웠다 평가받는 세로 화면 슈팅 게임의 걸작. 화면 안에 표시되는 적탄의 숫자만으로 압도된다. 하지만 초심자도 폭탄을 잘 사용하면 나름대로 진행할 수 있는 게임 밸런스로 만들어져 있다.

©ATLUS/CAVE.

‖ 안정된 인기를 유지한 벨트 스크롤 액션 ‖

대전격투 게임이 대세가 된 1990년대에도 꾸준히 뿌리 깊은 인기를 얻은 것은, 캡콤이 만든 벨트 스크롤 액션 게임이다. 1989년에 『❹파이널 파이트』가 히트한 이래, 여러 메이커 개발사가 각각 이 장르에 신작을 발표했다. 하지만 캡콤이 만든 벨트 스크롤 액션은 다른 회사의 것들과는 기준선을 달리하는 높은 퀄리티의 작품들이었다.

그중에서도 인기가 있었던 것은 『천지를 먹다Ⅱ~적벽의 싸움』(1992년/캡콤), 『던전 앤 드래곤: 타워 오브 둠』(1994년), 『에이리언 VS 프레데터』(1994년), 『던전 앤 드래곤 2: 쉐도우 오버 미스타라』(1996년) 등이다.

특히 『던전 앤 드래곤 2: 쉐도우 오버 미스타라』는 능력과 특성이 각각 다른 여러 캐릭터들이 서로 돕고 협력하며 놀 수 있도록 잘 고안되어 있는, 여러 플레이어의 동시 협동 플레이를 통해 새로운 게임성을 창출했다. 오락실에 따라서는 여러 게임기 본체를 케이블로 연결하는 등의 방식으로, 4명 동시 플레이가 가능한 환경을 잘 갖추고 있는 곳이 있었다. 거기서는 실제 모험가 동료들처럼 플레이어들끼리 모여 왁자지껄하게 들떠서, 즐겁게 플레이하고 있는 모습을 볼 수 있었다.

플레이어의 시선과 느낌으로 보면, 이러한 캡콤 작품에 필적하는 퀄리티를 가진 것은 아이렘의 『언더커버 캅스』(1992년) 정도밖에 기억에 없다. 그 만큼 당시 캡콤 제작 벨트 스크롤 액션 게임의 퀄리티는 튀고 있었다.

하지만 이런 작품들은 제작에 손이 많이 가고 번거롭기도 해서, 캡콤도 1990년대 후반부터 만들지 않게 되었다. 결국 결과적으로만 말하면 단 하나의 개발사가 철수하는 것만으로 장르 자체가 거의 소멸해 버린 셈이 되고 말았다.

또 1990년대 캡콤의 인기 벨트 스크롤 액션 게임은, 기존 IP 판권을 사용한 것이 매우 많았다. 그런 관계로 가정용 등으로는 거의 이식되지 않았다. 따라서 이 시대의

❹파이널 파이트

코디, 가이, 해거가 온갖 불량배 그룹들과 싸우는 벨트 스크롤 액션. 그 뛰어난 게임성은 이 장르를 한 단계 높은 레벨로 끌어올렸다고 할 수 있다.
(자료협조: 게메스트)

판권을 사용한 벨트 스크롤 게임 작품들은 그야말로 환상의 게임이 되어 가고 있는 중이었다고도 할 수 있겠다.

‖ 테트리스 이후의 낙하형 퍼즐 게임 ‖

1990년대에도 한 장르로 확고히 확립되어 버티고 있던 낙하형 퍼즐 게임이지만, 그 과정에는 시행착오의 과정이 있었다. 분명 1980년대의 후반에 『테트리스』가 일대 붐을 일으켰지만, 이후 발매된 퍼즐 게임 모두가 인기를 얻은 것은 아니다.

세가는 1989년에, 『테트리스』와 비슷한 룰의 『블록 시드』를 발매한다. 이 작품은 아이템을 사용한다거나, 2인 대전이 가능하다는 요소가 있어서 『테트리스』가 정상 진화한 느낌의 작품이었다. 하지만 난이도가 급격히 높아진 문제가 있어서, 플레이어들에게 그렇게 인기를 얻지는 못했다.

『테트리스』 이후로 낙하형 퍼즐 게임 중 최초로 히트한 작품은 『컬럼스』(세가/1990년) 이다. 보석의 순서를 바꾸어 3개 이상의 보석끼리 맞추어 사라지게 하는, 이후 소위 3매치 게임으로 불리게 되는 부류의 초기작인 게임으로, 안정된 인기를 얻었다.

이후 1992년에는 남코에서 『코즈모갱 더 퍼즐』, 1994년에는 코나미에서 『대전 퍼즐 다마』가 발매된다. 이 두 작품은 대 히트까지는 아니지만, 나름대로 인기를 얻은 작품이라고 할 수 있다.

1995년 발매된 『❹매지컬 드롭』은 위쪽에서 밀려오는 엄청난 양의 구슬을 지워 나가는 퍼즐 게임이다. 이 게임은 『테트리스』 부류와 달리 밑에 쌓이는 게임이 아니다. 하지만 순간적인 판단으로 구슬을 나란히 세워 일렬로 지워가는 감각은, 낙하형 퍼즐 게임 특유의 재미가 있었다.

1994년 발매된 『퍼즐보블』은, 명작 『버블보블』의 캐릭터를 사용해, 널리 인기를 얻어 시리즈화된 작품이다. 이 게임은 위쪽의 구슬을 지우는 타입이지만, 한 수씩

❹매지컬 드롭

구슬을 빨아들였다가 날려서 같은 종류의 구슬을 모아서 없애 나가는 매치형 퍼즐 게임.
버전 업하여 MVS=네오지오 시스템으로 발매되어, 장기간에 걸쳐 인기를 얻었다.
자료협조: 『게메스트』

©G-MODE Corporation.

생각할 시간적 여유가 '어느 정도는' 있는 것이 특징. 사실 게임 템포가 달라서 낙하형 퍼즐 게임 부류라고 할 수 있을지 미묘한 부분이다.

세가판 『테트리스』의 정상진화라는 형태를 파고들어 성공했던 것이, 1998년에 발매된 『❹테트리스 더 그랜드 마스터』(아리카/캡콤)였다. 이 작품은 테트리스를 좋아하는 매니아들을 위해 그 게임성을 극한까지 추구해 만들어진 작품이다. 세가판 『테트리스』에서 기른 다양한 테크닉을 마음껏 발휘할 수 있게 되어 있다. 게다가 이후 2000년에는 같은 제작사에서 테트리스의 집대성이라 할 만한 『❺테트리스 더 앱솔루트 그랜드 마스터』가 발매되었다.

한편 대전 형식의 낙하형 퍼즐 게임으로, 실로 열렬한 팬을 얻은 것이 컴파일의 『뿌요뿌요』(1992년)와 『뿌요뿌요 통』(1992)이다. 게임의 기본 골격은 낙하형 퍼즐 게임인데, 대전 플레이의 재미에 특화된 것이 가장 큰 특징이었다.

『뿌요뿌요』 시리즈가 처음 가동된 것은 대전격투 게임의 전성기였기 때문에, 당시에는 플레이 인구가 그다지 많았던 것은 아니었다. 실제로 일반 오락실에서 대전할 상대를 찾아내는 것은 어려운 상황이었다고 기억한다. 하지만 일부 매니아들 사이에서는 절차탁마해서 파고드는 분위기가 생겨서, 대전 플레이어의 레벨이 점점 올라갔다. 그 결과 확고한 팬 커뮤니티가 완성된 것은 사실이다.

이 밖에도 상당한 숫자의 낙하형 퍼즐 게임이 1990년대에 발매되었다. 이 장르는 특별한 하드웨어나 기술이 필요하지 않아서 만들기 쉬웠기 때문이었던 것으로 생각된다. 그러나 그만큼 안이하게 만들어진 졸작도 많아, 전혀 인기가 없어서 그냥 사라져버린 것도 있다. 그래도 대전격투 게임의 가공할 붐 속에서 낙하 퍼즐 장르는 어떻게든 오락실 한 구석에 자리를 잡았다. 1990년대에 낙하형 퍼즐 게임은, 그런 자리매김으로 버틴 존재였다.

❹테트리스 더 그랜드 마스터

아케이드 판 테트리스를 좋아했던 사람들을 위해서 고집과 집착을 담아 만든 작품. 플레이어가 그랜드 마스터의 칭호를 얻기 위해서는, 실로 가혹한 조건에 도전하게 된다.

‖ 퀴즈 게임의 역사 ‖

퀴즈 게임은 1980년대에서 시작되어, 대전격투 게임이 큰 붐이 된 1990년대에도 끈질기게 살아남은 장르이다. 이전 장에서는 다루지 않았으므로, 여기서는 1980년대로 거슬러 올라가 그 역사를 살펴보기로 한다.

일본 최초의 아케이드 퀴즈 게임은 아마도 『머리 체조』(유니 엔터프라이즈/1983년)였다고 생각한다. 미니 업라이트의 전용 본체 게임으로, 마지막 테스트에서 문제를 모두 맞히면, 잡학박사 학위 인정 증명증 카드, 소위 ❹인정증이 배출되었다.

같은 해에 발매되었고, 이후로도 버전 업을 계속 해서 나름 팬들에게 사랑받았던 것이 타이토의 『울트라 퀴즈』이다. 이 작품은 당시 TV의 인기 퀴즈 프로그램 『아메리카 횡단 울트라 퀴즈』와의 제휴로 제작되었다. 게임을 클리어 하면 게임기 본체에서 인정증이 배출된다. 퀴즈 게임 초기의 대표적인 히트작이라고 할 수 있겠다.

좀 이색적인 것이 『어덜트 퀴즈 이브』(1985년/센트럴 레저 시스템)이다. 밤의 잡학은 퀴즈를 다루는 게임으로, 소위 ❹탈의 요소도 존재하고 있었다. 당시 사춘기였던 필자의 주위에서는 "신주쿠에 야한 퀴즈 게임이 있는 모양이다"라고 입소문이 나 있었다.

1987년에는 『빨리 누르기 대전 퀴즈 하이호』(일본물산)가 발매되었다. 이 작품은 버튼을 빠르게 눌러서 먼저 답을 맞혀야 하는 초기 대전형 퀴즈라는 점이 특징이었다. 인기를 끌어서 시리즈화되기는 했지만, 어째서인지 이 작품 이후 한동안은 퀴즈 게임이 잘 만들어지지 않게 되었다.

아케이드 퀴즈 게임의 가능성을 다시 재인식시켜준 것이, 캡콤이 만든 『❹어드벤쳐 퀴즈 캡콤 월드』이다. 이 작품은 (주사위를 굴려 진행하는) 주사위 말판 놀이의

❹테트리스TA 더 그랜드 마스터2

테트리스 더 그랜드 마스터의 속편으로, 다채로운 모드를 탑재하고 있다. 1인 플레이 이외에도 대전, 협력 플레이가 가능하며, 각종 아이템도 존재한다.
Tetris®; ©Elorg 1987
Tetris the Absolute"The Grand Master 2"TM; ©Elorg 2000
Logo by Roger Dean; ©The Tetris Company 1997 All Rights Reserved
Original Concept & Design by Alexey Pajitnov
Tetris® and Tetris the Absolute"The Grand Master 2"TM licensed to The Tetris Company and sublicensed to Arika Co., Ltd.

시스템을 퀴즈로 가져간 것이 특징이라 하겠다. 그런 요소로 인해 경쟁과 동시에 스토리성과 캐릭터성이 동시에 강조된 내용으로 완성되었다. 그런 새로운 스타일이 나름의 인기를 얻어, 많은 메이커가 퀴즈 게임에 도전하게 되었다.

1990년대 퀴즈 게임은 눈에 잘 띄지는 않았지만, 은근히 꽤 많은 타이틀이 발매되었다. 그중에는 『퀴즈 높으신 분의 야망』(1991년/캡콤)이나, 네오지오에서 만들어진 『퀴즈 수수께끼 탐정 네오와 지오』(1992년 SNK) 등이 우수했다. 덧붙여서 『퀴즈 수수께끼 탐정 네오와 지오』는 일시적으로, 잡지 등의 네오지오 게임 리스트에서 빠진 적이 있었다. 이는 등장하는 캐릭터가 모 유명인사와 비슷했기 때문인 것으로 생각된다.

1990년대 후반에 인기를 끈 것은 남코의 『육아 퀴즈 마이 엔젤』(1996년)이다. 이 퀴즈 게임은 육성 요소를 퀴즈에 도입한 것이다. 친근한 생활의 이야깃거리에 퀴즈를 접목시킨 점이 뛰어나서, 안정된 인컴 수입을 올린 인기작이다.

퀴즈 게임 장르는 소위 대 히트작은 적지만 오락실에서 안심하고 즐길 수 있었다고 할 수 있다. 시사 문제에서는 옛날 이야기가 된 것도 있지만, 기본적으로는 시대나 유행과 관계없이 즐길 수가 있다. 이러한 작품들이 오락실을 떠받쳐 지탱해 왔다는 측면이 있다는 것을 잊어서는 안 될 것이다.

‖ 샐러리맨용 게임의 역사 ‖

1980년대부터 1990년대에 걸쳐, 일에 지친 샐러리맨이 저녁 늦게 오락실에 출입하는 모습을 자주 볼 수 있었다. 이들은 곧잘 담배를 물고서 오락실에 앉아 심심풀이로 게임을 하면서 스트레스를 풀고는 했다.

그런 샐러리맨들은 당시의 게임 매니아들이 좋아하는 인기 게임 부류와는 어느

---

❹인정종
퀴즈 게임에서 마지막까지 진행했음을 나타내는 클리어 증명용 카드. 고전 아케이드 게임 울트라 퀴즈에서는, 작은 상장과 같은 디자인으로 되어 있었다.
❹탈의 요소
플레이어의 성적에 의해, 게임에 등장하는 여성 캐릭터가 차례차례 옷을 벗어나간다는 보상 요소. 보통은 마작, 퀴즈 등의 장르에서 주로 볼 수 있다.

❹어드벤쳐 퀴즈 캡콤 월드

주사위를 사용하는 말판놀이 게임을 진행하는 것처럼 구성되어, 먼저 앞서 나가는 감각을 표현한 퀴즈 게임.
캡콤의 마스코트 캐릭터 모비짱을 비롯해 다양한 캡콤 게임의 캐릭터가 카메오로 등장해서 팬들을 즐겁게 해주었다.
자료협력: 『게메스트』

정도 다른 것들을 즐기고 있었다. 여기에서는 1980~90년대 샐러리맨들을 위한 맞춤형 게임들에 대해서 소개해 보자.

1980년대에는 탈의마작 게임, 화투 게임, 『알카노이드』 등의 블록 격파 게임, 『테트리스』 등의 낙하형 퍼즐 게임들이 샐러리맨들에게 인기가 있었다고 본다.

탈의마작 게임은 1983년에 일본물산이 발매했던 『마쟝 나이트』, 『쟝고우 나이트』 등이 원조라고 생각된다. 그 이름대로 게임 속 상대에게 마작을 이기면 게임 속 상대인 여성이 옷을 벗는다는 스타일의 게임으로, 1980~90년대에 걸쳐 일본물산, 다이낙스(중일본 리스) 등의 메이커들이 많은 작품을 발매했다.

1980년대 후반부터는 마작 패를 사용한 퍼즐 게임 『상하이(上海)』(1988년/ 석세스, 선 전자)가 발매된다. 또 1990년대에는 『상하이』와 비슷한 유형의 『중국룡(中國龍)』(1995년/에이블 코퍼레이션) 등이 인기를 끌었다. 두 작품 모두 시리즈로 만들어져 장기간 가동 중이다. 개인적으로는 탈의 요소가 있는 『중국용 프리티 찬스』(2001년/IGG, 에이블 코퍼레이션)을 자주 즐겼던 적이 있다.

1990년대에 와서는 『로직 프로』(1996년/데니암, 반웨이브)가 시리즈화되어가며 오락실에서 장기간 가동되고 있었다. 이 작품은 가로 세로의 힌트를 바탕으로 그림을 완성시키는 형식의 게임이고, 본래 오래 시간을 들여 플레이하는 가정용 지향의 게임성이 있었다. 그러나 이 작품은 뜻밖에 오락실에서도 잘 받아들여졌다. 복잡한 조작에 손이 바쁜 대전격투나 고난이도의 슈팅 게임이 많아진 가운데, 지나가며 게임을 하는 샐러리맨이나 일반 플레이어에게 있어, 이 정도로 천천히 조작하며 즐길 수 있는 것이 필요했던 것이라 생각한다.

‖ 게임센터에 새로이 싹튼 장르, 음악 게임 ‖

1990년대 후반에 태어난 새로운 게임 장르로 리듬 액션 게임, 통칭 음악 게임이 있다. 아케이드의 음악 게임은, 1997년에 발매된 코나미의 『❹비트 매니아』에서 시작되었다. 『비트 매니아』는 턴테이블과 5개의 건반형 버튼을 갖춘 DJ 시뮬레이션이다. 화면에 표시되는 음표 지시에 타이밍을 맞추어 버튼 등을 조작하여, 사운드의 리듬을 타서 연주한다.

『비트 매니아』이전에도 타이밍을 맞추어 버튼을 누르는 것으로 진행하는 게임은 많이 존재했다. 그러나 음악을 테마로 하여 단지 그것만 가지고서 새로운 스타일을 만든 것은 『비트 매니아』가 최초였다. 단순히 타이밍에 맞춰 버튼을 누르는 것만이 아니라, 리듬을 타고 음악과 일체가 되는 게임 감각은 실로 새로운 것이어서, 발매되자마자 오락실에서 큰 붐을 일으켰다.

코나미는 90년대 대전격투 게임의 붐에 있어서, 다른 대형 메이커보다 뒤처졌다는 느낌을 지울 수가 없다. 그러나 그것이 외려 새로운 도전을 낳는 토양이 되었고, 실제 여기서 꽃을 피웠다고 말할 수 있다. 이후 코나미는 적극적으로 음악 게임 장르의 다양한 가능성을 모색하며, 이것저것 신작들을 만들어내고 있다.

이듬 해인 1998년에는, 코나미는 새로이 『●팝픈 뮤직』이라는 음악 게임을 발표했다. 전작격인 『비트 매니아』가 테크노, 레게, 힙합 등의 음악 장르들을 조금 깊게 다룬 본격파였다면, 『팝픈 뮤직』은 라이트한 감각으로 즐길 수 있다. 조작은 건반 형태가 아니라 크고 귀여운 버튼만으로 되어 있어서 직관적이었고, 보다 폭 넓은 음악 장르에 대응하고 있었다.

또 한 번 플레이어들을 놀라게 한 것이 『●댄스 댄스 레볼루션』(1998년)이다. 이 작품은 화면에 표시되는 화살표 지시에 따라 풋 스위치를 댄스 스텝을 밟듯이 밟아 나가는 것이다. 익숙해지면 스텝을 밟는 것 말고도 상체나 전신을 활용해 실제 춤추는 듯한 퍼포먼스를 할 수도 있다. 실제로 몸을 움직이며 즐길 수 있었다는 점만으로도, 실로 획기적인 작품이었다고 말할 수 있겠다.

코나미는 그 이후로도, 1999년에 『●기타 프릭스』, 『●드럼 매니아』를 발표하고, 2000년에는 『키보드 매니아』를 선보인다. 이런 여러 음악 게임들은 오락실의 한 쪽으로 모이게 되어서, 음악 게임 코너를 따로 만들게 되었다.

●비트 매니아

테크노, 레게 등 다양한 음악 장르를 연주할 수 있는 DJ 시뮬레이션 장르 게임.
아케이드의 한계를 넘어 음악 게임이라는 독자적인 장르를 확립하게 만든 명작.

©Konami Amusement.

●팝픈 뮤직

9개의 버튼을 누르며 즐기는 음악 게임.
폭 넓은 음악 장르를 커버하고 있다.
사용되는 버튼의 크기와 숫자는 처음부터 2인 동시로 협력해서 플레이를 하도록 설계되었다.

©Konami Amusement.

‖ 한발짝 앞을 바라본 코나미의 전략 ‖

이렇게 음악 게임은 1990년대 후반에 태어나, 이후 2010년대까지 20년 넘게 오락실의 주력 중 하나로 계속 이어지고 있다. 이런 열풍이 지속된 이유 중에는 코나미가 생각한 나름 치밀한 전략이 있었다.

『비트 매니아』나 『팝픈 뮤직』 등의 음악 게임은 게임의 골격이 큰 틀에서 정해져 있다. 각각의 차이는 연주하는 악곡의 장르나 그에 포함되는 채보가 된다. 같은 곡을 여러 번 반복 플레이하고 있으면 아무래도 질리게 되기 때문에, 매력적인 신곡을 정기적으로 (업데이트 등으로) 제공해야 한다.

이를 위해서는, 게임기 본체가 벌어들이는 인컴을 계속 조사하고, 적절한 타이밍에 악곡을 추가해야 할 필요가 있다. 코나미는 1990년대부터 그런 것을 잘 알고 있었으며, 상세하게 조사를 해 왔다.

21세기의 아케이드 게임은 게임기 본체의 가동 상황 등의 정보 습득 및 음악 업데이트 등을 온라인으로 할 수 있다. 그러나 1990년대의 아케이드 게임은 아직 온라인화가 되지 않았기 때문에, 그리 간단한 이야기가 아니었다고 본다. 그런 상황에서 『비트 매니아』나 『팝픈 뮤직』을 오랜 기간에 걸쳐 꾸준한 업데이트 등의 수단으로 인기 시리즈로 만든 코나미의 수완은 높이 평가받을 만하다.

‖ 음악 게임에 대한 다른 메이커의 움직임 ‖

다양한 음악 게임들을 발매하며 음악 게임 열풍을 이끌어온 코나미였지만, 다른 업체들도 이에 질세라 이 장르에 따라 진출하다. 그중에서 재미있는 존재였던 것이 『파카파카 패션』(1998년:프로듀스/남코)이다. 이 작품의 가장 큰 특징은 전용 오락실 게임기 본체가 아니라 일반 범용 본체에서 플레이하는 음악 게임이라는 것이었다.

◑댄스 댄스 레볼루션

음악에 맞추어 발판의 풋 스위치를 밟는, 아케이드라서 가능했던 댄스 게임. 아케이드의 역사를 통틀어 돌아봐도, 체력을 소모하는 점으로는 순위권에 들어갈 만한 게임이라고 하겠다.
©Konami Amusement.

◑기타 프릭스

실물에 가까운 형태의 기타 컨트롤러를 사용해서, 화면에 표시되는 노트 지시에 따라 연주하는 음악 연주 게임. 넥 버튼과 피킹 레버를 사용해 조작한다. 이후 시리즈화되었다.
©Konami Amusement.

음악 게임은 아무래도 해당 게임 전용의 대형 게임기 본체로 출시되는 경우가 많다. 그러나 본 작품은 일반 범용형 본체에서 사용 가능한 기판으로 제작되어 확고한 인기를 얻었다. 이 작품은 이후 시리즈화되어 『파카파카 패션2』나 『파카파카 패션 스페셜』(둘 다 1999년 발매)이 발매되었다. 범용 본체로 나온 음악 게임은 이후로도 몇 개 발매되었지만, 이 정도의 인기는 얻지 못했다.

코나미의 뒤를 쫓아 음악 게임을 발매한 메이커로는 잘레코가 있었다. 1999년에 『VJ』를 시작으로 『스텝핑 스테이지』, 『락큰 트레드』(모두 1999년 발매) 같은 음악 게임들을 내놓았다.

이런 음악 게임들에 관련해, 나중에 코나미와 잘레코 그리고 남코가 말려드는 큰 소송이 벌어지게 된다. 이 재판의 자세한 내용에 대해서는 여기에서는 다루지 않는다. 하지만 이 영향으로, 한때 남코의 직영 오락실에 코나미의 음악 게임은 입하되지 않는다~가 암묵적 사실이었던 적이 있었다.

자사의 이득을 확보하기 위해 때로는 재판에서 싸우지 않으면 안 된다는 것은 이해할 수 있다. 하지만 플레이어의 관점에서 보면, 게임을 하느냐 마느냐의 여부는 그 게임 자체가 가진 매력이 전부이다. 플레이어 입장에서 다양한 게임을 선택할 기회를 잃어서, 아예 즐길 수가 없었던 것은 그저 안타깝고 유감일 뿐이었다.

‖ 게임센터에 여고생을 불러들인 프린트 씰 기기 ‖

1990년대 후반에 등장해서, 오락실에서 꾸준히 고정석을 한 자리 차지하게 된 것이 소위 프린트 씰 기기이다. '프린트 스티커' 또는 '스티커 사진'이라고도 불리는, 이 프린트 씰 기기는 돈을 넣으면 사진 촬영을 할 수 있고, 그 사진을 악세사리에 붙일 수 있는 스티커로 출력할 수 있다는 것뿐인, 사실 간단한 기기이다. 일단 오락실에 주로 설치되는 오락 기기이지만 분명 비디오 게임과는 성질이 좀 달라, 게임의

◐드럼 매니아

실제로 드럼을 치는 감각으로 연주하는 음악 게임.
5개의 드럼 패드와 풋 페달을 사용한다.

©Konami Amusement.

범주에는 넣지 못한다고 생각한다.

최초로 만들어진 프린트 씰(=스티커 사진) 기기는 아틀라스(ATLUS)가 제작한 『프린트 클럽(プリント俱樂部)』(1995년)이다. 이 『프린트 클럽』은 CCD 카메라와 모니터, 프린터 등을 조합해 만들어져 있어서, 그때까지의 오락실에선 없던 형태의 기계였다.

이 『프린트 클럽』의 원안은, 아틀라스의 여성 개발자에 의해 만들어졌다. 사내에서 프린트한 사진을, 스티커 씰로 만들어 붙이고 놀다가 생각해 낸 기획이라고 한다. 남성 개발자에게서는 좀처럼 나오기 힘든, 뛰어난 아이디어였던 것은 확실하다.

초기의 『프린트 클럽』은 소형으로 이렇다할 기능도 없었지만, TV 프로그램에서 한 번 다루어지자 여고생들 사이에서 크게 화제와 인기를 모았다. 그리고 그 인기가 일종의 붐처럼 과열되면서, 순식간에 일본 전국의 오락실에 보급되게 된다.

하지만 사실 『프린트 클럽』은 일종의 아이디어 상품이다. 기술이나 디자인에 (원조만이 가능한 부분 같은) 튀는 것이 없어서, 다른 메이커도 금방 보고 따라해서 흉내 낸 기기를 만들기 쉬웠다. 그 때문에 순식간에 다양한 메이커가 각각 독자적인 기능을 가진 스티커 사진을 찍는 기기를 제조해, 시장에 참가하게 되었다.

그래서 스티커 사진 기기는 금방 공급 과다가 되어, 서서히 그 인기가 떨어져 간다. 그리고 최초의 유행은 1997년경에 일단 종식된다. 이 동안에 스티커 사진 기기 자체에 그다지 큰 변화가 있었던 것도 아니다.

프린트 씰 기기의 제2차 유행은 전신(全身) 사진 기기에 의해 시작되었다. 1999년에 토와 재팬에서 전신을 촬영할 수 있는 『스트리트 스냅』이 발매되어, 이 기기에 의해 다시 인기가 치솟게 된다. 전신 스티커 사진 기기는 초대 『프린트 클럽』에 비교해서 꽤 커서, 오락실에 다시 전신 스티커 사진 기기가 모이는 용도의 전용 공간이 만들어지게 되었다.

한편 이 무렵에는 스티커 사진 기기 주변에 남자만은 입장할 수 없는 업소가 많아지게 된다. 누추한 남자밖에 없던 오락실에, 남자 금지의 공간이 생기다니……. 여기에서 시대의 변화가 무척 생생하게 느껴졌다.

이후 전신 사진 기기가 기본 사양이 되며, 각종 기능의 개량이 진행되어 간다. 카메라는 고성능 디지털 카메라로 되어 있어 찍은 사진에 낙서는 물론, 더욱 예쁘게 보이도록 찍은 사진 화상에 다양한 수정이나 필터 등을 가할 수 있게 되었다. 더욱이 잡지나 웹사이트 등과 연계하여 사진을 올리는 등의 캠페인 같은 것을 실시하는 움직임도 볼 수 있게 되었다.

2017년 이 글을 쓰는 현재, 프린트 씰=스티커 사진 기기는 아직 일본 오락실의 주력 중 하나로 활약하고 있다. 이미 젊은 여성들의 문화로 자리를 잡았으며, 앞으로도 꾸준히 안정적인 인기를 이어갈 것으로 생각된다.

제 6 장

90년대 게임센터와 플레이어의 성질 변화

1990년대는 게임센터가 일반에 인정되어 가고, 다양한 플레이어 층이 유입된 시대라고 말해도 좋다고 생각한다. 대전격투 게임의 큰 인기, 3D 폴리곤 기술의 발전에 의해 게임센터의 위세가 높이 떠올랐지만, 동시에 다른 한편으로는 다양한 마찰과 사건들도 일어났다. 여기에서는 1990년대의 게임센터에 대해서 필자가 느낀 것을 정리해보도록 한다.

‖ 1980년대 게이머와 1990년대 게이머의 차이 ‖

1990년대는 1980년대와 비교하면, 게임센터에서 논다는 것에 편견이 없어진 시대라고 할 수 있다. 1980년대에 게임센터에서 놀던 플레이어가 어른이 되어, 세대교체가 진행된 것이 그 큰 이유라고 생각한다.

대전격투 게임이 붐이 되었을 때는, 대전을 즐기던 플레이어들끼리 리얼로 싸움이 났다는 뉴스를 종종 듣기도 했다. 그러나 1980년대와 같은 사회적인 공격은 별로 없었던 것 같다.

대전격투 게임이 붐을 일으키고 난 뒤에는 게임에 등장하던 캐릭터가 인기를 모았다. 이 캐릭터들에 대한 인기는 게임이라는 틀을 넘어, 지금까지 만화나 애니메이션을 사랑하고 있던 층에게도 영향을 미치게 된다. 장르나 매체라는 울타리를 넘어서 미디어믹스가 이루어지게 되어, 다양한 캐릭터 상품이 발매되게도 되었다.

이 시점에서 오락실은 넓은 의미에서 오타쿠 문화에 편입되었다고 말할 수 있다. 시대가 흐르는 것에 따라, 오락실은 서브컬쳐 문화의 발신지로 많은 사람들에게 인정받는 장소가 되어 갔다.

그런 한편으로는, 오락실에 대한 농밀한 애정이 플레이어들 안에서 없어진 것처럼 느껴지기도 한다. 1980년대의 아케이드 게이머들은 사회적 역풍에 직접 맞으면서, 그것을 발판으로 활동하고 있던 듯한 면모가 있었다. 그 어려운 상황이 플레이어의 의식을 높이며, 자신들의 즐거운 장소를 지키겠다고 하는 행동으로 연결되어 갔던 것도 있었다.

1990년대에 이르러 오락실은 일반적으로 인정받게 되었고, 그 존재는 세상에서 당연한 것이 되었다. 이는 1980년대 아케이드 게이머들이 과거에 필요로 하며, 바라고 있던 미래였다. 그러나 그 때문에 플레이어들에게서 어떤 종류의 필사적이거나 비장함 같은 감각이 희미해져서, 좋던 나쁘던 게임을 당연한 것으로 받아들이며 즐기는 시대가 되었다.

이런 감각은 필자 개인적으로 피부로 느낀 감각이지, 사실을 벽돌처럼 쌓아 올리듯 정량적으로 나타낼 수 있는 것은 아니다. 오락실에 대한 생각은 사람마다 각자 다르다. 그런데도 전체적으로 보면, 1980년대와 90년대의 사이에는 전체적으로 플레이어의 기질이 바뀌어 왔다고 생각하게 된다.

‖ 게임 매니아와 캐릭터 오타쿠 ‖

1980년대 후반에서 90년대에 걸쳐, 게임센터에 오는 플레이어의 질이 변화하는 시기가 있었다고 생각한다. 이때에 새로이 늘어난 플레이어 부류가 애니메이션이나 코믹을 좋아하는, 소위 말하는 오타쿠 층인 것이다.

1980년대에 있어서, 오타쿠 기질의 게임 플레이어는 이미 많이 존재했다. 필자의 지인 중에도 애니메이션 쪽을 좋아하는 사람은 많았다고 기억하고 있다. 하지만 80년대의 게임은 하드의 성능 관계 상 캐릭터 표현이 미숙했고, 캐릭터의 매력을 완전히 끌어내기는 힘들었다. 그 때문에 당시에는 애니메이션은 애니메이션, 게임은 게임으로, 완전히 다른 것으로 생각하고 있던 사람이 많았던 것 같다.

또 당시는 아직 오타쿠라는 말이 완전히 정착되어 있지는 않았고, 게임을 좋아하는 플레이어는 게임 매니아라고 따로 불리고 있었다. 필자가 1980년대에 오타쿠라는 말을 들었을 때는, 어딘가 위화감이 있었던 것이다. 나는 오타쿠가 아니라, 게임을 좋아하는 매니아일 뿐이라고 생각했고.

'오타쿠=여성 캐릭터를 좋아한다'라고 하는 것은 지나치게 단편적인 생각이다. 그러나 여성 캐릭터의 존재가, 하나의 바로미터가 된다는 점은 분명 인정할 수 있다고 생각한다. 아케이드 게임에서 여성 캐릭터가 두드러지기 시작한 것은 1980년대 후반부터이다.

여성 캐릭터로 화제가 되었던 작품으로, SNK의 『◉아테나』(1986년)가 있다. 플레이어가 사용하는 주인공 캐릭터인 아테나 공주는, 비키니 차림을 하고 있는 것으로 알려져 있다. 게임을 진행하면서 갑옷이나 의상을 구해 장비해 나가는 게임이므로, 게임 플레이 중 내내 비키니 차림은 아니다. 하지만 비키니 차림의 공식 일러스트가 당시에는 임팩트가 있어서, 플레이어들에게 주목을 받았다.

또한 앞에서도 잠깐 언급했던 타이토의 『◉기기괴계』(1986년/타이토)는 무녀인 여성 캐릭터가 주인공이다. 무녀 캐릭터는 이후 게임 이외의 다양한 콘텐츠에 사용되게 되는데, 사실상 이 작품이 원조라고 해도 좋다. 게임 자체의 퀄리티도 높고, 지금까지도 팬이 남아 있을 정도의 타이틀이다.

『◉타임 갈』(1985년/타이토)은 그중에서도 특수한 타이틀이다. 이 작품은 레이저 디스크 (LD) 게임으로, 영상 표현은 애니메이션과 거의 다르지 않다. 주인공은 시공을 넘나드는 여자 캐릭터로, 애니메이션 풍으로 그려진 캐릭터의 매력 또한 충분하고도 남는다. 하지만 캐릭터의 주목도나 인기에 비해서 오락실에 기기가 많이 돌지 않았기에, 아쉬운 타이틀이었다고 생각한다.

레이저 디스크 게임은 분명 캐릭터의 매력을 표현하는 데에 우수한 장르이기는 하다. 그러나 CG기술의 발달로 인해 급속하게 쇠퇴하여, 1980년대 후반에는 이미 거의 찾아볼 수 없게 되었다.

‖ 비디오 게임으로의 오타쿠 층 유입 ‖

게임 내에서 캐릭터(특히 여성 캐릭터)를 매력적으로 표현될 수 있게 됨에 따라, 플레이어 층에도 변화가 보이게 된다. 게임성보다도 캐릭터를 중시하는 타입의 플레이어가 슬슬 늘어나기 시작했던 것이다.

❹아테나

아테나 공주를 조작해서 진행하는, RPG 요소가 있는 사이드 뷰 액션 게임. 다양한 지형을 파고들어가 돌벽을 부수는 등으로 아이템을 획득한다. 『A.S.O.』, 『怒(이카리)』 등에 못지 않은, 격투 게임 시대 이전에 SNK의 인기작이었다.

❹기기괴계

'사요'라는 이름의 무녀 캐릭터를 조작하여 요괴들을 쓰러뜨리는, 타이토의 액션 슈팅 게임. 식신의 성에 등장하는 캐릭터 유우키 사요는 본작을 리스펙트한 것이다.

그런 경향을 나타내는 예로, "노트"에 그려지는 그림이 있다. 1980년대 후반에는 오락실에서 플레이어들 사이의 커뮤니케이션을 위한 "노트"가 놓여 있는 경우가 있었다. 이 노트를 이용해서, 플레이어들 간에, 또는 오락실 업소 운영자 측들과의 커뮤니케이션을 도모하자는 것이었다. 이 노트에 개인 하이스코어 등의 기록이나 기기 수리를 요구하는 등의 글뿐만 아니라, 게임 캐릭터의 그림이 그려지는 일이 점점 늘어나게 되었던 것이다.

당시 아케이드 게임 플레이어들의 주류는 '게임은 그저 놀고 즐기는 것', 이라는 인식이 있었다. 캐릭터를 사랑하는 사람들과는 약간 기질이 달랐기 때문에, 그런 점에서 마찰이 생기게 된다. 당시 일부 게임 매니아는 오락실에 비치된 노트에 그림을 그리고 있는 사람들을 **❹노터**'라고 부르며 싫어했다. 오락실에 왔으면서도 게임도 제대로 하지 않고서, 일러스트 그림만 노트에 그리고 있는 것은 기분 나쁘다는 이유 때문이었다.

사람은 그 기질과 기호에 따라 인간 관계와 커뮤니티를 만들고, 그 안에서 행동을 한다. 1980년대 후반은 오래된 게임 매니아들 사이에 오타쿠 층이 유입되기 시작한 시기였다. 그렇기 때문에 서로 이해하지 못하고, 이런 식의 자잘한 마찰이 일어났던 것 같다.

‖ 대전격투 게임과 캐릭터 인기 ‖

1990년대가 되어 대전격투 게임이 게임센터의 주류가 되면서 대량의 오타쿠 층이 밀려들어와, 게임 매니아들과 일체화하게 된다. 대전격투 게임은 1대 1의 싸움이기에 캐릭터가 크게 클로즈업된다. 캐릭터를 좋아하는 오타쿠 층에게는 받아들이기 쉬운 장르였다고 할 수 있겠다.

대전격투 붐을 연 첫 히트작인 캡콤의 『스트리트 파이터Ⅱ』(1991년)에는 여성 캐릭터가 **❹춘리**(春麗: 춘려) 밖에 없었다. 주먹과 발로 치고 받고 하는 게임에 여성

❹타임 갈

'레이카'라고 하는 이름의 여성 주인공이, 악당에게서 타임머신을 되찾기 위해 시공을 여행하는 LD게임. 레이카가 적에게 당하는 장면들이 다채롭고 재미있어서, 일부러 당하는 플레이어도 있었다.

❹노터

일본의 오락실에서 플레이어들 간의 커뮤니케이션 용도로 놓아둔 노트에 그림을 그리던 사람들을 말하는 것으로, 노트를 사용하는 것 때문에 붙은 것이라 생각된다. 영어로 같은 의미의 단어가 있는 것은 아니고, 완전히 일본 특유의 오락실 한정 로컬 용어에 해당한다.

❹춘리(春麗)

대전격투 게임 『스트리트 파이터Ⅱ』에 등장하는 홍일점인 중국 캐릭터. 한자로 춘려라고 쓰지만 읽을 때엔 춘리라고 발음한다. 이동이 빠르고, 발 기술을 많이 사용해서 싸운다.

캐릭터를 넣어도 좋을지 개발 도중에 논의되었다고 들었다. 메인 급 남성 캐릭터인 류나 켄도, 그다지 오타쿠들에게 먹힐 분위기는 아니었다.

그에 비하면, 후발주자인 SNK는 오타쿠 층의 취향을 붙잡는 것에 좀 더 능숙했다고 본다. 우선 『아랑전설2』(1992년)에서는 ●테리(보가드), ●앤디(보가드), ●죠(히가시)라는 남성 캐릭터들과 ●시라누이 마이(不知火舞)라는 여성 캐릭터가 인기를 끌었다. 게다가 이어지는 『더 킹 오브 파이터즈』 시리즈에서는 ●쿠사나기 쿄(草薙京)와 ●야가미 이오리(八神庵)라는 (미형의) 남성 캐릭터가 등장하여, 여성 플레이어들에게 높은 인기를 얻게 된다. 여성 팬들끼리 오락실에서 대전을 하는 모습은 그다지 볼 수 없었지만, 많은 동인지에서 이런 미형 남성 캐릭터들이 그려지게 되었다.

이런 캐릭터들의 인기를 모아, 게메스트의 모체인 신성사(新声社)를 포함하는 여러 출판사들에서 격투 게임 캐릭터의 앤솔로지 코믹들을 출판하게 된다. 이들 앤솔로지 만화는 동인색이 특히 강한 것으로, 당시의 일반 만화들과는 상당히 분위기가 달랐다. 당시 필자는 여기서 처음으로 동인지 특유의 "마무리나 맥락이 없는 네 컷 만화"를 읽고 충격을 받았던 것이다.

이 무렵에 이르러서 애니메이션이나 만화의 팬들과 게임의 팬은 완전히 섞여서 어울리게 되었다고 생각한다. 그러나 1980년대 후반과 같이, 기존의 대전게임 플레이어들과는 다른 센스를 지닌 오타쿠 층이 급격히 유입되었기 때문에, 여기서도 자잘한 마찰이 일어나게 된다. 그리고 그런 것은 『●더 킹 오브 파이터즈'94』에서 특히 두드러지게 나타났다.

『더 킹 오브 파이터즈'94』는 쿠사나기 쿄에 ●니카이도 베니마루 등등의 인기 캐릭터가 많이 투입되어 있고, 게임센터에서도 히트한 대전격투 게임이다. 이 작품은 1994년도의 게메스트 대상을 수상했다. 게메스트 대상은 독자 투표로 선정하는

●테리 보가드
　『아랑전설』 시리즈에 등장하는, 주인공 격인 청년. 붉은 모자를 쓰고 있으며, 마샬 아츠로 싸운다.
●앤디 보가드
　『아랑전설』 시리즈에 등장하는 미청년 캐릭터로, 보가드 형제의 동생(테리가 형). 고무술인 골법을 사용한다.
●죠 히가시
　머리띠를 매고, 복싱 트렁크스를 입고 무에타이를 사용해 싸우는 청년 캐릭터. 아랑전설 시리즈에 등장한다.
●시라누이 마이
　피부가 드러나는 노출도 높은 붉은 쿠노이치 의상을 입고, 부채를 무기로 싸우는 여성 캐릭터. 첫 등장은 『아랑전설2』에서부터.

상이기 때문에, 그 인기가 실제로 아주 높았다는 것을 증명하고 있다고 말할 수 있다.

하지만 『더 킹 오브 파이터즈'94』는 완성도와 게임성에서 마무리가 거친 부분이 있다. 그 거친 부분은 어떤 사람이 보기엔 나름 매력적이었고, 또 다른 사람이 보기엔 명확한 결점이었다. 좋든 나쁘던 간에 캡콤의 대전격투 게임과는 달리, 취향이 갈리는 부분이었다.

캡콤의 대전격투 게임을 좋아하던 플레이어에게 있어서는, 캡콤의 대전격투 게임 쪽이 더 치밀하고 재미있는 시합을 즐길 수 있을 것이라 느낀다. 캡콤 팬들에게 『더 킹 오브 파이터즈'94』는 게임성이 많이 난잡한 느낌이라, 오타쿠들에게 얻은 캐릭터들의 인기 같은 것만으로 버티고 있는 게임처럼 보일 수도 있었을 것이다.

하지만 『더 킹오브 파이터즈'94』의 팬들에게는, 캐릭터의 매력을 이끌어내는 뛰어난 게임성이 있다고 느껴질 수 있다. 일단 호쾌하게 싸움을 즐길 수 있는 여러 가지 요소가 있으므로, 다른 사람들 누구에게라도 불평을 받을 이유는 없다고 생각한다.

이것은 실제 기호의 문제라고 해도 좋다. 냉정하게 생각하면 남의 입맛이나 취향에 굳이 트집을 잡을 필요는 없을 것이다. 그러나 서로 다른 센스를 가진 집단이 대량으로 들어오면, 처음엔 거부반응이 생기기 마련인 것이다. 또 플레이어들이 격투 게임에 대한 열망 같은 팬심이 높아졌기 때문에, 각각의 작품들 간에 우열을 세우는 것에 신경을 쓰게 되는 것이다.

나중에는 대전격투 게임의 대표 주자격인 시리즈라고 누구나 인정하게 되는 『더 킹 오브 파이터즈』 시리즈. 그 킹오파 시리즈조차도 처음 나왔을 무렵에는 이러한 마찰이 있었던 것이다.

---

❶더 킹 오브 파이터즈'94

대흥행작 킹 오브 파이터즈 시리즈의 첫 작품. 줄여서 『KOF 94』로 많이 쓰이며, 주인공 쿠사나기 쿄는 쿠사나기류 고무술을 계승해 불꽃을 다루어 싸우는 캐릭터로, 위 중2병 같은 심리를 자극하는 설정과 디자인으로 많은 열성 팬들을 획득했다.

❷쿠사나기 쿄

킹 오브 파이터즈(KOF) 시리즈 중 오로치 편의 주인공. 붉은 불을 다루는 쿠사나기 류 고무술을 사용한다. 개량 교복과 태양의 일륜 문장이 새겨진 오픈 핑거 글러브가 트레이드 마크.

❸야가미 이오리

보라색의 불꽃을 다루는, 쿠사나기 쿄의 라이벌 캐릭터. 첫 등장은 『킹 오브 파이터즈'95』. 그 인기는 주인공인 쿄를 뛰어넘는 것이었다.

❹니카이도 베니마루

『KOF 94』에서 주인공 쿠사나기 쿄와 일본 팀을 결성한 하프 미청년. 전기를 다루는 기술을 쓰는 것이 특징.

‖ 최후의 '패가르기(*주)'가 된 『싸이킥 포스』 ‖

당시에 열병 같이 큰 붐이라고 할 만한 소요를 일으켰던 「더 킹 오브 파이터즈」 시리즈였지만, 그 인기는 착실하게 높아졌으며, 결과적으로 많은 유저를 받아들이게 되었다. 하지만 또 논쟁을 부르는 작품이 등장한다. 그 작품이 바로 『◆싸이킥 포스』 시리즈이다. 이 『싸이킥 포스』(1996년/타이토)의 캐릭터는 「더 킹 오브 파이터즈」 시리즈보다도, 더욱 더 애니메이션의 캐릭터에 영향을 받은 디자인이었다.

캐릭터 때문에 여성 플레이어들 사이의 인기가 높은 작품이기도 해서, 그때까지의 대전격투 게임과는 또 완전히 다른 플레이어 집단 그룹을 확보하고 있었다고 말할 수 있다. 그래서 그 때문에 더욱 더 이 작품과 이 작품의 팬층을 싫어하는 플레이어가 적지 않게 존재했다.

또한 이 작품은 그 이전까지의 대전격투 게임과는 달리, 입체 필드 안에서 자유롭게 움직일 수 있는 독특한 게임 시스템을 채용하고 있다. 파고들면 분명 속이 깊은 작품이지만, 이전까지의 대전 게임에서 통했던 대전 이론이 통하지 않는 게임이었으며, 그런 점에서 기존 플레이어가 이해하기 어려운 측면이 있었다. 널리 일반적인 대전 플레이어 층에게 받아들여진 작품은 분명 아니었다고 할 수 있다.

그러나 이 작품에 열렬한 팬이 있었던 것은 확실하고, 그것이 오락실에 새로운 플레이어를 부른 것도 틀림없다. 본래 그것은 기쁜 일이지만, 기존의 커뮤니티를 유지하고 싶었던 플레이어는 그런 것을 부정했다. 일부 오타쿠 층만 떠들썩하게 소요하며 즐기던 게임이라는 딱지를 어떻게든 붙이고 싶었던 것이었다.

『싸이킥 포스』 시리즈는 발매 20년이 넘은 지금까지도 관련 이벤트에 사람들이 몰릴 정도로 인기가 있는 시리즈이다. 그럼에도 불구하고 아직까지 여전하게 혐오감을 드러내는 사람도 존재하고 있고, 이런저런 면에서 애증이 반반씩 섞인 평가를 받는 작품이라고 할 수 있겠다.

◆싸이킥 포스

초능력을 사용하며, 360도로 자유롭게 움직이는 평면 필드 안에서 싸우는 대전 게임.
속편은 『싸이킥 포스 2012』(1998년)로 당시 많은 여성 팬들을 매료한 게임이다.

※ 역자 주
"패가르기"의 원문은 "그림 밟기(踏み絵=성화 밟기)"인데, 여기서는 의역을 했다. 본래 '그림 밟기'는 가톨릭이나 기독교를 탄압하던 에도 시대의 일본에서, 가톨릭 신자를 찾아내기 위해서, 예수나 성모 마리아 그림을 새긴 목판을 밟게 하던 것을 말한다. 본서의 내용에서는, 기존의 격투 게임 팬들이 「싸이킥 포스」를 캐릭터 팬이나 오타쿠가 하는 게임으로 취급해서 "너는 캐릭터 그림을 밟을 수 있는가"라고 그림 밟기를 시킨다~라는 의미로 사용했으며, 본문 내용의 완곡한 표현에 맞추어 "패가르기"로 의역하였다.

오락실이라는 기반을 계속 반석처럼 굳게 하려면, 오락실에 오는 서로 다른 여러 부류의 다른 기호에 다른 취향인 사람들을 허용해야 한다. 그러나 사람은 아무래도, 자신의 영역을 침범당하고 싶지 않다는 본능에 이런 기존과는 다른 부류의 방향 등에 자극을 받기가 쉬웠던 것 같다. 「싸이킥 포스」 시리즈를 둘러싼 자잘한 소동들은, 대전이란 틀 안에서 집착하는 인간의 업보 같은 것을 어쩔 수없이 싫을 정도로 계속 느끼게 했던 것이다.

‖ 대전격투 게임과 매너의 문제 ‖

대전격투 게임의 유행에 따라, 이 장르 안에서만 해당되는 새로운 문제가 부상하기 시작했다. 그것은 "대전에서 이기기 위해서라면, 게임 안에서 어떤 짓이든 해도 괜찮은 것인가"라는 문제였다. 이 문제는 대전 매너의 문제로 불리며, 논란과 논쟁을 불러일으키게 되었다. 당시 필자가 소속되어 있던 잡지 게메스트에서는, 독자들로부터 이런 매너 문제에 대한 사연이 여러 번 들어왔던 것이다.

매너를 지켜야 한다고 주장하는 입장의 플레이어는 불쾌한 기술을 사용하는 것을 싫어한다. 예를 들어 영구히 지속되는 연속기나, 탈출이 어려운 기술 등이다. 모든 대전격투 게임이 완벽한 게임 밸런스를 갖추고 있을 수는 없기 때문에, 얼핏 보기에도 답 없이 끔찍하다고 생각되는 기술은 꽤 많이 존재한다. 그러니까 이러한 기술을 사용하지 말라, 매너 위반이다, 하고 말하는 것이다.

다른 한편으로 "게임 안에서 플레이어가 할 수 있는 것은 무엇을 해도 된다"라고 주장하는 플레이어도 있다. 그런 플레이어들의 주장은 "이기기 위해서 최선을 다하는 것이 뭐가 나쁘냐"라는 것이다. 전력을 다해야 즐거운 싸움이 되는 것이고, 거기에 제한을 붙이는 것의 의미를 모르겠다, 라는 것이다.

이것은 어느 쪽이나 지당한 의견이라고 수긍할 수가 있다. 반대로 말하면, 어느 쪽에도 문제가 있다고 말할 수 있다. 예를 들면, 매너를 지키라고 하는 사람의 의견 중에는 이런 논조가 있었다.

"내가 싫다고 생각하는 것은, 남에게 하지 않는 것이 당연하다. 그러니까 매너를 지키지 않는 플레이어가 나쁘다." 이 말은 분명 지극히 당연한 말을 하고 있는 것처럼 들린다. 하지만 "나 자신은 싫다"라고 생각하는 기준이 사람마다 다르다는 점이 포인트이다. "내가 불쾌한 일을 하지 말라"라고 주장하는 것을 의견으로 따지고 들어가면, 역으로 무슨 일을 해도 "내가 불쾌하니까"라는 이유로 부정당하게 될 수도 있다.

즉 자신의 기준이 전부라는 생각으로, 자신이 정의라고 생각하고 있으면 대화가 성립되지 않게 된다. 필자는 "매너를 지켜라"라는 논조 속에서 자기 본위의 위선적인 부분이 있는 경우를 느끼고 있었다.

그렇다고는 해도, 상대가 싫다고 말하고 있는데도 그런 것을 굳이 계속 하고 있다는 것도 문제가 있다. 이는 단순히 어느 쪽이 옳다는 것이 아니라, 서로의 생각과 의견이 공존해 나갈 수 있도록 생각해야 하는 것이다.

이를 해결하기 위해서는 어떤 방법을 생각해야 하는 것일려나. 한 가지 생각할 수 있는 것이, 분명 상대가 싫어하는 기술이 게임에 존재하지 않으면 문제는 없어져 버린다는 것이 있다. 애시당초 게임을 플레이하는 사람이 아니라 게임 안에서 해결을 구할 방향이다. 그러나, 동시에 그렇게까지 게임 밸런스에 완벽함을 요구하는 것은 가혹하다고 할 일이다. 또한 게임이란 어느 정도 불쾌하고 막히는 감각이 있어야, 그것을 돌파하는 재미가 두드러져 보이게 된다는 측면도 있다. 플레이어에게 아양을 떠는 결과로, 게임 자체가 시시해져서는 본말이 전도되는 것이다.

그렇다면 플레이하는 환경을 나누면 되지 않으려나 생각할 수도 있다. 서로 가치관이 다른 사람들끼리 대전하게 되기 때문에 문제가 생기는 것이면, 각각 대전 장소를 나누면 문제는 없어진다. 이는 분명 이상적인 해결 방법일지도 모르지만, 실제로 오락실에서 대전 환경을 나눈다는 것은 어려웠다.

이런 문제는 『스파Ⅱ』의 인기가 폭발해, 새로운 층의 플레이어가 오락실로 몰려오면서 생긴 문제이다. 이전부터 오락실에 있었던 사람이라면, 아무래도 "뭐든지 있다"라는 가치관이 주류를 이뤘을 거라고 생각되지만, 새로 들어온 사람들은 그렇지는 않았다. 다른 쪽에서 신규로 들어왔을 뿐이지, 그때까지 지속되었던 오락실 매너를 아는 것은 아니다. 신규 플레이어가 많아지면 많아질수록 '오락실 안'이라는 공간의 새로운 룰과 매너를 주지시켜야만 했던 것이다.

역설적으로 말하면, 이런 매너 문제가 툭 불거질 정도로, 많은 플레이어가 오락실을

새로이 찾아왔던 것이다. 당시 대전격투 게임의 인기는 그 정도로 과열되어
뜨거웠었다.

제 7 장
·······007·······

데이터 보존과 네트워크의 도입

플레이 데이터를 보존하여, 이어가면서 플레이를 계속한다는 시도

2000년대에 들어선 이후, 일본의 게임센터에서는 데이터를 보존할 수 있는 카드 디바이스를 사용하여 일본 전국에서 온라인대전을 즐길 수 있는 대형 게임이 다수 투입되기에 이른다. 이런 변화에 따라서 범용형 본체에서 사용가능한 신작 게임의 숫자는 확실히 줄어들어 버리고 만다. 이 흐름으로 인해 오락실은 반강제로 크나 큰 변화를 겪게 되었다.

과거에도 플레이한 데이터를 반영하여, 다음에 플레이할 때에 계속적으로 놀게 하려는 시스템은 1980년대 무렵에도 이미 존재했다. 플레이 후에 표시되는 패스워드를 적거나 해서 보존해, 다음에 플레이를 할 때 패스워드를 입력하면 이전 플레이의 진행 상태를 이어서 플레이할 수 있도록 하는 것이다.

그런 시도 중에서 유명한 것은 역시 1987년에 발매되었던 『이시타의 부활』(남코)이였다. 장르는 (오락실에선 드문) 롤플레잉에 가까운 게임으로, 패스워드를 입력하면 자신이 이전에 진행한 만큼 성장한 플레이어 데이터를 사용할 수 있다. 그러나 패스워드를 생성하는 알고리즘이 분석되어 버려서, 자신이 직접 강해질 때까지 플레이하지 않았다고 해도 알고리즘으로 만들어진 패스워드를 입력하면 처음부터 강한 캐릭터를 사용할 수가 있다는 문제가 발생해 버렸다.

이러한 패스워드 방식은, 이후에도 액션 RPG나 마작, 퍼즐 게임 (심지어는 일부 대전격투 게임에서도) 등에서도 사용되었던 적이 있다. 그러나 좀처럼 정착되지는 않았다.

카드 시스템의 계기가 된 『더비 오너즈 클럽』

게임센터의 게임에 있어서, 카드에 정보를 보존하는 시스템을 최초로 사용했던 것은 세가의 『⚫더비 오너즈 클럽』(1999년)이다. 이 게임은 경주마를 키우는 육성 시뮬레이션 게임으로 말을 키워서 레이스에서 승부를 겨룬다는 것이다. 은퇴한 말은 교배해서 자식을 낳고, 혈통을 이어가는 것이 가능하다. 이러한 시스템은 데이터를

⚫더비 오너즈 클럽
세가가 제작한, 경주마를 키우고 조교해 레이스에서 달리게 하여 겨루는 육성 시뮬레이션 게임. 말은 교배시켜 자식을 만들 수 있으며, 그 혈통은 유전적으로 이어지게 된다. 게임 플레이 데이타 및 각종 정보는 카드에 보존된다.

기록할 수 있는 카드를 잘 이용한 것으로, 본 작품은 플레이어들에게 열광적인 지지를 받게 되었다.

『더비 오너즈 클럽』의 성공으로부터, 그때까지 기존의 아케이드에는 거의 없었던, 데이터를 보존해서 계속해서 플레이하게 만드는 시스템이 적극적으로 채용되게 된다. 또 2000년 무렵에는 세가의 가정용 게임기 『드림캐스트』의 데이터 저장 기기인 ❹비주얼 메모리를 이용해, 아케이드 게임과 가정용 게임 사이에 데이터를 주고받을 수 있게 하는 시도가 이루어졌다.

이 비주얼 메모리를 사용한 데이터의 교환은 분명 흥미로운 것이었지만, 결과적으로는 그다지 성공했다고는 말할 수 없다. 플레이어에 대해서, 가정용과의 연동으로 가능한 매력적인 요소를 더 제공하지 못했던 것은 아쉽게도 유감스러운 일이었다.

또 2001년에는 『버추어 파이터4』에 있어서 네트워크 서비스인 VF.NET가 개시되었다. 이것은 카드를 사용해 단위인정 등을 실시하는 것으로, 아케이드 게임에서 네트워크 서비스의 선구자에 해당하는 것이다.

당시 세가가 추진한 이러한 선진적인 시도는, 분명 모두 성공한 것은 아니다. 그러나 그 도전은 확실하게 미래에 대한 초석을 하나씩 놓고 쌓아가는 것이었다.

트레이딩 카드 아케이드 게임의 등장과 전국 온라인 대전의 개시

2002년에 세가는 대형 게임기 본체 전용의 축구 게임 『월드 클럽 챔피언 풋볼』(이하 『WCCF』로 줄여 표기함)을 발매한다. 이 작품은 트레이딩 카드와 비디오 게임을 결합한 것으로, 그때까지 유례가 없었던 아이디어로 플레이어들을 놀라게 했다.

본 작품에서는 플랫 리더 위에 배치한 선수 카드를 조작하는 것으로, 팀 포메이션의 변경이 가능하다. 또, 시합이 끝날 때마다 선수 카드가 한 장 배출되고, 그 카드는 새로 팀에 편입시킬 수가 있었다.

팀 전체의 상세한 데이터는 별도의 IC카드로 관리된다. 이것은 앞에 설명한 『더비

---

❹비주얼 메모리
  가정용 콘솔 게임기 『드림캐스트』에 사용되었던, 데이터를 보존하는 메모리 기기. 오락실에서도 이 비주얼 메모리에 대응되는 게임기 본체가 존재했다.

오너스 클럽』으로부터의 흐름을 이어받아 지속한 것이라 할 수 있겠다. 한편, 카드를 움직여 팀을 조작한다는 것은 이때까지 없었던 개념으로, 조작 디바이스에 관해서도 혁신적이었다. 여기에 다양한 선수 카드를 모으는 컬렉터적인 재미도 더해져 있다. 이러한 트레이딩 카드를 사용한 게임은, 이후 트레이딩 카드 아케이드 게임으로 불리며, 새로운 장르로써 자리를 잡아 정착하게 된다.

『WCCF』에서의 카드를 사용한 조작 디바이스 개념, 컬렉터 지향성은 당시의 가정용 게임에서는 대용과 대체가 불가능했던 요소였다. 『WCCF』는 게임 화면의 그래픽 퀄리티에만 의존하지 않고서, 게임센터에서만 가능한 독자적 매력을 만들어 내고 있다. 본작의 히트는, 분명 그 이후에 아케이드 게임의 가능성과 방향성을 나타낸 것이었다고 말할 수 있을 것이다.

같은 해에는 코나미에서 『❹마작 격투 클럽』이 발매되었다. 발매 당초에는 오프라인 게임이었지만, 그 해 안에 전국 온라인 대전을 할 수 있는 형태로 버전 업(Version Up)되었다. 그리고 이 작품이, 아케이드에서 전국 온라인 대전을 구현한 최초의 비디오 게임이다.

마작은 분명 일본 아케이드에서는 친숙한 게임이다. 『쟝퓨터』(1981년/산리츠 전기)의 첫 히트 이후, 무수한 마작 게임이 오락실에서 기동되었다. 그 토양을 이어받아 계승한 『마작 격투 클럽』의 전국 온라인 대전은, 순조롭게 플레이어들에게 받아들여진 것이다. 이후 버전 업과 업그레이드를 반복하면서, 2017년 현재까지 계속 가동되고 있다.

이 시대까지도 일본의 오락실에는 이른바 '탈의 마작'이라는 장르가 끈질기게 이어져 왔다. 하지만 본 작품의 등장으로 인해, 오락실에서 마작 게임을 즐기던 플레이어 층의 대부분은, 이 『마작 격투 클럽』라는 작품으로 흘러갔다. 결과적으로 이 작품의 인기는, 사실상 '탈의 마작'의 역사에 종지부를 찍는 것이었다고 말할 수 있다.

❹마작 격투 클럽

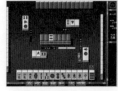

일본 전국에서 온라인 대전을 최초로 도입했던 작품. 온라인 통신을 통하여 본격적인 4인 마작을 즐길 수 있다. 또 카드 시스템에 대응하여, 승패 숫자나 단위 등의 정보를 기록해서 남길 수가 있다.

속속히 발매되는 네트워크 형 게임, 트레이딩 카드 아케이드 게임

마작 게임으로 일본 전국에서 온라인 대전을 성공시킨 코나미는, 2003년에 『퀴즈 매직 아카데미』를 발매한다. 이 작품은 전국 온라인 대전이 가능한 퀴즈 게임이다. 예전부터 오락실에 존재했던 게임 장르를 전국 규모의 온라인 대전으로 부활시킨다는 것. 이 작품은 『마작 격투 클럽』과 마찬가지로 그렇게 구체적으로 노리고 만들어진 의도적 방향성이 있었다고 할 수 있다.

『퀴즈 매직 아카데미』는 일본 전국의 퀴즈광들에게 지지를 받아서, 버전 업을 거듭하여 롱런하게 된다. 이와 같이 오락실에서의 전국 온라인 대전은, 점차 플레이어들에게 받아들여져서 정착해 가게 되었다.

세가는 『아바론의 열쇠』(2003년) 등의 트레이딩 카드를 사용한 비디오 게임을 발매하고 있었지만, 일본 전국 규모의 온라인 대전을 적용하는 데엔 약간 늦은 감이 있었다. 그런 와중에 일본 전국에서의 온라인 대전에 대응한, 본격적인 카드형 대전 게임으로 인기를 모았던 것이 바로 『❹삼국지대전』(2005년)이다.

이 삼국지대전의 장르는 바로 RTS(리얼타임 시뮬레이션)이라 불리는 것이다. 그 내용은 무장끼리 싸우면서 상대의 성을 공략하는 것이다. 『WCCF』와 마찬가지로 무장 카드를 플랫 리더에 읽혀서, 카드를 움직이는 것으로 무장을 조종할 수 있다.

『WCCF』는 게임이 어느 쪽 지향인지 굳이 구분하자면, 선수가 AI로 움직이고 있기 때문에 감독의 시선에서 경기를 보는 시뮬레이션 같은 색채가 더 강했다. 그에 비하면 이 『삼국지대전』은 플레이어가 무장을 다루는 스킬이 더 반영되어 훨씬 직접적으로 뜨거운 대전을 치를 수 있다. 그 속이 깊고 심오한 대전성이 알려지게 되면서, 『삼국지대전』은 격투 게임을 대신하는 새로운 대전 게임으로 많은 플레이어들에게서 인정을 받을 수 있게 되었다.

2010년에는 같은 세가에서 『전국대전』이 발매된다. 『전국대전』은 『삼국지대전』의 실질적인 후계자적 작품이었지만, 그 평가는 갈릴 수 있는 부분이었다. 이미 일정 숫자의 팬층이 확보되어 인기를 얻기는 했지만, 예전의 『삼국지대전』을 더 좋아했다는 플레이어도 많이 있었다고 생각된다.

❹삼국지대전
세가가 만든 트레이딩 카드 아케이드 게임. 삼국지를 소재로 하는, 무장과 군사의 카드를 플랫 리더 반면 위에서 움직이며, 적의 성을 공격해서 빼앗는 게임. 무장과 군사가 가진 능력과 계략, 오의 등 등을 조합하여 전략적으로 싸워 나간다.

‖ 스퀘어에닉스가 카드형 대전 게임에 참여 ‖

세가와 코나미보다는 약간 늦었지만, 트레이딩 카드 아케이드 게임에 참여해 들어온 것이 스퀘어에닉스(타이토)였다. 스퀘어에닉스는 2005년에 주식을 매수하여 타이토를 산하에 두어, 아케이드 게임 개발에 착수했다.

2008년에는『유구의 차륜~Eternal Wheel~』과『로드 오브 버밀리온』이 제작, 발매되고 있었다. 『유구의 차륜』은 포진 요소가 가미된 오리지날리티가 있는 시스템이 특징이었다.

한편『로드 오브 버밀리온』은, 뛰어난 일러스트레이터들을 고용해 만든 아름다운 그림의 카드들이 화제가 되었다. 2013년에는『로드 오브 버밀리온Ⅲ』가 발매되었는데, 이 작품에서 4대4의 대전으로 게임 시스템이 대폭으로 변경되었다. 결과적으로 과거 버전의 카드는 사용할 수 없게 되어, 다른 게임으로 다시 태어났다고 해도 좋겠다. 실제로 당시에는 여기 이 버전에서부터 새롭게 시작한 플레이어들도 많았을 것이라고 생각된다.

‖ 트레이딩카드 형 이외의 온라인 게임 ‖

2000년 이후, 트레이딩 카드 아케이드 게임은 오락실의 주요 장르가 되었다. 하지만 트레이딩 카드에 의지하지 않는, 네트워크형의 아케이드 게임도 개발되고 있었다. 그 대표격인 것이 세가의『보더 브레이크』(2009년)이다. 이 작품은 로봇 모양의 기체를 이용한 ❹TPS(Third-Person Shooting: 서드퍼슨 슈팅)으로 10대 10 대전이 가능하다. 적진의 핵심을 부수는 것이 목적이다.

이 작품은 게임 밸런스가 우수하고, TPS로는 매우 완성도가 높다. 세계 각국에 비해 일본에서는 그다지 유행하지 않았던 FPS나 TPS 부류게임이지만, 본 작품은 그 요인을 분석해서 만들어졌다. 버전 업을 반복하며 2016년 현재도 장기 기동하고 있으며, 일본 제작 TPS 중의 보기 드물던 성공 사례라고 할 수 있겠다.

협력형 게임으로는『❹퀘스트 오브 D』(2004년/세가)와『드루아가 온라인 THE

---

❹TPS
화면 위에 플레이어 캐릭터, 기체가 그려져 있는 객관적 시점의 3D 슈팅 게임. 주관적 시점으로 표현되는 경우는 FPS라고 불리운다.
❹퀘스트 오브 D
세가가 제작한 네트워크에 대응해서 전국의 플레이어가 협력해서 즐길 수 있는 네트워크 아케이드 게임.

STORY OF AON』(2006년/반다이남코 게임즈)이 발매되고 있었다. 이 작품들은 전국의 플레이어들이 함께 동시 플레이가 가능하고, 열렬한 고정적 팬층이 붙어 있었다. 두 게임 모두 2016년 시점에서 서비스가 종료되었지만, 그 팬을 다른 신작으로 유도하지 못했던 것은 유감이다.

세가는 2013년에 『❹코드 오브 조커』를 발매했다. 이 작품의 게임 시스템은 (비디오 게임이 아니라) 일반적인 카드 게임 형식에 가깝다. 게임기 본체에서 카드가 배출되는 게 아니라, 화면 안의 디지털 카드만을 사용해서 대전 플레이를 한다. 본작의 룰은, 보통 카드 게임에 익숙한 플레이어에게 있어서는 친숙해지기 쉬운 것이다. 하지만 이 작품의 발매 당초 시기만 해도 아직 디지털 카드 게임은 그다지 메이저가 아니어서, 돈을 내고 비디오 게임으로 만들고 플레이하는 것에는 의문을 표출하는 목소리도 있었다.

본 작품은 발매 직후부터 1년 정도는 인기가 낮은 편이었지만, 세가에서는 대담한 수를 쓴다. 본 작품을 기본 무료로 한 것이다. 이후 소셜 게임 등에서는 보편적이고 일반적이게 되는, 기본은 무료인 시스템으로 만드는 것으로 그 인기가 살아나게 된다. 기나 긴 아케이드의 역사 위에서도 기본 무료인 시스템은 극히 드물다. 이는 크게 주목할 만한 사례라고 말할 수 있다.

근래에 들어서는 세가의 『함대 컬렉션 아케이드』(2016년)가 인기를 끌면서 주목받았다. 이 작품은 본래 브라우저 게임이었던 『함대 컬렉션-칸코레』(DMM.com과 카도카와 게임스의 공동 개발)를 소재로 한 것으로, 단순히 오락실로 이식한 것이 아니라 아케이드판만의 독자적인 시스템을 갖고 있다. 해서 그 덕분에 새로운 플레이어 층을 일본 오락실로 불러들인 것만은 틀림이 없다.

『함대 컬렉션 아케이드』는 다른 게임보다 수집 요소가 강한 작품이다. 그 때문에 (새로운 요소가 추가되어) 버전 업이 되면 손님이 돌아오지만, 시간이 계속 지나고 나면 그다지 즐길 수 있는 요소가 없게 된다. 다른 게임들과는 달리 극단적인 식으로 손님이 모이게 되므로, 앞으로 동향을 주목해야 할 방식의 타이틀이다.

---

❹코드 오브 조커
아케이드 게임에서는 보기 드문, 디지털 카드만으로 싸우는 세가 개발의 카드 게임. 진행은 턴 제로, 수패를 뽑고 버리며 진행하는 형식은 실제 일반적인 오프라인의 실물 트레이딩 카드 게임에 아주 가깝다.

‖ 틈새시장 장르가 된 2D대전격투 게임 ‖

　1991년의 『스트리트 파이터Ⅱ』 이래로, 2D 대전격투 게임은 게임센터의 주력으로 계속 활약해 왔었다. 하지만 90년대 후반부터 상황은 또 다시 변한다. 그 무렵까지 2D 대전격투 게임을 열정을 담아서 꾸준히 발매해 왔던 캡콤이 아케이드와 대전격투 게임에서 일시적으로 철수하고, SNK가 도산으로 괴로운 상황에 처했기 때문이다.

　1990년대 후반으로 접어들면서, 대전격투 게임의 붐은 서서히 가라앉아 갔다. 그렇기는 했어도 당시에 주력이 되었던 업체들의 철수는 충격적이었다. 그런 가운데에 2D 격투 게임에 새로운 별이 나타났다. 그것이 바로 『❹길티 기어 X(젝스)』(2000년: 아크 시스템 웍스/사미)였다.

　『길티 기어 젝스』는 대부분의 캐릭터가 대시와 공중 대시가 가능한, 전개가 빠른 타입의 2D 대전격투 게임이다. 일단 가장 먼저 사람들의 시선을 끌었던 것은 그 아름다운 그래픽과 캐릭터 조형이다. 이전에 나왔던 대전격투 게임보다 해상도가 높은 ❹하이레조 사양이, 그 그래픽을 더욱 돋보이게 했다.

　또 각 캐릭터의 기술에는 오리지날리티가 있어서 저마다 각각 매력적인 전법을 짜낼 수 있었다. 이처럼 뛰어난 작품을 당시에는 그다지 잘 알려지지 않았던 아크 시스템 웍스가 개발했다는 데에는, 적잖은 충격=임팩트가 있었다고 생각한다.

　길티 기어 젝스는 이후 시리즈화되어 2D 대전격투 게임에서 큰 기둥이 된다. 이 작품을 만들어낸 아크시스템웍스는, 이후 『❹블레이블루 캘러미티 트리거(BLAZEBLUE CALAMITY TRIGGER)』(2008년)를 발매. 이 작품도 퀄리티가 높아서 인기 시리즈로 계속 가동되어 속편이 이어지는 중이다.

　그 외 여러 2D 대전격투 게임이 있지만, 특히 2000년 이후는 중소 메이커가 몇 가지 매니악한 작품들을 발매하고 있다. 2005년에는 인기 동인 게임

❹길티기어 X

해상도가 높은 영상이 아름답고, 하이 스피드로 전개되는 2D 대전격투 게임. 소극적으로 방어만을 계속하게 되면 팬널티가 주어서서 유리함과 불리함이 나뉘어 변화하게 되는 텐션 게이지 시스템을 채용하고 있다. ©ARC SYSTEM WORKS.

❹블레이블루 캘러미티 트리거

길티 기어 시리즈의 스탭이 만든 2D 대전격투 게임. 1 버튼으로 캐릭터마다 고유의 특수 행동을 사용할 수 있는 드라이브 시스템이 특징. ©ARC SYSTEM WORKS

『❷월희(月姬)』의 캐릭터가 등장하는 『멜티 블러드 액트 카덴챠』(에콜 소프트웨어/
세가)가, 2006년에는 엑삼에서 『아르카나 하트』가 발매되었다. 이 작품들은 그래픽
면에서 그렇게까지 레벨이 높은 것은 아니다. 하지만 2D 대전격투 게임의 특징적
재미와 핵심을 확실히 잡고 있어서, 어느 정도의 확고한 팬층을 획득했다.

이런 흐름은 2D 대전격투 게임이 1990년대보다는 좀더 틈새 시장에 가까운
매니악한 장르로 자리 잡았음을 보여준다. 이전 같은 대대적 붐은 일으키지 못해도,
대전격투 게임을 좋아하는 플레이어는 오락실에 여전히 존재했다. 이러한 2D
대전격투 게임은 그런 (고인물) 플레이어를 노린 작품이었다고 말할 수 있을 것이다.
이는 1990년대의 슈팅 게임들과도, 비슷하게 된 상황이라고 할 수 있겠다.

이 무렵 괴롭고 힘들었던 것은 과거에 메이저급 제작사였던 캡콤과 SNK의
대전격투 게임을 좋아했던 플레이어들이다. SNK의 주력이 되었던 『킹 오브
파이터즈』 시리즈는 한국 메이커인 이오리스와 협력 형식으로 계승되었지만, 그다지
플레이어들의 지지를 받지는 못했다. 또 캡콤은 2008년에 『스트리트 파이터Ⅳ』가
나올 때까지 대전격투 게임을 발표하지 않았다.

그런 플레이어들은 캡콤과 SNK가 한참 이전에 내놓았던 과거 작품들을 계속
플레이할 수밖에 없었다. 엔터브레인이 주최하는 대전격투 게임의 대회 이벤트,
「투극(鬪劇)」을 근거로 해서 겨우 모티베이션을 유지하고 있었다고 말할 수 있다.

‖ NESiCAxLive등의 온라인 전송 서비스의 등장 ‖

타이토는 2010년부터, NESiCAxLive(=네시카 크로스 라이브, 이후 "네시카"로
약칭함.)라고 불리는 서비스를 개시했다. 이 서비스는 온라인에서 이런저런 게임
타이틀을 전송하며, 오락실 게임기 본체에 다운로드 받아 플레이한다는 것이다.
네시카에서는 『건슬링거 스트라토스』(2012년/바이킹/스퀘어에닉스) 등등처럼, 전용
기기에 가까운 느낌으로 전송 서비스로 하는 게임이 있었다.

❷하이레조
하이 레졸루션의 약어로, 고해상도를 말한다.
❷月姬(월희)
TYPE-MOON이 제작해서, 많은 팬들을 모은 비주얼 노벨 게임. 동인 작품임에도, 코믹스화나 애니메이
션으로 제작되는 등 미디어믹스 전개가 많았던 인기작.

이것은 현재 통상의 네트워크 게임의 형식과 그다지 다르지 않다. 허나 그것과는 별도로, 하나의 게임기 본체 안에서 여러 타이틀 중에서 원하는 것을 골라 플레이하는 것을 선택하는 것도 가능하다. (업소의 설정에 따라 타이틀을 검색하여 교환하는 것도 가능함.)

이런 형식이라면 기판과 본체를 교체하지 않고도 같은 공간에서 여러 타이틀을 기동할 수 있다. 또 기판 판매와는 다르게, 오락실 숫자가 줄어도 가격이 급등하는 일이 없다. 이처럼 네시카는 기존의 기판 교체 판매 방식과는 확실히 다른 강점을 지녔다고 말할 수 있다.

그러나 한편으로는 서버 유지에 계속적인 비용이 들어간다. 또 기판 판매와 달리 개발과 운영 측에 발매 전후로 바로 이익이 돌아가지 못한다는 어려움도 안고 있었다.

2010년 이후로는 오락실의 계속적인 감소로 기판 판매가 어려워지면서, 네시카에는 많은 대전격투 게임 타이틀이 제작과 판매가 이루어지기 시작했다. 그 때문에 네시카 게임기 본체를 사용하는 곳에서는 2대 1조 묶음의 대전대 사양으로 되어 있는 경우가 많았다.

네시카에서 즐길 수 있는 대전격투 게임으로는 『❖블레이블루 컨티니움 시프트Ⅱ (BLAZEBLUE CONTINUUM SHIFTⅡ)』(2010년/아크시스템웍스), 『페르소나4 디 얼티밋 인 마요나카 아레나』(2012년/아틀라스,아크 시스템웍스), 『울트라 스트리트 파이터Ⅳ』(2014년/캡콤) 등이 있었다.

일반적인 1인용 싱글 플레이로 설치된 네시카는, 기판 안에 설치된 여러 타이틀 중에서 골라서 플레이할 수 있다는 것이 장점이다. 자주 플레이되었던 것은 대전격투 게임의 CPU전이나 슈팅 게임 등의 1인 플레이. 그밖에도 마작이나 퍼즐 게임 및, 『엘리베이터 액션』 등 타이토의 올드 게임 복각도 존재한다.

그리고 네시카와 비슷한 통신 판매 서비스를 세가도 도입하였다. 그것이 ALL.Net P-ras MULTU(통칭 AMP)이다. 이 전송 서비스를 통한 타이틀에는 『길티기어 이그젝스 Λ Core PLUS R』(2012년/아크시스템웍스, 세가), 『전격문고 FIGHTING

❖블레이블루 컨티니움 시프트Ⅱ

아크 시스템 웍스가 제작한 블레이블루 시리즈 2편의 버전업판. 최초로 NESiCALive에 대응해, 뒤 따르는 많은 게임들의 선구자 위치가 되었다.

©ARC SYSTEM WORKS

CLIMAX』(2014년/세가) 등이 있다.

그중에서도 2D대전격투 게임인 『전격문고 FIGHTING CLIMAX』는 인기 라이트 노벨의 주인공들이 한 자리에 모여 싸운다는 내용으로 눈길을 끌었다. IP 판권을 잘 사용한 아케이드 게임으로 흥미로운 타이틀이라고 할 수 있다.

‖ 메이저 시리즈가 장기 가동하는 3D 대전격투 게임 ‖

2000년 이후로 3D 대전격투 게임은 대형 메이커가 만드는 메이저한 시리즈가 버전 업을 계속하면서 가동해 왔다. 대표적인 것으로 세가의 『버추어 파이터』 시리즈와, 남코의 『철권』 시리즈이다.

두 시리즈 모두 똑같이 기본적인 게임성이 확립되어 있기 때문에, 게임 시스템적으로 큰 변경을 하기는 어렵다. 게임 시스템을 변경하지 않으면 질려버리지만, 본래의 재미를 해치는 변경을 해버리면 그에 따른 유저들의 반발도 강하다. 게다가 최근은 하드웨어 기술의 진보로 강력한 임팩트를 줄 수 없기 때문에, 인기를 계속 유지하는 것은 어려운 상황이었다고 생각한다.

세가의 버추어 파이터 시리즈는 1996년 ♠Model3 기판을 사용한 시리즈 『버추어 파이터3』를 출시한다. 이때까지는 하드웨어의 진화가 꾸준히 게임에 바로 반영되어 곧장 달라진 인상을 줄 수 있는 시대였다.

2001년에는 (데이터를 저장할 수 있는) 카드와 네트워크 서비스 『VF.NET』를 갖춘 『버추어 파이터 4』가 발매된다. 대전격투 게임은 조작 입력에 타임 랙이란 문제가 생길 수 있기 때문에 전국 온라인 대전을 하는 것이 이 시점에서는 어려웠다. 그러나 카드와 네트워크 서비스를 제공하는 것은 이 시점에서 분명 다른 아케이드 게임들보다 앞서서 처음 시도한 것이었기에 화제를 모았다.

그리고 2006년에는 ♠린드버그 기판을 사용한 『버추어 파이터5』를 발매. 이후 대폭으로 버전 업을 한 신판으로 2010년에 『버추어 파이터5 파이널 쇼다운』이

♠Model3 기판
  초당 100만 폴리곤을 출력 가능한, 당시로는 파격의 성능을 가진 세가의 시스템 기판. 해당 기판 게임 제1탄은 역시 『버추어 파이터3』.
♠린드버그 기판
  세가가 2005년부터 발매했던 시스템 기판. 최초의 타이틀은 『더 하우스 오브 더 데드4』.

발매되었다. 이것이 2016년 현재까지의 「버추어 파이터」 시리즈의 흐름이다.

남코의 철권 시리즈도 마찬가지로, 역시 꾸준히 버전 업을 계속 하는 것을 통해서 장기간 기동하고 있다. 철권 시리즈는 정식 넘버링 타이틀 이외에도, 번외편인 『철권 태그 토너먼트』(1999년)나, 『❖철권 태그 토너먼트2』(2011년)이 발매되어 있다.

이 두 타이틀은 2 대 2 태그로 싸우는 것이 특징. 이전에 발매되었던 시리즈 작품들에 나오던 캐릭터들을 거의 다 사용할 수 있어서, 일종의 총집편이라 말할 수 있다는 정도의 의미가 있다. 이후 주목해야 할만한 타이틀은 2015년에 발매된 『❖철권7』이다. 이 작품은 아케이드 대전격투 게임으로는, 처음으로 업소간 온라인 대전이 가능하다.

가정용 게임이나 트레이딩 카드 게임 등에서 이미 온라인 대전이 생겼는데, 왜 그렇게 발전해 왔던 중에 대전격투 게임의 온라인 대전이 이루어지지 않았던 것이려나. 그것을 이상하게 생각하는 사람이 있을지도 모른다.

대전격투 게임은 실시간성이 강한 게임이기 때문에, 약간의 통신 지연으로도 조작 입력에서 타임 랙이 생겨서 플레이 감각을 크게 해친다. 또 오락실의 대전격투 게임은 점포 내에서 대전이 가능하기 때문에, 전국 규모에서의 대전에서 타임 랙에 의한 조작 차이가 특히 두드러지도록 드러나게 된다. 그 외에 NET 회선의 문제 등, 당시 환경적이나 기술적으로 곤란한 과제가 있었다고 생각된다.

그런 가운데에서 일본 전국에서 온라인 대전을 시도한 것은, 분명 높이 평가받을 만하다. 그렇다고는 해도, 실제로 대전할 수 있는 환경을 갖추고 있는 오락실은 큰 폭으로 줄어들고 있다. 더 빠른 단계에서 이렇게 될 수 없었는지 아쉬움이 남는다.

❖철권 태그 토너먼트2

2명의 캐릭터를 교대해 가면서 싸우는, 『철권』 시리즈의 외전에 해당하는 작품. 40명 이상의 캐릭터를 선택할 수가 있는, 압도적인 볼륨이 매력.

❖철권7

대전격투 게임으로는, 업소 안에서의 온라인 대전을 처음으로 실현했던 『철권』 시리즈의 최신 작품. 파워 크래시, 레이지 아트 등의 새로운 시스템도 추가되었다.

‖ 대전격투 붐의 부활을 목표로 하는 『스트리트 파이터Ⅳ』 ‖

한때는 오락실의 중심이었던 대전격투 게임이 서서히 기세와 인기를 잃어왔지만, 새롭게 큰 화제를 제공했던 것이, 바로 캡콤의 『❹스트리트 파이터Ⅳ』(2008년/캡콤)이었다. 오랜 시간 동안 아케이드 게임의 개발과는 거리를 두고 있던 캡콤이었지만, 이 작품의 발표에는 큰 임팩트가 있었다.

비록 전세계의 아케이드에서 대전격투 게임의 인기가 시들어졌다고는 하지만, 대전격투 게임 붐에 불을 붙인 발화원이었던 『스트리트 파이터Ⅱ』의 인지도는 미국을 중심으로 해서, 이미 전 세계적으로 넓게 알려져 있었다. 본 작품의 개발은 일본의 오락실뿐에서만이 아니라, 그 지명도를 활용한 세계 전략의 일환이었다고도 생각된다.

『스트리트 파이터Ⅳ』의 게임성은 『길티 기어 젝스』 등에서 펼쳐보였던 고속으로 대시 이동할 수 있는 타입은 아니고, 차분하고 세밀한 공방을 특징으로 하고 있다. 이런 방향성은 확실히 『스트리트 파이터Ⅱ』의 게임성을 직접 이어받은 것으로, 어느 쪽이냐고 하면 고전적인 스타일이다.

하지만 이 작품은 기존 『스파Ⅱ』와는 달리 캐릭터가 3D 폴리곤으로 만들어져 있다. 이전에는 어려웠지만, 21세기가 되면서 3D 폴리곤 기술이 숙성되어 2D 대전격투 게임의 게임성을 3D로도 위화감 없이 표현할 수 있게 되었다.

『스트리트 파이터Ⅳ』는 분명히 그래픽, 게임성 모두 퀄리티가 높아서, 대전격투 게임 팬의 기대에 부응하는 완성도였다. 참고로 본 작품의 개발에는 캡콤 만이 아니라, 다른 외주 하청회사도 관련되어 있다. 뭐 그렇다고 해도, 그런 하청 작업을 통괄하며, 그 이름에 부끄럽지 않은 작품을 만들어낸 캡콤은 역시 대단했다.

그러나 2000년 이전의 기판 판매 시대와 달리, 본 작품의 업소용 게임기 본체 케이스 포함 판매 가격은 나름대로 비싸다. 때문에, 중소 규모의 오락실에선 선뜻

❹스트리트 파이터Ⅳ

전작 이후 9년 만에 발매된, 『스트리트 파이터』 시리즈의 넘버링 타이틀. 기본 시스템은 『스파Ⅱ』의 연장선이지만, 세이빙 어택, 울트라 콤보 등이 추가되어 있다.
(자료협력: 알카디아)

도입되지 않았다. 좀더 나가본 시점에서 말한다면, 대전을 하는 플레이어 커뮤니티는 해마다 점점 축소하고 있었다. 결국 본 작품으로도 과거의 대전 붐을 재연시켜, 오락실의 숫자를 늘려가는 것은 어려웠다고 말할 수 있다.

이 작품의 후속작으로는 『슈퍼 스트리트 파이터 Ⅳ 아케이드 에디션』(2010년), 『울트라 스트리트 파이터 Ⅳ』(2014년)이 오락실 용으로 발매되었다. 『울트라 스트리트 파이터Ⅳ』는 시대를 반영해, NESiCAxLive에서 통신 판매를 하고 있다. 덧붙여서 『스트리트 파이터Ⅳ』 시리즈의 속편에 해당하는 『스트리트 파이터 Ⅴ』는 가정용과 PC판 만의 판매로, 아케이드판은 아직 존재하지 않는다. (※ 역자 주)

‖ 군웅할거의 시대로 향하는 음악 게임 ‖

1990년대 후반에 생겨난 음악 게임이란 장르는, 2000년 이후에도 계속 꾸준히 오락실에서 인기 장르로 활약했다. 그 흐름을 이끌어 온 것은 코나미가 발매한 일련의 작품들이다.

음악 게임 붐의 선구적 위치가 되었던 『비트 매니아』는 버전 업을 계속하면서 인기 시리즈화되어, 장기 기동하게 되었다. 원조 비트 매니아의 오락실 게임기 본체 세트를 사용한 시리즈는, 2002년의 『비트 매니아 더 파이널』이 최종작이 되었고, 이후에는 실질적으로 『❹비트매니아Ⅱ DX』 시리즈로 이어진다.

초대 『비트 매니아Ⅱ DX』는 1999년에 처음 발매되었다. 이 새로운 오락실 게임기 본체의 건반은, 기존 비트매니아가 5개인 데 비해서 더 늘어난 7개로 구성되어 있다. 2003년의 『비트 매니아Ⅱ DX 9th Style』부터는 ❹e-AMUSEMENT를 지원. 이후는 온라인으로 각종 서비스나 업데이트가 가능하게 되었다. 마찬가지로 『팝픈 뮤직』, 『기타 프릭스』, 『드럼 매니아』 등도 반복적으로 버전 업을 계속해, 시리즈 작품으로 굳어져 이어졌다.

❹ 비트 매니아ⅡDX

기존의 『비트 매니아』에 비교해서, 연주용 건반의 숫자가 늘어나고, 이펙트 기능이 강화된 음악 게임. 『비트 매니아』의 후계기로, 통칭 「2디」 라고 줄여 말해졌던 적도 있다.
©Konami Amusement.

❹e-AMUSEMENT
코나미가 운영하는 온라인 서비스. 『마작 격투 클럽』이나, 『퀴즈 매직 아카데미』 등이 대응된다.

※ 역자 주
: 이 책의 원서가 발매된 시점인 2017년에선 존재하지 않았지만, 2018년에 『스트리트 파이터Ⅴ 아케이드 에디션』이 발매되었다.

이런 코나미의 음악 게임들은 컴포저로 불리는 악곡의 작곡자들을 사내에 채용해 두고 있었다는 것에 포인트가 있다. 뛰어난 악곡을 만들 수 있는 크리에이터가 게임 디자인에 직접 관여하고 있었던 것이 강점이 될 수 있었다.

음악 게임에 있어 악곡의 퀄리티와 채보의 구성은 게임의 인기와 직접 관련되어 있다. 유명 컴포저 개인에게도 열성적 팬층이 생겨 커뮤니티가 형성되었기 때문에, 그 브랜드의 가치도 덩달아 더 높아져만 갔다.

코나미가 만든 일련의 음악 게임들은 세련된 스타일리쉬의 멋을 담은 작품들이 많고, 독자적인 세계를 만들어 내고 있었다. 그러나 그런 것과는 다른 각도에서 파고들었던 것이, 남코의 ❹**큰북의 달인**(태고의 달인)』(2001년)이었다.

『큰북의 달인』은 일본 전통의 큰 북인, 태고의 모습을 본뜬 전용 게임기 본체에서 플레이하는 게임이다. 2개의 북채를 사용하여 화면에 표시되는 채보에 맞추어 북의 면이나 가장자리 옆을 두드린다. 본 작품이 처음 선보였던 것은 게임 쇼에 참고로 출전한 것이었지만, 이 당시의 열기는 상당한 것이었다. 당시 취재를 하고 있던 입장에서 보았던 개인적인 인상이었지만, 이 반향은 제작사의 예상을 한참 웃돌았던 것이라고 생각된다.

『큰북의 달인』은 발매되자마자 인기를 얻어 버전 업을 계속하며, 10년 이상 가동하는 시리즈 작품이 되었다. 코나미 제작 음악 게임의 인기가 매우 높았던 시기에도 성공할 수 있었던 것은, 코나미 게임들과는 확실히 차별화되어 있었기 때문일 것이다.

이렇게 오랫동안 코나미 작품들과 「큰북의 달인」 시리즈가 석권해 왔던 음악 게임 장르였지만, 2010년 이후로부터는 상황이 좀 달라진다. 기존의 코나미와 남코 말고도 세가가 새로이 2010년에 가정용에서 아케이드로 이식한 『하츠네 미쿠 Project DIVA 아케이드』를 발매해 많은 화제를 모으게 된다. 그 후, 2012년에는

❹큰북의 달인

일본 전통의 큰북 "타이고(太鼓)"를 흉내내서 만들어진 북 모양의 게임기 본체에서 실제 북채로 북을 치듯이 플레이하는 음악 게임. 초대 버전은 'LOVE머신' 등의 20여곡 이상을 수록했다. 악곡을 갱신하고 버전 업을 계속하며, 10년 이상 길게 실제 가동을 이어가고 있는 흥행작.

『🔷maimai』, 2015년에는 『🔷CHUNITHM』을 발매해, 팬을 획득하는 것에 성공한다.

『maimai』의 특징은 그 독창적인 오락실 게임기 본체의 모습과 플레이 스타일에 있다. 본체 케이스는 상자 모양이며, 8개의 버튼과 터치 패널로 조작한다. 그 본체 케이스의 모습으로 볼 때에, 세탁기 같은 것으로 보는 경우가 있을 정도로, 세상에 존재하는 기존 악기들과는 전혀 닮지 않았다.

음악 게임의 기본은 타이밍에 맞추어 버튼을 누른다, 라는 것이다. 그러나 『maimai』는 단순히 그런 타이밍 게임의 게임성 같은 것만이 아니라, 터치 패널을 사용해 손을 움직이는 동작의 기분을 표현하고 있다.

또 다른 하나인 『CHUNITHM』은 딱 봐서는 오소독스한 정통적 타입의 음악 게임처럼 보이지만, 센서로 손의 움직임을 감지한다는 것에 특징이 있다. 손을 들어올리는 높이를 감지하는 것으로, 개인 별로 기분 좋은 연주 스타일을 연출할 수 있도록 되어있는 것이다.

이런 세가의 음악 게임들은, 플레이어가 즐겁게 특정 동작을 취할 수 있도록 전용 게임기 본체와 케이스가 구성에 맞추어 설계, 제작되어 있다. 즉 본체의 기믹 설계 자체가 게임 아이디어의 핵심이다. 이는 코나미의 타이밍 계에서 벗어난 음악 게임의 새로운 조류라고 말할 수 있다.

한편으로 타이토는 2009년에 『뮤직 건건!』을 발매했는데, 이 게임은 건 슈팅과 음악 게임이 융합된 독특한 작품이다. 또한, 2013년에는 『그루브 코스터』를 발매해 어느 정도의 팬과 인기를 얻었다.

『그루브 코스터』는 iOS 단말기 전용의 앱으로 제작되어 판매되고 있었다가, 아케이드 판은 그 앱의 이식이라는 형태가 되었다. 이런 이식의 흐름은, 역으로 (오락실이 중심이 아니게 된) 시대를 느끼게 하는 것이었다.

🔷maimai
세가가 개발한 음악 게임으로, 버튼과 터치 패널을 사용해, 춤추는 감각으로 손발을 흔들며 플레이 할 수 있는 게임. 본체 상부의 카메라로 촬영을 할 수 있어서, 이 동영상을 니코니코동화 같은 스트 리밍 사이트에 업로드 가능하다.
🔷CHUNITHM
고감도 디바이스와 공간 센서를 장비한, 세가의 maimai 팀이 제작한 음악 게임. 타이틀은 중2병+ 우주+리듬 등등의, 복수의 의미를 조합하여 함축한 것이다.

‖ 레이싱 게임의 새로운 전개 ‖

21세기가 되어, 레이스 게임의 스타일은 큰 변화를 찾아야만 하는 상태가 되어 버렸다. 어째서 그런 사태가 되었는가, 그것을 역사적 관점에서 살펴보도록 하자.

1970년대에 만들어진 이래, 레이싱 게임은 하드웨어 기술의 최첨단에 위치하는 게임 장르였다. 1990년대에는 새로이 3D 폴리곤 기술이 도입되어 발전했고, 그 성과는 레이싱 게임에 아낌없이 투입되었다. 그리고 레이싱 게임은 오락실에서 당연하다는 듯이 높은 인기를 자랑하고 있었다. 이 무렵에는 최신 기술로 레이싱 게임을 만들어 내는 것만으로도, 충분히 인컴 수입을 얻을 수 있었던 것이다.

그러던 것이 2000년 이후에는, 그런 제작법으로는 플레이어가 레이싱 게임에 돈을 넣어주지 않게 되었다. 그 일례로 들 수 있던 타이틀이 2000년에 발매된 『나스카 아케이드』(세가)이다. 이 작품은 미국의 스톡 카 레이스를 소재로 한 것으로, 당시의 기술이 잘 활용된 높은 퀄리티의 레이싱 게임이었다. 하지만 예상을 깨고, 당시 오락실에서는 그다지 인기가 없었다. 이미 플레이어에게 있어서는, 정교해지는 하드웨어 기술의 발전에 의한 자잘한 차이가 별로 느껴지지 않는 레벨이 되어 있었던 것이다.

기존의 제작 방법으로는 한계가 보이기 시작한 오락실의 레이싱 게임. 그런 폐색적인 위기 상황을 타파할 수 있도록 새로운 방향성이 모색된다. 이런 흐름에 따라서 그 무렵에 만들어진 것이 『❺완간 미드나이트』(2001년/남코)와 『이니셜D 아케이드 스테이지』(2002년/세가)였던 것이다.

이 두 작품은 메이커는 다르지만, 양 타이틀 모두 인기 만화를 원작으로 하는 아케이드 게임이다. 그 컨셉은 거의 같다고 해도 좋을 것이다. 이는 단순한 우연이 아니라, 앞서 언급한 시대적 흐름에서 비롯된 것이다.

2000년 이전의 레이싱 게임은, 기본적으로는 실제 레이스를 따라하는

❺완간 미드나이트

인기 만화 『완간 미드나이트』를 소재로 한 레이싱 게임. 원작 만화 내용 대로 일본 도쿄의 실존 도로 "수도고"를 무대로 해서 도쿄 시내 고속도로를 코스로 삼아 달리는 라이벌 자동차와의 대결을 메인으로 하는 내용.

시뮬레이션의 위치에 불과했다. 그러나, 이 두 작품은 원작인 만화에서 가져온 스토리와 내용을 통해 드라마성과 캐릭터성을 추가해서, 레이싱 게임으로서 세계관을 구축하고, 새로운 매력을 창출할 수가 있었던 것이다.

『완간 미드나이트』는 이후 대폭으로 시스템을 변경하면서, 『완간 미드나이트 맥시멈 튠』(2004년)으로 다시 태어났다. 전작과 달리 일정 거리를 먼저 달리는 쪽이 이기는 간단한 룰로 바뀌어 있다.

한편으로 『이니셜D 아케이드 스테이지』는 원작 만화의 진행에 따라 캐릭터와 자동차가 추가되는 버전 업을 계속하면서, 2007년에 발매된 『이니셜D 아케이드 스테이지4』에 이르러서는 일본 전국에서 온라인 대전에 대응하게 되었다. 결과적으로 이 두 작품 모두 인기를 모아 장기간 업소에서 가동하여, 2016년 현재까지 계속되어온 인기 레이싱 게임 시리즈가 되었다.

‖ 21세기 슈팅 게임의 사정 ‖

2000년 이래로 음악 게임이나 네트워크형의 게임이 게임센터에서의 주류가 되었다. 대전격투 게임은 아케이드 점포 수 자체가 줄어든 것 때문에, 기판 판매만으로는 어렵게 되어 가고 있었다. 그런 와중에 슈팅 게임은, 2000년 이래로도 뿌리 깊은 팬층에게만 관심과 지지를 받고 있었으며 적은 수지만 신작이 계속 나오고는 있었다. 슈팅 게임은 1990년대에 이미 (고인물 중심의) 틈새시장 장르가 되어 있었기에, 상황은 크게 달라지지 않은 것으로 보인다.

2001년에 발매된 『❹식신의 성』(알파 시스템)은 비행하는 인간 캐릭터를 조작해 플레이하는 세로 스크롤 게임이다. 이 장르의 기본 요소인 샷과 봄 이외에도 식신 공격을 할 수 있었고, 그 성능에 따라 캐릭터의 특징이 크게 바뀌는 식으로 각각의 개성이 잘 살아 있었다.

❹식신의 성

알파 시스템의 아케이드 참여 제1탄인 세로 스크롤 슈팅 게임. 식신의 성능은 각각의 사용 캐릭터마다 달라진다. 적탄에 접근하면 스코어에 배율이 걸려 득점의 상승 폭이 커진다.

1990년대 후반부터 슈팅 게임에도 캐릭터 성을 도입하는 움직임이 나타났지만, 이 작품에서는 그 경향이 현저하게 드러나게 된다. 캐릭터에 매력을 느껴 『식신의 성』을 플레이하기 시작한 플레이어도 적지는 않았다. 이후 시리즈화되어, 『식신의 성Ⅱ』(2003년), 『식신의 성Ⅲ』(2006년)이 이어서 발매되었다.

『식신의 성』과 같이 2001년에는 트레져에서 『이카루가』가 발매되었다. 트레져는 이미 1998년에 명작 슈팅 게임 『레이디언트 실버건』을 발매했는데, 이 작품은 전략적으로 공략할 수 있다는 점에서 슈팅 플레이어들의 평가가 높았다. 적은 기본적으로 3색으로 구분되어 있으며, 적을 격파하는 순서에 따라 체인이 가산되어 스코어가 높아지며, 플레이어의 기체가 레벨 업을 해서 성장한다.

『이카루가』는 그런 시스템을 더욱 더 파고들어, 백과 흑의 속성을 바꿔가며 싸우게 된다. 자세한 게임 내용은 여기서는 넘어가지만, 본작은 시스템을 파고들수록 깊이 있고 퍼즐성이 높은 게임 내용이 되어 있다. 이 때문에 좋아하는 플레이어들에게는 매우 높은 평가를 받지만, 일반 플레이어들에게 있어서는 약간 어렵고 진입장벽의 허들이 높은 편이다. 긴 슈팅의 역사 중에서도, 나름 이채로운 개성을 발휘한 두 작품이라고 하겠다.

2000년 이후로도, 계속 슈팅 게임을 제작해 온 메이커가 케이브이다. 근래의 슈팅 게임이라고 하면, 탄 수가 하여튼 무지막지하게 많은 이른바 "탄막 슈팅" 게임의 이미지가 강할 텐데, 그 장르의 흐름을 만들어 확립한 것은 바로 케이브이다. 케이브는 2002년에 『도돈파치 대왕생(怒首領蜂 大往生)』, 2003년에 『케츠이』, 『에스프가루다』 등, 신작 슈팅 게임을 나름 깊은 열정을 가지고 계속 만들었다.

케이브 제작 슈팅은 작품에 따라서 난이도가 너무 높거나 시스템이 너무 매니악하거나 같은 인상이 많다. 그중에서도 비교적 밸런스가 뛰어나 많은 플레이어들에게 사랑받은 것이 『**⊙벌레공주님 두 사람 Ver.1.5.**』, 『**⊙데스**

⊙벌레공주 두 사람 Ver.1.5

『벌레공주 두 사람』 발매 이후 약 2개월 뒤에 버전 업판으로 나온 작품.
오리지날 모드는 난이도를 조절하여, 초심자들에게도 나름대로 할 만하게 조정되어 있다.

©2006 CAVE CO., LTD.

⊙데스스마일즈

케이브 작품으로는 드물게, 탄이 적게 나오는 타입의 가로 스크롤 슈팅 게임. 체력제를 채용하고 있으며, 좌우로의 샷과 봄으로 적을 격파해 나간다.

©2007 CAVE CO., LTD.

스마일즈』(둘다 2007년)일 것이다.

『벌레공주님 두 사람』은 2004년에 발매된 『벌레 공주님』의 속편에 해당하는 세로 스크롤형 슈팅게임이다. 다양한 모드가 탑재되어 있고, 오리지날 모드는 적의 탄수가 적은 편인 게임성으로 되어 있는 것이 특징이다. 본 작품은 수개월 뒤에 Ver.1.5로 버전 업 되었지만, 이 버전 업으로 보다 플레이하기 훨씬 좋아졌다고 말할 수 있겠다.

『데스 스마일즈』는 케이브에서는 보기 드문 편인 가로 스크롤 슈팅 게임이다. 캐릭터성, 밸런스 모두 뛰어난 좋은 작품이다. 케이브 슈팅 중에서는 비교적 난이도가 낮게 만들어져 있기도 하다.

이렇게 아케이드 슈팅 게임에서 최후의 보루처럼 제작을 계속해온 케이브였지만, 시대가 갈수록 기판 판매만으로 슈팅을 만드는 것은 수지타산이 맞지 않아 어려움을 겪고 있다. 2016년에 와서, 케이브가 마지막으로 기판 판매를 한 슈팅 게임은 『❶도돈파치 최대왕생(怒首領蜂 最大往生)』(2012년)이다.

‖ 『기동전사 건담』 시리즈의 판권을 사용한 여러 가지 아케이드 게임들 ‖

여기까지 적어왔듯이, 2000년 이래 하드웨어 기술의 발전만으로는 비디오 게임의 인기를 확보하는 것은 어렵게 되었다. 그래서 메이커들은 인기가 있는 애니메이션이나 만화의 세계관, 캐릭터 등을 적극적 사용해서 게임을 만드는 방향으로 선회하게 되었다. 물론 이전부터도 이런 식으로 판권을 사용해 만들어진 게임은 많이 있었지만, 2000년 이래의 아케이드 게임에서는 그런 경향이 이전보다도 더 강해졌었다.

그런 와중에서도 강력한 콘텐츠의 힘을 발휘했던 것이 인기 로봇물

❶도돈파치 최대왕생

도돈파치 시리즈 완결작으로, 실질적인 케이브의 아케이드 최종 작품. 탄막을 자신의 실력만으로 피해 나가는 게임성으로, 슈팅이 극도로 진행한 형태 중 하나이다.

©2012 CAVE Interactive CO., LTD.

애니메이션이자 프라모델 완구로도 유명한 『기동전사 건담』 시리즈이다. 반다이와 게임 제작사인 남코가 합병한 것도 『기동전사 건담』의 게임화를 촉진한 것으로 생각된다.

조이스틱과 버튼이라는, 이미 오락실 플레이어들에게 익숙한 조작계로 인기를 끌었던 것이 2001년에 발매된 『기동전사 건담 연방vs지온』(캡콤/반프레스토)이다. 이 작품은 연방과 지온군으로 나뉘어, 모빌슈트를 조작해 2대2의 전투를 벌인다는 것. 지금까지 대다수의 캡콤 대전격투 게임과는 달리, 3D 폴리곤으로 그려진 3차원 공간에서 싸운다는 것이 특징이었다.

이 작품은 시리즈화되었으며, 이후 『기동전사 Z건담 AEUG vs Titans』(2003년), 『기동전사 건담SEED 연합 vs ZAFT』(2005년), 『기동전사 건담 건담VS.건담』(2008년), 『기동전사 건담 익스트림 버서스』(2010년) 등등이 이어서 발매되었다. 그 과정에서 시스템은 크게 달라졌고, 게임성은 각각 다르게 꾸며져 있다. 전체 시리즈로 본다면, 10년 이상에 걸쳐 꾸준히 인기를 누린 장수 시리즈라고 할 수 있다.

또 본 시리즈 중 2017년 당시의 최신 작품으로 2016년에 발매된 『기동전사 익스트림 버서스 맥시부스트 ON』이 발매되어 있었다. 이 작품은 『철권7』과 마찬가지로, 일본 전국의 오락실 간에 온라인 대전이 가능하게 한 것이다.

또 한편으로는 2006년에 오락실에서 가동을 개시했던 『기동전사 건담 전장의 유대』(반프레스토)는 4인 대 4인에서 최대 8인 대 8인의 다수 인원 팀 배틀로 플레이할 수 있는 게임이다. 이 작품은 반구형 스크린을 갖춘 대형 오락실 게임기 본체(p.o.d라고 한다) 안에 들어가 플레이하는 것이 가장 큰 특징이라 하겠다.

반구 형태의 대형 스크린을 가진 오락실 게임기 본체는, 2001년의 게임 쇼에 『O.R.B.S.』라는 이름으로 출품되었다. 그 기술은 주목을 끌기는 했지만, 실제로 게임을 만들어 판매한다고 하면 간단한 일은 아니었다. 아무래도 게임기 본체 가격이 너무 비싸지게 되므로, 확실하게 인기를 모을 수 있는 게임으로 만들어 팔리지 않으면 안 되었기 때문이다. 그 때문에 좀처럼 이 게임기 본체를 사용한 게임은 발표되지 않았고, 그냥 그대로 창고에 묻히게 되는 것이 아닌가 걱정되었다.

그러나 『O.R.B.S.』에서 배양된 기술은, 『기동전사 건담 전장의 유대』에서 활용되어 성공을 거두게 되었다. 이 작품은 아케이드 게임 제작사로서의 기술력과 『기동전사 건담』 시리즈의 컨텐츠 파급력이 잘 맞물린 예라고 할 수 있다. 물론 게임 자체의 퀄리티가 일정 레벨을 넘었기 때문에 인기를 얻은 것은 틀림없다.

트레이딩 카드 아케이드 게임 장르에서는 2005년부터 『기동전사 건담 0079 카드 빌더』(세가/반프레스토)가 가동을 개시했다. 이 작품은 카드를 플랫 리더로 읽어 들이는 형식의 대전 게임이다. 파일럿, 무기, 기체 등이 전부 다른 카드로 되어 있어서, 그 카드들을 조합하는 것을 통해 기체를 커스터마이즈할 수 있다는 점이 특징이다.

본 작품은 적을 범위에 끌어들여 록온 조준하여, 공격하는 시스템에 오리지날리티가 있다. 발매 초기에는 업소 내에서만 대전이 가능할 뿐이었지만, 이후에 버전 업하여 일본 전국 통신 대전에 대응하게 되었다. 독자적인 게임성을 가진 흥미로운 작품이었지만, 다른 시리즈에 그 게임성이 계승되지 않은 것이 아쉽다.

‖ 21세기의 신세력, 아동 지향의 트레이딩 카드 아케이드 게임 ‖

2000년 이래로 아케이드에 출현한 새로운 장르로, 아동 지향의 트레이딩 카드 아케이드 게임이란 부류가 있다. 이런 게임들은 기본적으로 아동 지향, 즉 초등학생이나 중학생 정도의 플레이어가 즐기는 것을 전제로 해서 만들어진 비디오 게임이다. 미니 업라이트형의 전용 게임기 본체에서 즐기는 것이 일반적으로, 돈을 넣고 배출되는 카드를 사용해 플레이한다. 오락실 이외에도 장난감 가게나 쇼핑몰 등에 설치되어있는 등, 오락실이 아닌 곳에서 단독으로 가동되는 싱글 로케이션에도 강했다.

이런 형식인 게임들의 선구자가 된 것은 세가가 2003년에 발매한 『◆갑충왕자 무시킹』이다. 카드를 사용해 딱정벌레나 사슴벌레 등을 싸우게 하는 내용으로, 저연령 층에서 특히 큰 붐을 일으켰다.

그 후 세가는 『◆멋쟁이 마녀 러브 and 베리』(2004년)를 발매한다. 『갑충왕자 무시킹』과 비슷한 장르이지만, 이 쪽은 여자아이 지향으로 만들어져 있다. 등장하는 플레이어 사용가능 캐릭터들의 옷을 갈아입히고 노는 것이나 댄스 등 여자아이가 즐길 수 있는 요소가 더해져 있어서, 이 게임도 인기를 모았다.

세가가 주로 개척한 이 장르이지만, 바로 추격해 온 것이 반다이남코 그룹이다. 반다이남코는 2005년에 『데이터 카드더스 드래곤볼Z』를 발매하여, 이 장르에 참전하였다. 그 후 『NARUTO 나루티메트 카드 배틀』(2006년) 등, 애니메이션의 인기 캐릭터들을 주인공으로 한 게임 시리즈를 속속 잇달아 발매하는 식으로 사업을 전개하며, 강력한 IP 컨텐츠를 무기로, 다른 경쟁 회사와의 사이에서 리드를 넓혀 나갔다.

그중에서도 특히 주목받았던 것이, 2012년에 발매되었던 『❹데이터 카드더스 아이카츠!』(반다이)이다. 이 작품은 여자 아이들의 아이돌 활동을 테마로 한 게임이지만, 기존에 팔리고 있던 코믹이나 애니메이션의 캐릭터를 빌려온 것은 아니다. 최초에는 게임으로 기획 원안이 있었고, 그 뒤에 애니메이션화나 미디어 믹스 전개가 확정되어 동시에 진행이 전개되는 식의 종합 컨텐츠였다.

최근의 게임은, 소설, 코믹, 애니메이션 등과 미디어 믹스 전개를 하는 것이 드물지 않게 되었다. 그러나 대개의 경우는 어느 하나의 매체에서 성공을 거둔 뒤에, 그 실적을 바탕으로 다른 미디어에서의 전개가 펼쳐지는 것이 보통이었다. 그런 점에서 『아이카츠!』는 게임에서 출발했지만 동시에 전개된 여러 미디어믹스에서 성공한, 보기 드문 성공 사례라고 말해도 좋겠다.

이런 부류의 게임은 기본적으로 어린이 지향이지만, 어른인 플레이어들도 존재한다. 아이의 부모가 덩달아 빠져드는 경우도 있지만, 사실 그뿐만은 아니다. 그들은 소위 "커다란 친구"라고 불리는 독특한 플레이어 층이 된다.

이러한 성인 플레이어 층은, 아동 지향 게임이 본래 노리고 있던 플레이어 층은 아니다. 하지만. 게임 자체의 매력이나 수집욕 등을 느끼게 할만한 요소가 높기 때문에, 이런 현상이 일어난 것이라고 말할 수 있겠다.

❹갑충왕자 무시킹
세가에서 제작한 장수풍뎅이, 사슴벌레 등의 대형 곤충들을 싸우게 하는, 아동 지향의 아케이드 카드 게임. 벌레 카드와 기술 카드를 읽어 들여서 벌레를 파워 업시킬 수가 있다.

❹멋쟁이 마녀 러브 and 베리
세가에서 제작한 여자아이를 대상으로 하는, 카드형 아케이드 게임. 멋쟁이 마녀 카드를 사용해, 옷을 갈아입히면서 노는 것을 즐길 수 있다. 댄스 스테이지에서 어필도를 상승시킬 수 있다.

❹디지털 카드더스 아이카츠!
학생 아이돌을 프로듀스하는 여성향 키즈 아케이드 게임. 『아이카츠!』는 멀티미디어 믹스로 전개되는 IP의 타이틀 제목이며, 아이돌 활동을 줄여 말하는 것이다. 드레스나 머리 형태 등의 카드로 마이 캐릭터를 꾸며가면서, 댄스의 리듬 게임을 플레이 하여 능력을 성장시키는 등 다양한 수집과 육성 요소를 즐길 수 있다.

©BNP/BANDAI,DENTSU,TV TOKYO. ©BANDAI

어쨌든 이런 게임들은 아무래도 아동용이었기 때문에, 그 주된 플레이어가 될 아동층은 좀 특수하게 보여지고 업계의 흐름에서 좀 논외처럼 다뤄지는 경향이란 인상이 있다. 하지만 2016년 현재에 어린이 대상의 트레이딩 카드 아케이드 게임은, 일본 내 대다수의 오락실에서는 없어서는 안 되는 일대 세력이 되었다. 그리고 일본 오락실의 역사를 말하는 데에 빼놓을 수 없는 요소라고 할 수 있겠다.

제 8 장

인터넷 시대의 빛과 어둠

범용 게임기 본체를 사용하는 오락실 게임의 쇠퇴와 게임센터 총 숫자의 감소

2000년 이후, 일본 전국에서 오락실은 계속해서 줄어들고 있다. 특히 개인 경영이었던 전철 역 앞의 중소 규모 오락실은 사실상 거의 궤멸 상태가 되었다고 해도 무방할 것이다.

어째서 이런 지경이 되어버렸을까. 그것은 1980년대부터 계속 이어져왔던, 범용 게임기 본체를 사용한 기판 게임이 거의 없어진 것이 크게 영향을 주고 있다. 중소 규모의 오락실에서는 고가인 대형 오락실 게임기 부류의 게임을 구입하긴 어렵다. 이 때문에 범용 게임기 본체를 사용해서, 내부의 기판을 교체하여 즐기는 타입의 비디오 게임이, 오락실 업소의 이익에서 상당한 부분을 차지하고 있었다. 1980~90년대에는 분명 이런 기판 부류의 비디오 게임도 인기를 끌고 있었고, 그 혜택을 받아 중소 규모 오락실이 성립할 수 있었다.

메이커 입장에서 보면 기판 게임은 전용의 게임기 본체가 있는 대형 오락실 게임들에 비해서는 단가가 싸기 때문에, 많이 팔아야 수지가 맞고 다음 작품의 개발비를 조달할 수 있다. 즉 오락실의 숫자가 일정 이상 존재하고 그 오락실들이 기판을 사들이지 않으면 이익이 되지 않는 것이다.

오락실의 숫자가 일단 줄어들기 시작한 이후로 기판 게임을 만들어도 과거 전성기 때처럼 이익은 나지 않는다. 그 결과 기판 게임의 신작은 그다지 만들어지지 않게 되었고, 플레이어의 발길이 뜸해져서 오락실의 숫자는 더욱 더 줄어들게 된다. 이런 부정적인 연쇄 반응의 나선에 빠져들어서 중소 규모의 오락실은 점점 더 쇠퇴하는 방향으로 흘러갔다.

이런 관계는 가정용 게임기에서 기기 매출과 소프트 매출의 관계와도 많이 비슷하다. 가정용 게임기는 일단 하드웨어가 많이 팔려 보급량이 확보되지 않으면, 결과적으로 소프트웨어도 팔 수가 없다. 그래서 게임기 하드웨어를 파는 데에 온 정력을 쏟게 된다. 따지고 보면 아케이드 게임도 마찬가지라, 결국 오락실 숫자가 늘어나야 범용 게임기 본체용 기판을 더 많이 팔 수 있다. 그러나, 가정용 게임 업계와 비교하면 "오락실 숫자를 늘린다"라는 것의 중요성을, 대형 개발사가 어디까지 얼마나 인식하고 있었는지 의문이 남는 부분이다.

그러면 어째서 기판 게임이 만들어지지 않게 된 것일까. 몇 가지 시점에서 그 원인을 찾아 살펴보려고 한다.

‖ 하드 개발경쟁의 한계가 중대한 영향을 미치며 ‖

기판형 아케이드 게임이 만들어지지 않게 된 요인의 하나로, 하드웨어 기술에서 유래한 문제가 있다. 간단하게 말하면, 가정용 게임의 퀄리티가 아케이드 게임의 퀄리티와 견주어도 거의 대등하게 보일 정도가 되었다는 요인이 크다. 이렇게 된 것은 가정용 게임기 플레이스테이션2가 발매된 2000년 무렵이 분수령이 되고 있다.

일반적인 범용 오락실 게임기 본체에 들어가는 일반 기판 게임은, 화면 크기나 체감 측면 등으로 다양한 차별화를 줄 수 있는 대형 게임기 본체의 게임들과 달리, 조작 디바이스나 그밖에 특수 장치 기믹 등 여러 측면에서 큰 변화를 줄 수가 없다. 때문에 가정용 게임과 마찬가지로, 1차적으로 게임 화면의 퀄리티 승부가 된다. 그 게임 화면이 가정용에 따라잡히고 말았기 때문에, 범용 게임기 본체를 사용하는 아케이드 게임은 가정용 게임에 대한 우위를 잃고서, 이전에 비교해서 차별화를 꾀하기 어려워졌다고 하겠다.

1980~90년대의 하드웨어 기술의 진보는 하루하루 진보되어 성장하는 듯한 빠른 속도감이 있었었다. 분명 당시의 오락실은 새로운 기술의 비디오 게임이 차례차례로 출현했고, 플레이어는 거기에 매료되어 신작을 기대하며 오락실에 다니고 있었던 것이다.

가정용 게임은 플레이어가 하드웨어 기기를 사야 할 필요가 있으므로, 같은 성능의 하드를 최소한 몇 년간은 계속 사용할 수 있도록 할 필요가 있다. 반면 오락실 게임은 전용 게임기 본체나, 기판별로 부품이나 장비를 교체할 수 있어서 가정용 게임보다 최첨단 기술을 도입하기는 쉽다. 그 시간차가 플레이어를 오락실로 불러들이고 연결시키는 요인이 되고 있었다.

이런 시대에는, 하드웨어의 개발 능력이 업체의 수익에 크게 영향을 끼친다. 세가나 남코 등의 대형 개발사는 높은 기술과 개발력을 바탕으로 아케이드와 가정용 게임 업계를 이끌어 나가고 있었다. 이를 따라가던 다른 소프트 메이커 업체들도 여력이 있을 때에는 기술 개발에 힘을 실어주어 발전할 수가 있었던 것이다.

1980~90년대 후반까지만 해도, 게임 업계에서의 기술개발 경쟁은 매우 치열했고, 그 경쟁에서 승리한 쪽은 기술을 적용한 게임과 기판 같은 것을 팔아 상응하는 이익을 톡톡히 얻었다. 그러나 그 시기 이후, 하드웨어 기술의 개발은 점점 막대한 코스트가 들어가게 되어, 오락실에 파는 기판 게임 정도의 이익으로는 조달할 수 있는 수준을 넘어서 버리고 말았다.

예를 들어 1990년대 후반의 SNK는 3D폴리곤을 이용한 오리지널 기판의 제작에 힘을 쏟고 있었다. 그러나, 그것이 게임이라는 상품으로 나왔을 때, 과연 개발 비용이란 코스트에 어울릴 정도의 이익을 냈는가 하는 의문이 남는다. 오히려 막대한 신규 기판의 개발비는 외려 SNK의 경영을 힘들게 했던 요인 중 하나가 되어버리지 않았나 싶다.

1990년대 후반 이후로 하드웨어 기술의 개발은, 이미 세계적인 대기업이 아니면 할 수 없는 레벨에까지 도달해 버렸다고 말할 수 있다. 가정용 게임기 하드웨어를 세계 규모로 대량으로 팔아야 간신히 이익을 낼 수 있게 된 것이다. 이런 상황에서 아케이드 게임을 만드는 업체들에게 있어서 최첨단 기술 개발은 부담이 커진다. 그 결과, 오락실에 가정용 하드웨어를 웃도는 최신 기술이 투입되는 일은 사실상 없어졌다고 말할 수 있겠다.

‖ 카드나 미디어믹스를 써서, 부가가치의 향상을 목표로 ‖

하드웨어 기술이 진화한 결과, 게임 화면의 퀄리티는 사람의 지각으로는 그다지 차이가 느껴지지 않는 영역에 도달하고 있었다. 이런 현상은 아케이드에만 한정되는 것이 아니라 모든 게임 기기에 공통적으로 영향을 주고 있다.

1990년대 중후반까지만 해도, 하드웨어가 진화하면 진화할수록 "엄청난 게임이 나왔구나" 하고 플레이어가 생각할 수 있게 만들 수 있었다. 그러나 그 이후로는 하드웨어 스펙의 수치상으로는 분명 폴리곤의 표시나 연산 속도에서 차이가 나오고 있어도, 플레이하는 사람은 그다지 차이를 느끼지 못하게 된 것이다.

사람들은 과거의 작품들에 비해서 좋아진 점을 실감할 수 있으니까 신작 게임에 열광할 수 있다. 그러나 기술에서 시각적으로 차이를 만들어 낼 수 없게 된다면, 분명 신작이라고 해도 플레이어는 아무래도 찌푸린 눈으로 까탈스럽게 보게 되고 만다. 많은 개발비를 들여서 하드웨어를 향상시켜도 새로운 플레이어를 끌어들이지 못해, 수지가 맞지 않게 되었던 것이다.

그런 변화를 재빨리 눈치챈 아케이드 게임 제작사는, 하드웨어 성능 이외의 부분에서 기존과의 차별화를 모색하여 새로운 수익 방향을 도모하려고 했다. 그것이 네트워크 대응이며, 트레이딩 카드의 매력을 게임에 접목하는 것 등의 시도이다. 또한 인기 애니메이션 등등과 미디어믹스를 하는 것으로, 그 부가 가치를 높이려고 하였다.

네트워크에 대응하거나, 트레이딩 카드를 다루는 게임들은 주로 사테라이트형 대형 게임기 본체 등으로 제공되었다. 이런 대형 게임기 본체로 돌아가는 게임들은 분명 여전히 인기를 끌기는 했지만, 본체 값이 비싸서 (대기업의 체인점이 아닌) 중소 규모 오락실에선 아무래도 도입하기가 쉽지 않았다.

또 대기업 개발사가 대형 게임기 본체를 사용한 전용 게임에만 주력하게 되면, 당연히 이익률이 낮은 기존 방식의 기판 판매 게임에는 공과 돈을 들이지 않게 된다. 이 단계에서, 개인 경영 등의 소규모 오락실은 큰 타격을 입게 되었다.

크게 보면 그냥 눈앞의 이익보다 작은 규모로도 유지가 되는 오락실의 숫자 자체를 늘리고 유지하는 것이 중요했던 것이지만, 현실은 좀처럼 그렇게는 되지 않았다. 여기에는 리먼 쇼크 사태 등등 일본의 경제 불황 자체가 미친 영향도 있었으리라고 생각된다.

‖ 아케이드 게임의 트레이딩 카드에 관한 이것저것 ‖

2000년 이후에 등장해서, 결국 오락실의 주류가 되어버린 트레이딩 카드 아케이드 게임. 이 게임 장르에서는 배출된 트레이딩 카드를 사용해서 놀 수 있지만, 이 트레이딩 카드에 의해서 새로운 상황이 생겨나 버렸다. 이런 점은 비디오 게임 쪽이라기보다는 트레이딩 카드라는 컨셉 자체의 문제라고도 할 수 있는데, 나름 흥미로운 점이 있으므로 여기에서 자세한 내용을 정리해보려고 한다.

트레이딩 카드 아케이드 게임의 원조격이 되어버린 (앞부분에서도 언급한) 『WCCF』가 처음 출시되었던 당초에는, 플레이어들 사이에 카드 교환이 유행했다. 업소에서 카드 교환용 교류 게시판이 설치되기도 했다. 이 게시판을 사용해, 원하는 카드를 가지고 있는 상대를 만나, 교섭하여 교환하는 것이다.

또 이 무렵에는 아직 플레이어들이 카드의 가치를 잘 알지 못했던 점도 있어서, 서로 맞교환할 정도로 급이 맞지 않는 카드의 교환을 강요하는 행위가 문제가 되었던 적이 있다. 이른바 일본의 은어로 '상어질(샤크)'이라고 불리는 행위이다. 이런 속어는 본래 카드 게임의 세계에서 유래한 것이다.

그러던 중 아케이드 게임용 트레이딩 카드는, 중고 판매 카드 숍에서 판매하게 된다. 이로 인해 플레이어끼리의 교환과 그에 따른 안 좋은 사례의 발생은 약간 수그러들었다. 덤으로 중고 매장에서 카드 가격은 시장에서의 자유경쟁이 되며, 레어도가 높거나 희귀한 카드는 고가로 취급을 받게 된다. 경우에 따라서는 5만 엔을 넘는 가격이 매겨진 카드도 나타나고, 고가의 카드는 매장의 윈도우에 장식하게 되었다.

‖ '재활용 박스'와 '광부'의 등장 ‖

오락실용의 카드를 트레이딩 카드 숍에서 매입하기 시작한 것과 거의 동시에, 오락실에서는 '리사이클 카드 박스(재활용 박스)'라는 것이 출현했다. 이것은 필요가 없어진 카드를 그 상자에 넣어 두면, 다른 사람이 거기에서 받아가 사용할 수 있게 한다는 시스템이다. 매니아에게 있어서는 플레이 결과로 새로 배출된 카드가 기존에 갖고 있는 카드와 중복될 경우에는 그것을 가져가도 그냥 쓰레기가 될 뿐이다. 그러나 이제 막 시작한 플레이어에게 있어서는, 어떠한 카드도 귀중한 전력이 된다. 그 때문에 이 재활용 박스라는 시스템은 많은 플레이어들로부터 환영을 받게 되었다.

그런데 트레이딩 카드 숍에서 오락실용 카드를 취급하게 되자, 이 재활용 박스에서 대량의 카드를 빼내 카드 숍에 되파는 무리들이 나타났다. 이런 이유로 재활용 박스가 철거된 오락실도 있었다. (실제 중고 매장 등에서의 되팔이 등으로) 예측 가능했던 사태였기는 해도, 사소한 카드 한 장이 아쉬운 초심자 플레이어들에게 있어서는 그저 안타깝게 되었다고밖에 말할 게 없다.

카드 숍에서 아케이드 게임용 트레이딩 카드의 매매가 성행하게 되자, 이번에는 카드 숍에서 의뢰를 받아 게임센터에서 플레이를 해서 나오는 카드를 조달하는 플레이어가 생기게 된다. 이런 부류가 이른바 "광부(*掘り師: 하단 역자 주 참조)"이라고 불리게 되는 사람들이다.

아무리 숍에서 카드가 팔린다고 해도, 게임비까지 내면서 카드를 얻는 것인데 돈이 되는가, 라는 의문이 들 수가 있다. 그러나 신작 게임이 나온 직후에는 거의 무조건 수요에 비해 공급이 달리기 때문에, 중고 카드의 재고가 많이 필요하게 된다. 그 때문에 숍 입장에서는 소위 '채굴꾼'에게 돈을 지불하고 카드 입수를 부탁해야 할 정도로 카드가 필요한 경우가 있는 것이다.

‖ '레어 빼기'의 문제 ‖

이런 사태는 사실 보통 일반적인 트레이딩 카드 게임 부류에서도 종종 있는 것인데, 카드가 포장용 봉투에 들어가 있는 상태에서 레어 카드를 찾아내는 방법이라는 것이 있다. 레어 카드는 보통 카드와는 인쇄가 다르기 때문에, 그 근소한 차이를 봉투를 뜯지 않고 찾아내는 것이다.

단순한 방법으로는 봉투 위에서 카드를 만져보거나 가볍게 접듯이 봉투째 구부려 보는 방법이 있다. 인간의 손이라는 것은 의외로 뛰어난 센서가 될 수 있으므로, 이런 방법으로도 요령을 알면 꽤 맞출 수 있게 되는 것이다.

그밖에도 기구를 사용한 방법도 있다. 여기서는 자세한 방법을 기록하지 않지만, 근소한 중량의 차이를 계측하거나, 빛을 비추거나 하는 방법으로 봉투 안의 레어 카드를 찾아낼 수 있다고 한다.

이렇게 봉투 상태에서 뜯지 않은 레어 카드를 찾는 방법을 알게 되면, 그것을 악용할 수도 있게 된다. 예를 들어 이 방법을 이용해 트레이딩 카드 아케이드 게임

역자 주. : 광부 "掘り師"
　일본어 원문 掘り師은 '광부'나 '채굴꾼' 등으로 번역 가능한데 구체적으로는 카드를 다량으로 축적했다가 특정 카드를 찾는 사람에게 비싸게 되파는 카드 호더(Hoarder)에 가까운 의미이다.

용의 카드들을 게임기 본체 안에 넣어 세팅하기 전에, 점원이 미리 레어 카드만을 뽑아 모아둘 수가 있다. 그리고 이런 레어 카드를 카드 숍에서 환전하고, 남은 카드로 영업을 하면 그만큼 더 수익을 올릴 수 있다. 이것이 이른바 "레어 빼기 의혹"이란 문제이다.

게임의 확률 설정 등에 따라서도 달라지긴 하지만, 본래 연속으로 수십 회를 플레이하고 있으면 1장은 레어 카드가 나오기 마련이다. 하지만 하루 종일 풀타임으로 뛰어도 레어 카드가 나오지 않는다면, 플레이어 쪽에선 의혹이 나올 수밖에 없게 된다. 애당초 카드가 들어 있는 게임기 본체 안에서 레어 카드가 싹 빠져 있는 상황이라면, 그 가게에서 게임을 했던 플레이어 입장에서는 그냥 넘어갈 문제가 아닌 것이다. 그래서 한때는 오락실에서 카드 게임기 본체 안에서 레어 카드를 빼고 있다, 빼지 않는다, 등으로 물의와 논쟁이 일어난 적이 있었다.

봉투 상태에서 레어 카드를 판별할 수 있게 되면, 이와 같은 다양한 문제가 일어나게 된다. 그 때문에 메이커는 그때마다 뜯어보기 전엔 판별할 수 없게 카드의 인쇄 등을 바꾸어 대처한다. 그러나 이런 식의 방법으로는 업체가 어떻게 해도 대응하는 것 자체가 선수를 놓치는 것이라, 소를 잃고 외양간을 고치는 꼴이 계속된다. 다람쥐 쳇바퀴처럼 되고 마는 것이다.

근래에 와서는 아예 플레이 후 배출되는 카드를 그 게임기 본체에서 즉석으로 온디멘드 인쇄하는 타입의 카드형 아케이드 게임이 출연하고 있다. 이 시스템이라면 배출되는 카드를 플레이어의 IC카드와 결합하는 것이 가능하다. 알기 쉽게 말하면, 배출된 카드는 데이터를 싹 고쳐 쓰지 않는 한, 플레이어 자신밖에 사용할 수 없게 된다. 이렇게 결합하면 카드의 중고 판매를 할 수 없게 되므로, 이에 따른 일련의 여러 문제들이 해소, 해결된다.

또 이전까지의 방식으로는 오락실에서 카드 스톡 매수의 관리가 어렵거나, 공장에서 하는 대량의 카드 인쇄가 늦어지는 것 때문에 게임의 버전 업 등에 지장을 주기도 했다.

하지만 게임기 본체 그 자체에서 즉석으로 인쇄를 해버리면 그런 문제도 일어나지 않는다. 이러한 이유들로 앞으로는 게임기 본체 안에서 즉석으로 온디멘드 인쇄로 카드를 뽑는 방식이, 보다 일반적이 될 것이라 생각된다.

다만 이 방법도 만능의 해결책은 아니다. 지금까지 카드 숍에서 아케이드 게임용 카드가 팔리고 있었던 것은, 플레이어의 수요가 있었기 때문이다. 필요한 카드를 가게에서 구할 수가 없다면, 플레이어는 원하는 모든 카드를 게임을 계속 플레이해서 직접 스스로 뽑아야만 한다. 게임에 필요한 카드 숫자나 기타 밸런스 면에서 이전과 똑같은 시스템으로 만들어지고 있다면, 이런 것은 플레이어에게 있어서 비용이나 심리적인 면에서 상당한 부담이 된다. 이 점만은 앞으로도 확실한 문제가 될 것이다.

‖ 게임센터에 "무제한석"이 생겨난 경위 ‖

일반 플레이어라고 해도, 되팔이 목적의 '채굴꾼'이라고 해도, 갖고 싶어하는 것은 역시 레어도가 높은 카드이다. 당연히 레어 카드는 간단히 나오는 것은 아니지만, 너무 나오지 않아도 플레이어의 의욕이 없어져 버린다. 그 때문에 일정한 카드 매수 안에는 반드시 일정한 비율로 레어 카드가 포함되도록 구성되어 있는 것이 일반적이다.

그래서 플레이어는 가급적 자리를 옮기지 않고 같은 기기에서 연속으로 플레이하며, 레어 카드를 뽑으려고 한다. 즉, 연속해서 플레이를 하는 것이 중요하게 되는 것이다.

(레어 카드를 뽑을 확률을 높이기 위해) 연속으로 플레이를 하려면 같은 자리에서 같은 기기를 오랜 시간 동안 점유하고 플레이하며 앉아 있어야만 한다. 그런 이유로 등장한 것이 소위 "❹무제한석"인 것이다. 이것은 같은 자리에서 계속 플레이하는 손님에 대해서, 업소 내에서의 트러블을 피하기 위해 만들어진 일종의 로컬 룰에 가까운 제도라고 해도 좋을 것이다.

트레이딩 카드 게임의 인기가 한창 과열되었을 무렵에는, 순번을 지키며 계속 기다려야 플레이할 수 있는 상황이었다. 이런 상황에서는 플레이 횟수를 제한하지 않으면 플레이하고 싶은 손님들의 불만이 터져 나올 수밖에 없다. 그러나, 인기가 어느 정도 떨어지면 빈 자리가 나오기 때문에, 계속 자리를 차지하고 플레이해주는 손님의 존재는 크다. 결국 이런 "무제한석"의 등장은, 레어 카드를 원하는

❹무제한석
한 명의 플레이어가 독점하듯이 연속으로 계속 플레이하는 것이 오락실로부터 허용된 자리. 반대 되는 의미의 용어로는 "제한석"이라고 하며, 일정한 크레딧을 플레이로 소비하면 일단 자리에서 일어나 다른 플레이어와 교대해야 하는 자리이다.

플레이어와 업소 측의 기대가 일치한 결과라고 말할 수 있다.

이런 경위로 당시 오락실에는 무제한석이라는 시스템이 정착되었다. 그런 와중에, 이런 무제한석이란 관리 형태는 그저 트레이딩 카드 아케이드 게임뿐만 아니라, 다른 온라인형 게임들에도 적용되게 되었다.

2016년에 『함대 컬렉션 아케이드』(세가)가 발매되었을 때, 무제한석에서 끊임없이 계속해서 플레이를 하고 있는 플레이어에 대해 "무제한석이라도 기다리고 있는 사람이 있으면 일어나서 교대해야 한다"라고 비난하는 트위터가 나온 것은 기억에 남아 있다. 예전부터 오락실에 다니던 플레이어들에겐, 무제한석에서 연속 플레이하는 것은 어느 정도 당연하게 각인된 행위였다. 누가 기다리던 간에 실력과 돈이 있는 한, 연속으로 계속 플레이할 수 있는 것은 당연한 권리라고 생각했다.

하지만 근래에 들어서 새롭게 오락실에 오게 된 손님들 입장에서는, 뒤에서 사람들이 기다리고 있는데 무제한석에서 계속 앉아 플레이한다는 것은 비윤리적인 행위로 보였을 것이다. 결국 무제한석은 인기가 과열되어 있을 때에는 사실상 기능하지 못하는, 로컬 룰에 따른 특수한 운영법이다. 신규 플레이어가 진입하고 오락실 업계의 상황이 계속 바뀌는 것에 따라, 오락실에서 요구하던 운영 시스템도 따라서 변화한다. 그런 의미에서 이런 것은 과거 오랫동안 오락실을 다녔던 사람의 시선에서는 실로 흥미로운 사건이었다 말할 수 있겠다.

‖ 초심자가 가볍게 즐기기 힘들게 된 네트워크형 게임의 사양 ‖

이렇게 일본의 오락실에서 주류가 되었던 네트워크 대응형 게임들이었지만, 여기에는 장점뿐 아니라 단점도 분명 존재한다. 예를 들어 서버 운영을 위한 비용을 각 업소의 운영자에게 요구하게 되었다는 점이다.

옛날 식으로 기판으로 파는 게임이라면, 기판을 사버리면 그 후 드는 경비는 전기세 정도이다. 초기 투자에는 돈이 들지만, 그 뒤에는 추가 부담이 적어서 너무 걱정하지 않아도 된다. 그러나 네트워크형 게임은 서버 운영비를 정기적으로 지불해야 했고, 이것은 중소 규모 오락실 운영자들의 부담이 되었다.

다만 최근 들어 운영비 대신에 초기 투자를 싸게 끝나도록 배려하거나, 몇 가지 종류의 지불 계약 플랜 중에서 선택할 수 있게 되고 있는 것 같다. 소규모 오락실 운영자들에게도 부담이 적은 시스템이 뿌리내렸으면 한다.

또 카드 등을 사용한 네트워크형 게임은 데이터를 저장할 수 있기 때문에, 반복적으로 플레이하고 노는 것이 전제로 되어 있다. 그 자체는 재방문과 반복 플레이율을 높이기 위한, 플러스 요소로 되어 있는 것은 틀림없다. 그러나, 오랜 시간 동안 노는 것을 전제로 한 게임 만들기는, 초심자에 대해서 진입 입구의 폭을 좁히는 결과가 되기도 했다.

1980년대 오락실에는 다양한 기종이 있어서, 자기 취향의 게임을 찾아서 즐길 수가 있었다. 언제 가도 부담 없이 놀 수 있는 것이 매력이었다고 하겠다. 그러나 2000년 이후의 오락실은 장르가 줄어들고 선택의 폭이 좁아져서, 처음부터 같은 것을 반복하며 노는 것을 강요당하는 식의 게임들이 많아졌다.

이렇게 폭이 좁아지게 되면 일단 오락실을 떠났던 사람의 경우에는 복귀하기가 어려워진다. 가끔 놀러가게 되도 할 게 없어서, 크레인 게임을 하는 정도가 된다. 가벼운 기분으로 간단히 짧게 즐길 수 있는 비디오 게임이 사실상 존재하지 않게 된 것이다. 이런 때에 사실은 1990년대 이전과 같은 범용 게임기 본체 안에 들어가는 일반 기판 게임들이 있으면 좋겠지만, 그런 게임이 남아 있는 오락실은 이젠 거의 없어지다시피 해버렸다.

결과적으로 2000년 이후 오락실의 비디오 게임들은, 일부의 매니아들 층으로부터 인컴을 거둬들이는 형태가 되어버렸다. 시대의 흐름으로 보면 이는 어쩔 수 없는 일이기도 하다. 그러나, 미래에 가능성을 남긴다는 의미로는, 가능한 한 많은 사람들을 대상으로 하고, 폭넓은 확장성을 가진 게임을 만드는 것이 앞으로의 중요 과제가 될 것이다.

온라인 대전 및 인터넷과 상성이 좋지 않았던 게임센터라는 장소

2000년 이후의 오락실은 일본 전국 온라인 대전을 할 수 있는 게임이 주류를 이루고 있다. 인터넷이 보급된 시대에 이런 흐름은 필연적이었다고 생각한다.

그러나 인터넷 시대의 온라인 대전은, 오락실이라는 장소를 파괴하는 측면을 갖고 있기도 하다. 이전의 오락실은 잘하는 사람의 플레이를 보거나, 오락실에 놓여 있는 하이스코어 보드나 메시지 노트를 통해 플레이어끼리의 커뮤니케이션이 행해지기도 하는 등 교류의 장이기도 했다.

그러던 것이 온라인 대전이 보급되면서, 대전 상대는 그냥 일본 전국 어딘가에 멀리 떨어져 있는 곳의 플레이어이다. 직접 그 모습을 볼 수도 없고, 오락실에서 마주쳐서 말을 걸 수도 없다. 그 결과 대전 상대와의 커뮤니케이션이 희박해지고, 또 같은 오락실에 있는 플레이어끼리도 교류 같은 것이 진행되지 않게 된다.

1990년대 이전에는 오락실에서 놀고 있기만 해도 어느새 알게 된 사람과 지인을 거쳐 친구가 되어 친하게 지내게 되는 사례가 많았던 것 같다. 그런데, 전국에서 온라인 대전이 가능하게 되고나서는, 플레이어는 그냥 묵묵하게 대전대에 앉아서 노는 경향이 되어버렸다고 느껴진다.

지금은 오히려 인터넷 상에서 서로 알고 나서 연락을 해서, 그 이후에 오락실에서 만나게 되는 일이 늘어났다. 옛날과는 순서가 거꾸로 되어버린 것이다. 신기하게 생각되는 일이지만, 혼자서 노는 것이 주류였던 1980년대 쪽이, 오락실 안에서의 커뮤니케이션은 외려 더 활발했다고 개인적으로는 생각하고 있다.

인터넷 보급과 게임 미디어

2000년 이후, 인터넷이 일반인들 사이에도 널리 퍼져 사회 그 자체를 크게 변화시켜 갔다. 오락실에 관해서는 온라인 게임의 등장도 그 흐름 안에 위치한다고 할 수 있겠다. 그렇다면 그 이외에도 인터넷은 오락실 플레이어들에게 어떤 영향을 미쳤던 것일는지 궁금해진다.

인터넷의 보급은, 게임 잡지 등 매스미디어에 가장 큰 영향을 끼쳤다. 예전에는 매니아들끼리의 정보 교환을 제외하면, 공략 정보는 게임 잡지 등에서 얻을 수밖에 없었다. 그러다 보니 정보 확산은 더디고, 게임 개발사와 출판사가 그런 정보의 흐름을 통제할 수 있게 되어 있었다.

그러던 것이 인터넷이 보급되면서, 다양한 정보가 인터넷을 거쳐서 순식간에 흘러 퍼지게 된다. 그 때문에 게임이 일단 세상에 나와버리면, 정보 통제는 거의 불가능하게 되어 버렸다. 정보의 속도면, 속보성이란 점에 있어서 게임 잡지의 가치는 과거에 비해서 현저하게 떨어졌다고 할 수 있다.

게다가 개발사들은 상황 변화를 무시하다시피 하면서 구태의연하게 정보 규제를 펴는 바람에, 게임 잡지의 가치는 더욱 떨어졌다. 개인적으로는 어느 정도 인터넷이 보급된 시점에서, 개발사는 매스미디어에 대해 조기에 모든 정보를 해금했어야 한다고 생각한다. 일단 게임이 발매되어 가동을 개시하면, 어차피 대부분의 정보는 인터넷을 통해 전국으로 퍼져서 전해지기 때문이다. 그 결과 게임 잡지의 가치는 저하해, 차례차례로 폐간되었다. 그리고 게임 잡지를 대신해, 게임 정보를 모아 정리해 올리는 소위 '정보 마토메 사이트(정보 모음 웹진 형태의 개인 웹사이트)'가 플레이어들의 주목을 모으게 되었다.

이러한 흐름은 트위터 등의 SNS가 보급되는 것에 의해 더욱 가속화된다. 플레이어 자신이 SNS로 게임의 공략 정보를 발신하고, 그런 것이 모이면서 여러 실시간 정보가 오가는 커뮤니티가 넷 상에 성립되어 간다. 결국 인쇄 매체는 인터넷에 정보와 커뮤니티 양쪽 모두의 가치를 빼앗긴 시대가 되어, 게임 공략 잡지가 살아남는 것은 오락실의 생존 이상으로 어려웠던 것이 아닌가라고 말해야 할 수밖에 없는 것이었다.

‖ 인터넷 시대의 게임 플레이어 ‖

인터넷의 보급에 의해, 게임 플레이어들 사이의 정보 교환도, 네트를 통해서 하도록 되었다. ❹로케테스트의 단계에서 공략 정보가 전국에 퍼져 나가면서, 매니아는 가동 전에서부터 많은 정보를 손에 넣을 수 있게 되었다. 그 결과로 대전격투 게임의 최강 콤보가 로케테스트의 시점에서 전국에 확산되는 상황이 생겨났다. 이런 것에 의해서 정보 강자인 매니아와 일반 플레이어의 격차는, 더욱 넓어져 버렸다고

❹로케테스트
발매 이전의 아케이드 게임을 시험적으로 실제 업소에서 테스트하는 일. 본래는 버그 같은 오류의 수정이나 인컴이 어느 정도 벌리는지를 조사하는 과정이었다. 최근에는 판촉의 일환으로도 활용되고 있다.

말하겠다.

더욱이 동영상 압축 기술이 진보되며, 네트 위에 게임 동영상이 다량으로 투고되게 되었다. 이에 따라 공략 기술과 정보를 담은 영상이 쉽게 확산되어, 플레이어는 그냥 게임 동영상을 보고만 있어도 즐길 수 있게 되었다. 그 반동으로 인해 게임을 플레이하는 동영상을 본 것만으로 플레이한 기분이 된다는, 이른바 "동영상파"라는 부류도 생겨나고 만다.

원래 게임은 플레이하는 것을 통해서야말로, 신선하고 많은 체감 정보를 얻는다. 그러나 동영상 파는 남의 게임 영상을 보기만 해도 플레이한 기분이 된다고 하기 때문에, 실제로 플레이하는 사람이 보면 초점이 맞지 않는 발언을 하는 경우가 많다. 일단 한번 쓴 글은 인터넷 안에 남으므로, 그런 글의 영향은 아주 미미하다고 해도 분명 존재한다.

이런 동영상파의 글은 사실 아케이드 게임에서는 크게 문제가 되지 않았을지도 모른다. 그러나 가정용 게임 부류 등에서는, 분명 플레이를 하지 않고 동영상만 보는 사람이 인터넷에서 한 발언이 실제 게임에 마이너스가 되는 영향을 준 경우가 분명히 있었다고 생각된다.

그러나 동영상 기술의 발달로 인해 오래된 게임의 테크닉이 발굴되어 뒤늦게라도 널리 알려지게 된다는 일면도 있기는 하다. 수십 년 전에 발매된 아케이드 게임의 수퍼 플레이가 동영상으로 웹상에 공개됨으로, 오랜 의문이나 갈망이 충족된 베테랑 플레이어도 분명 존재한다.

참고로 필자도 실제 그런 경험을 한 적이 있다. 『핏폴Ⅱ』(1985년/세가)의 하이스코어를 내는 방법이 오랫동안 궁금했는데, 동영상이 공개되어 그 방법을 알 수 있게 된 것이다. 과거 하이스코어러였던 입장으로, 오래 살아서 다행이라고 생각되는 순간이다. 이것은 인터넷 시대가 되어서 가능하게 된 일이다.

2016년 시점에 와서 과거의 명작이 다시 클로즈업되고 있는 것은, 분명 인터넷 안에 게임 플레이 동영상의 존재가 다소 관여하고 있는 것은 아닐까 하고 개인적으로는 생각한다. 만약 인터넷의 존재가 없었다면 과거 아케이드 게임의 온갖 정보는 묻혀버리고, 공유될 수 있는 환경조차 없게 되지 않았을까 싶다. 레트로 게임을 사랑하는 플레이어 간의 커뮤니티가 그나마 인터넷을 통해 어떻게든 존속하고 있는 측면이 분명 있다고 생각한다.

‖ 좁고 깊게 잠행하는 인터넷 시대의 커뮤니티 ‖

막연히 레트로 게임에만 한정되는 게 아니라, 인터넷 시대에 아케이드 게임의 커뮤니티는 인터넷 상의 SNS 등을 통해 진행되게 되었다. 여기서 주의하지 않으면 안 되는 것은, 인터넷이 단순히 널리 확산되는 방향에 기여하는 것만은 아니라는 점이다.

아케이드 게임은 오락실의 숫자가 현저하게 감소함에 따라, 서서히 틈새시장 같은 놀이거리가 되려 하고 있다. 그러나 일부에서는 아직도 오락실의 게임을 매우 좋아하는 플레이어들도 존재하며, 그러한 커뮤니티는 인터넷을 매개로 연결되어 있다.

인터넷에서의 인연과 연결은, 의외로 좁은 커뮤니티를 강고하게 한다는 면이 있다. (사실 이런 면은 게임에만 한정되지 않는다.) 아케이드 게임 플레이어의 상당수는 이제 인터넷으로의 커뮤니케이션으로 연결되어 있지만, 의외로 확대되거나 하지 않은 채로 좁은 세계로 굳어져 있는 경우가 있다고 생각한다.

예를 들면 각종 신작 관련 이벤트 등은 매니아가 모여드므로 성황이기는 하지만, 전국적으로 보면 인컴 수입은 그다지 많이 올라가지 않는 경우도 있는 것이다. 이런 감각은 인터넷이 존재하지 않았던 2000년 이전과는 완전히 달라졌다고 하겠다.

좋건 나쁘건 간에 인터넷은 크게 사회를 변화시켰다. 지금까지와는 다르게 타인과의 거리감을 의식하되 시대의 변화에 대응하면서 아케이드 게임을 계속 운영했으면 한다고 생각한다.

‖ 마치며 ‖

다시 게임센터의 역사를 되새겨 생각해 보면, 이 수십 년 사이에 사회 그 자체가 제법 크게 변화했던 것이라고 생각한다. 이에 따라, 일반 사회에서 보는 오락실의 위상도 바뀌었다. 과거에는 분명 "오락실은 불량이 모이는 곳"이라고 불리던 시절이 있었지만, 현재는 "게임은 문화재"라고 인정 받기까지에 이르렀다.

사회구조뿐 아니라, 세상의 가치관도 크게 변동을 보였다. 예전은 샐러리맨이 되면, 평생 안정된 생활을 할 수 있다고 했던 때가 있었다. 그리고 비디오 게임을 만들던 사람들은 어떤 의미론 사회에서 밀려난 사람으로 보이던 때가 있다.

그러던 것이 버블 경제가 붕괴된 이후, 엘리트 샐러리맨에 대한 이러한 환상은 사라졌다. 그런 변화에 따라 다양한 가치관이 용인되고, 그것이 게임이나 애니메이션 등의 지위 향상에 기여한 측면은 분명 크다고 생각한다.

기술적으로 봐도, 비디오 게임은 분명 최근 수십 년 간에 큰 진화를 꾸준히 보여 왔다. 이에 따라 오락실도 변화했고, 오락실 게임의 플레이어가 보는 안목과 플레이어를 보는 시선도 변화했다. 계속 진화하고 있을 때에는 모두 게임에 열광했지만, 변화가 없어지자 활기가 줄어들고 쇠퇴해 간다. 이렇게 시대에 따라 부침이 심했던 그런 흐름은, 각각 다른 시대마다 오락실의 모습을 살펴봄으로써 파악할 수가 있다.

비디오 게임은 하드웨어의 진화에 의해서 필연적으로 그 형식도 변화해 갔다. 이와 마찬가지로 비디오 게임과 사회의 형태와 관계가 변화하는 것에 따라 오락실도 변하여 갔고, 그곳에 있던 플레이어들의 가치관도 따라서 변할 수밖에 없었다.

고작 게임, 하지만 그래도 게임. 비디오 게임과 오락실에 대해서 자세하게 알아갈수록, 변해가는 사회와 시대의 발자취, 그리고 게임을 통해 놀이를 즐기는 인간의 본질이 보인다. 그 변화는 지금부터 앞으로도 끊임없이 이어지며 역사를 만들어갈 것이다.

과거의 역사를 정보로 남겨 전하는 것은 반드시 미래로 이어진다고 필자는 확신하고 있다. 그것은 오락실에 대해서도 마찬가지라 말할 수 있는 것이다. 플레이어 개개인이 즐거운 한때를 지낸 게임센터를 향수를 갖고 뒤돌아본다. 그리고, 그것이 어떤 의미로든 미래를 위한 양식이나 거름이 된다면, 그 이상의 좋은 일은 없지 않을까 하고 생각한다.

‖ 역자 후기 ‖

지금도 잡지 게메스트와, 게메스트에서 나온 공략본을 다 합쳐 1백권 정도는 가지고 있는, 80~90년대의 흔한 한국 오락실 꼬마였던 역자 본인의 입장에선, 이런 책을 번역하게 된 것은 나름 일종의 영광에 가깝다는 기분입니다.

이 책은 일본의 오락실 게임 전문 잡지였던 게메스트의 편집장이던 사람이 쓴, 20세기에서 21세기로 넘어오는 동안 일본 오락실의 역사와 업계 변화 및 흐름에 대한 책입니다. 이젠 오락실이 사실상 명맥이 끊기다시피한 한국에서 볼 때, 이웃 일본의 오락실에 대한 이야기는 넓게 보면 남 일이 아니고 좁게 보면 흥미로운 잔재미이긴 합니다만, 그래도 한번 읽어볼 가치가 충분한 재미있는 이야기입니다.

하지만 잔재미라고 해도, 그 시대를 비슷하면서도 다르게 겪은 한국인들에게 일본인 시점의 오락실 이야기는 한번 읽어볼 만한 가치가 있고 재미있는 자료가 되는 것은 확실합니다.

그래서 단순한 저자와 역자 본인 같은 사람들만의 추억팔이 같은 것이 아니라, 일본 오락실 업계의 흐름과 변화에 대한, 업계인 개인의 성찰이기도 하고, 어떻게 오락실 산업이 흥망성쇠를 겪었는지 일본의 사례를 통해서 많은 것을 느낄 기회가 될 수 있다고 생각됩니다.

그리고, 이 책을 통해서 한국의 오락실 산업에 대해 다시 한 번 되새길 만한 한국 업계인들의 많은 이야기들이 재조명되기를 개인적으로 기대하게도 됩니다.

예, 한 마디로 "한국 오락실 백서" 같은 책이 나왔으면 좋겠다는 것이, 이 책을 번역하면서 계속 생각하고 느끼고 바라게 된 역자 개인의 희망사항입니다.

그때를 같이 기억하고 같이 느꼈던 오락실 꼬마들인 우리의 이야기를, 우리들이 써서 남길 수 있기를 한국의 오락실 꼬마들 중 한명으로 바라게 됩니다.

마지막으로 한국에서 하이스코어를 수집갱신하고 있는 아카트로닉스나, 기타 한국에 아직도 남아서 버티고 있는 소수 오락실들의 건투를 빕니다.

:DAIN.

참고 문헌

참고 문헌에는 중요한 것들만을 기록한다. 이 외에도 많은 자료를 사용하였지만, 본 서적의 내용에 직접 관련되어 있는 것을 우선하였다. 그중에서 특히 1970년대 관련의 기술에 대해서는 『그것은 「퐁」에서 시작됐다』(어뮤즈먼트 통신사)를 주요 참고로 하고 있다.

그것은 「퐁」에서 시작됐다 (어뮤즈먼트 통신사)

게임머신 (어뮤즈먼트 통신사)

월간 코인 저널 (에이 크리에이트)

어뮤즈먼트 저널 (어뮤즈먼트 저널)

어뮤즈먼트 산업 (어뮤즈먼트 산업 출판)

유희기계종합연감 (어뮤즈먼트 산업 출판)

게메스트 (신성사)

더 베스트 게임 (신성사)

더 베스트 게임2 (신성사)

ALL 캡콤 1991 (신성사)

스트리트 파이터 II 대쉬 (신성사)

마이컴 BASIC 매거진 (전파신문사)

세가 아케이드 히스토리 (엔터브레인)

월간 알카디아 (엔터브레인)

사진 제공

요미우리 신문사

협력

여기에는 집필 관련으로 직접적으로 신세를 진 단체나 개인을 기록했다. 이 밖에도 필자에게 다양한 비디오 게임 관련 지식을 제공했던 지인이나 옛 동료들이 존재한다. 그들에게도 깊은 감사의 뜻을 표한다.

타부치 켄코

C.LAN

아사바 타이가

아이렘소프트 엔지니어링

아크 시스템 웍스

아리카

알파 시스템

에이팅

SNK

카도카와

캡콤

케이브

코에이 테크모 게임스

코나미 디지탈 엔터테인먼트

코나미 어뮤즈먼트

G-mode

JAMMA : 일반사회법인 일본 어뮤즈먼트 머신 협회

수퍼 스위프

세가 인터랙티브

세가 홀딩스

타이토

닌텐도

반다이

반다이 남코 엔터테인먼트

요미우리 신문사

나의 오락실 이야기
나와 인생을 함께한 오락실 연대기
~GAMECENTER CHRONICLE~

2022년 12월 31일 초판 1쇄 발행

저자
이시이 젠지(石井ぜんじ)

번역
엄다인

협력
오영욱

감수
꿀딴지곰

디자인
디자인글로

편집
이현오, 전미경

발행인
홍승범

발행
스타비즈(제375-2019-00002호)
주소 [16282] 경기도 수원시 장안구 조원로112번길 2
팩스 050-8094-4116
e메일 biz@starbeez.kr

ISBN 979-11-91355-00-0 03690
정가 18,000원

GAMECENTER CHRONICLE
ⓒstandards 2017
Korean translation right arranged with STANDARDS through Japan UNI
Agency, Inc., Tokyo and Orange Agency, Gyeonggi-do